U0920217

西安工业大学专著出版资金资助

张敏著

非均衡：

当代中国政治发展的动力与逻辑

中国社会科学出版社

图书在版编目（CIP）数据

非均衡：当代中国政治发展的动力与逻辑／张敏著．—北京：中国社会科学出版社，2016．8

ISBN 978-7-5161-8676-3

Ⅰ．①非… Ⅱ．①张… Ⅲ．①政治制度—研究—中国 Ⅳ．①D621

中国版本图书馆CIP数据核字(2016)第182743号

出版人 赵剑英
责任编辑 王 琪
责任校对 胡新芳
责任印制 王 超

出 版 中国社会科学出版社
社 址 北京鼓楼西大街甲158号
邮 编 100720
网 址 http://www.csspw.cn
发行部 010-84083685
门市部 010-84029450
经 销 新华书店及其他书店

印 刷 北京明恒达印务有限公司
装 订 廊坊市广阳区广增装订厂
版 次 2016年8月第1版
印 次 2016年8月第1次印刷

开 本 710×1000 1/16
印 张 16
插 页 2
字 数 213千字
定 价 59.00元

凡购买中国社会科学出版社图书，如有质量问题请与本社营销中心联系调换
电话：010-84083683

序

张敏的著作《非均衡：当代中国政治发展的动力与逻辑》问世，基于两个理由，我们应当重视和推介。第一，作者是一位青年学者，这是她的第一本著作，所要回答的是当代中国政治发展的动力是什么、为什么及其怎么样这样的大问题。虽然其学术功力显得比较稚嫩，书中的有些观点也不够成熟，但多年来坚持不懈的学术努力所取得的成果还是值得肯定和褒奖的，其著作值得对当代中国政治学术研究有兴趣的人细读和品味。第二，当代中国政治本身就是一个国内外实务界和学术界长期的、持续关注的热点问题，而且随着中国世界大国地位的逐步确立呈现出越来越热的趋势，国内外许多人基于不同的态度和立场，从不同的角度审视中国政治，提出了各自不同的观点。即便是在马克思主义的视域之中，人们的认识也是五光十色。正是这种多元观点的交流、碰撞、相互吸纳与借鉴，使关于当代中国政治的认识不断走向深入，相信本书也能为这种深入有所贡献。

在政治领域中，均衡的政治关系、规范化了的自由、民主是现代社会人们追求的美好的政治理想，与此相对应，非均衡乃至失衡则是一种客观实在。应然与实然、理想与现实，是决定人类生活的两极，人类无时无刻不在其中做艰难的选择，政治领域尤其如此。失衡如何防治，非均衡怎样才能走向均衡，政治何以完善并最终达成社会生活的相对稳定状态，能否在均衡视域中解读中国政治及其蕴含的主要关系，又是否可以认为现代意义上政治就是在现有的制度的框架内人为地构建出各种均衡和谐的政治关系？

在我们的文化传统中，“阴阳平衡”、“中庸”、“过犹不及”的理念根深蒂固，因此，平衡也一直被当作理想状态。但是，近代社会发展进程中，帝国主义的野蛮侵略和我们在与其较量中的弱势地位，使先进的中国人认识到，社会变革是唯一的出路，不但要变法，而且要变体。变革不能在追求平衡中实现，非平衡才是基本选择。于是，在赶超发达国家，自立于世界民族之林的强烈期盼和雄心壮志的背景下，政治发展的建构主义色彩愈益浓厚，并且使非平衡追求按照先进的中国人设计的理想蓝图更加充分地体现出来：历史上的两次民主主义革命中革命一方寄希望于“东风压倒西风”、“你死我活”、“一个阶级推翻另一个阶级”行动与追求使非均衡成为推动历史发展的基本动力；就是在改革开放进程中我们所实行的“让一部分人和一部分地区先富起来”的现代化路径选择也体现了以非均衡推动当代中国政治发展的基本诉求。

如果说，基于对未来的美好追求，我们可以从均衡的角度审视现代中国政治，那么，基于中国政治发展的现实，非均衡却是我们理解政治发展、政治转型和剖析政治生活的一个很好的视角。同时非均衡本身也构成了政治发展的动力机制，由此审视中国政治或许能使我们更加深入地把握其内在本质与运行逻辑。诚如C. E. 布莱克所言，“从均衡是必需的角度来研究社会，能取得的成绩是有限的，因为社会从来就不是均衡的，它处于不断变化的过程中”。正是这种认识促使作者选择了本书的研究视角和研究对象。

作者认为，非均衡既是对政治发展动力体系总体特征的表述和概括，又是特定政治主体设计和主导之下政治发展过程和发展逻辑的写照和体现。首先，政治发展是多种因素共同作用的合力引起的结果。恩格斯说：

“历史是这样创造的：最终的结果总是从许多单个的意志的相互冲突中产生出来的，而其中每一个意志，又是由于许多特殊的生活条件，才成为它所成为的那样。这样就有无数互相交错的力量，有无数个力的平行四边形，由此就产生出一个合力，即历史结果，而这个结果又可以看作一个作为整体的、不自觉地和不自主地起着作用的力量的产物。因为任何一个人的愿望都会受到任何另一个人的妨碍，而最后出现的结果就是谁都没有希望过的事物。所以到目前为止的历史总是像一种自然过程一样地进行，而且实质上也是服从于同一运动规律的。”动力是多元化、多层次、多元向度的力所构成的一个系统，但是每一种力的作用又不是处于平衡的状态之中。其中，有某种要素必然居于核心地位，起着关键性的作用，引导和制约着其他因素共同推动着政治的发展。其次，当代中国政治发展的现实动力体系具有时代烙印和中国特色。这种动力体系中主要有三种力量：一是全球化时代国际社会现代化杠杆的外驱力；二是执政党和政府政治设计与决策引领的领导力；三是民众自身对美好生活追求和向往的内驱力。中国是一个在强国家弱社会、权力支配权利轨道上长期运行并且由浓厚传统文化支撑而获得了高度政治合法性的国家，特别是现代社会国家具有的非常强的动员能力和社会资源的整合能力，以及社会各领域获得了广泛认同的顶层设计的制度安排，就使得党和政府政治设计与决策引领的领导力成为三种力量之中的根本。最后，政治发展的建构主义色彩必然使非均衡成为政治发展内在逻辑的基本体现。政治承载着人们对美好社会生活的期待，这些目标期待的先后主次决定了政治发展的序列性和非均衡性。正是这种非均衡性使政治发展在从传统向现代转换的过程中保持了一定的压力和张力，不至于因其他力量的失衡而引发衰退态势。非均衡发展是通过局部突破，进而在扩大战果中带动整体的发展战略，是“集中力量办大事”，实现有限力量的有效集合和运用，以带动有效发展，通过渐进性逐次增加和积累发展的合法性，撬动中国社会这架沉重的马车，使其进入良性运行的轨道。当然，任何选择都是有风险的，非均衡也可能因为人理性的有限性而使政治发展从一开始就偏离正确的轨道，在其他约束条件不变的情况下，其后果也会变得越来越糟。

本书从非均衡的视角解读当代中国政治发展的动力与逻辑是一个有益的尝试。当代中国政治发展的动力是什么、为什么及其怎么样的问题，是一个大问题，作者提出了一些较有新意的观点，不仅有助于理解党和国家对现阶段政治发展战略的选择，也为政府的政策制定提供了相关理论参考和支持，在理论观点和现实应用上都有一定的新意。

就学术研究本身而言，在梳理和总结马克思主义关于“非均衡”的基本观点以及西方学界非均衡理论相关理论的基础上，对政治发展动力体系的非均衡做了基本的规定和解读，并对其特征、意义以及运行逻辑进行较为深入的论述和分析，这是有价值的。也许本书观点的科学性有待考证，一些观点也不够成熟，但在阐释论证的过程中，对非均衡的学理分析、理论构设以及对非均衡的价值理性等内容的探讨中，多少印证了作者对马克思主义政治发展理论基本问题的一些思考。如果本书能为学术论争提供一个平台，作者的目的也就达到了。

王俊拴

2016年春于西安/雁塔

目　录

导 论

政治发展作为人类社会发展的一个重要方面，就广义来说，是指“政治体系向着更高级形态的变迁的过程”①，这一过程反映出一个国家民主政治发展的方向、进程及其实现的程度和结果。20 世纪五六十年代以来，关于政治发展理论的研究硕果累累、蔚为壮观。这其中，对政治发展动力的探究和思考始终是一个关键性的核心命题。作为连接政治发展目标与现实政治生活之间的中介点，政治发展的动力对一国政治生活的正常运行乃至经济社会整体发展都至关重要。我国 30 多年的改革开放，不仅带来了经济社会领域的巨变，政治生活领域也发生了翻天覆地的变化。研究政治发展的动力及其逻辑，既是一个重大的理论课题，又具有重要的现实意义。本书试图以非均衡为基本的理论视角，尝试性探析推动中国政治发展的动力体系及其运行逻辑，期待能够对这一课题的相关研究起到抛砖引玉的作用。

---

① 燕继荣：《发展政治学：政治发展研究的概念与理论》，北京大学出版社 2006 年版，第 1 页。

一 国内外政治发展动力研究述评

对政治发展动力的探究是政治发展理论的重要组成部分，国内外学者关于这一课题的思考和成果较多。我国尤其是改革开放以来，政治经济社会都发生了剧烈变迁，政治发展研究也迎来了一个繁荣的发展阶段，对于“究竟是什么推动了政治发展”这一基本问题，学者们见仁见智，成果颇丰。

（一）马克思主义经典作家关于政治发展动力的基本观点

20世纪50年代以来，“政治发展”作为一个崭新的研究领域开始兴起，直至今日，它仍是各国学者普遍关注的一个基本命题。回顾马克思的经典著作，其中对“政治发展”这一概念鲜有提及，有人甚至因此误解认为马克思主义基本原理中缺乏关于政治发展的思考。实际并非如此，马克思是从广义和宏观层面上理解“政治发展”的，他对这一概念的理解建立在对人类社会以来整个政治发展史的认识和剖析以及对各国政治变迁经验总结的基础之上，把“政治发展”视为人类整体社会发展的一个有机组成部分，因而其认识远比西方理论中所讲的“政治发展”来得深远和恢宏。这一点与西方学者将政治发展看成是发展中国家独有的政治现象，以及“救世主”式的将西方经验和模式视为发展中国家政治发展的路径和目标截然不同。在马克思等经典作家的政治学说体系中，“政治发展”贯穿社会发展的始终。他们运用历史唯物主义的观点和方法，分析和证明了整个人类社会发展的历史中，政治发展不是孤立、特立独行的前进运动。作为整个社会文明发展的有机组成部分，它与每一个社会发展阶段上的经济发展、文化发展紧密联结、相互作用，是特定社会形态下政治、经济、文化相互联结、相互作用的历史性变迁。基于这种认识上的差异，马克思奠定了一条有别于西方政治发展思想研究的新路径。

马克思对社会发展动力因的探索和解读早已广为人知，作为社会发展的一个有机组成部分，政治发展的动力因和动力体系难免与推动社会发展的动力系统在整体上具有一致性与相似性的特征。从这一层面上讲，马克思虽然从未直接地谈过政治发展的动力问题，但其相关论述中不乏关于这一问题的真知灼见。基于这一角度，马克思主义的基本观点中，政治发展的动力主要可以归纳为两个方面：一是根本动力。与社会大系统一致，生产力与生产关系的矛盾运动也是推动政治发展的根本动力。二是直接动力，在阶级社会，这种直接动力表现为基本利益矛盾或对立的阶级之间的阶级斗争；但在社会主义制度下阶级矛盾不再是社会的主要矛盾，人民当家作主的国家性质决定了推动政治发展的直接动力成为人民群众自己，是人民基于不同时期对美好生活的向往与追求推动了政治制度、政治体制、政治结构的不断自我完善和发展。

首先，关于政治发展的根本动力。马克思曾一针见血地指出社会发展的根本动力是社会的基本矛盾运动。他认为，作为一个有机体，社会发展的最终动力不会停留在社会外部，因而必须从社会内部去发掘和找寻，找出隐藏在"历史动力背后的动力"。这种隐藏在表象背后的真正的推动力量正是生产力和生产关系之间、经济基础和上层建筑之间的矛盾运动及其内在逻辑。他写道，"一切历史冲突都根源于生产力和交往形式之间的矛盾"①，正是源于生产力的不断解放和发展，推动和促使着生产关系产生变革，政治、法律、意识形态等上层建筑或快或慢，与之相应发生变迁。马克思在《〈政治经济学批判〉序言》中阐述了这样的观点：社会的基本矛盾运动是推动社会发展的根本动力，构成了社会变迁与发展的深层根源。

① 《马克思恩格斯选集》（第1卷），人民出版社1995年版，第115页。

在文中这样的文字掷地有声："社会的物质生产力发展到一定阶段，便同它们一直在其中运动的现存生产关系或财产关系（这只是生产关系的法律用语）发生矛盾。于是这些关系便由生产力的发展形式变成生产力的桎梏，那时社会革命的时代就到来了。随着经济基础的变更全部庞大的上层建筑也或快或慢地发生变革。"①

伴随着对社会发展动力的分析和阐述，马克思实际上已经告诉人们，政治发展的动力归根到底要到经济生活中去寻找。他这样揭示着历史唯物主义的基本原理：人类社会绝不可能存在有经济而无政治的阶段，只要存在着一定的经济基础，就必然会建立与之相适应的政治上层建筑；换言之，政治作为上层建筑，只能建立在一定的经济基础之上。在《反杜林论》等著作中恩格斯则更是旗帜鲜明地告诉我们：推动政治发展的"历史动力背后的动力"深深隐藏在社会变迁特别是经济生活的变化之中！对政治发展动力因素的探寻不能单单局限于政治生活本身，而只有从社会生产方式和交换方式的变更中去寻找才算找准了脉络和方向。正是由于生产力的发展才是引起政治关系变革和调整的终极原因，不同的社会发展阶段其政治特征及其表现形式才会有所差别。正如马克思所说："生产以及随生产而来的产品交换是一切社会制度的基础；在每个历史地出现的社会中，产品分配以及和相伴随的社会之划分为阶级或等级，是由生产什么、怎样生产以及怎样交换产品来决定的。"② 所以，"一切社会变迁和政治变革的终极原因，不应当到人们的头脑中，到人们对永恒的真理和正义的日益增进的认识中去寻找，而应当到生产方式和交换方式的变更中去寻找；不应当到有关时代的哲学中去寻找，而应当到有关时代的经济中去寻找"③。按照马克思主义的基本观点，生产力决定生产关系，生产关系既要适应生产力的发展，又会反作用于生产力，这

① 《马克思恩格斯选集》（第3卷），人民出版社1995年版，第32—33页。
② 同上书，第740—741页。
③ 同上书，第617—618页。

是社会发展的基本规律，也是推动社会政治发展的根本动力。对于政治发展而言，政治价值观的缓慢变迁、政治制度、体制和政治行为的变革，归根到底，也是生产关系必须与一定的生产力发展状况相适应这一基本规律作用的结果。概括来讲，经济基础对于政治发展的决定作用表现在两个方面：一方面，政治上层建筑是上层建筑中的中坚力量，处于核心地位。当社会经济基础发生变化时，特定经济关系和社会关系基础上形成的上层建筑也会发生相应变化，从而导致一系列的连锁反应。具体表现为：第一，生产力作为在生产方式诸要素中最活跃、最革命的要素，它的发展会推动社会结构诸要素及其相互关系的变化，反映在政治领域，不仅可能导致政治上层建筑中政治权力和政治权利的变革和调整，囊括了政治行为性质、主体、方向、方式的变革和调整，还涵盖了政治体系基本构成和运行方式的变革，从而在终极的意义上推动政治发展，从这一层面上讲，生产力的解放和发展是导致政治发展的根本原因，是推动政治发展的根本动力。第二，生产力的发展必然带来生产关系的变化发展，由于社会分工、交换形式以及生产资料所有制的变革，新的社会经济基础随之形成，原有的政治上层建筑不再适应新的生产力发展要求，能够与之相适应并为之服务的崭新的政治上层建筑会应运而生。可以说，正是经济基础的变更直接推动了政治的变革和发展。第三，伴随着生产力与生产关系的发展变化，崭新的阶级关系、政治关系形成。与新兴的经济关系相呼应，反映在观念形态上可能导致政治文化的变迁，新的价值观念、学说理论，以及行为规范形成，促进着政治的进步与发展，等等。这些变革和调整的过程就是政治发展的过程。正是经济进步是推动政治发展的根本力量。另一方面，经济基础不是单向的作用于政治上层建筑，经济发展是推动政治发展的根本动因，但政治发展也将反过来为经济发展服务，这种反作用力在某种程度上还是巨大的。由于国家作为政治的载体，从其产生之日起就是脱离并凌驾于社会之上的力量，它的这种相对独立性就使得政治发展有着自己独立的规律，不可能与经济发展呈一一对应的关系，甚至呈现出相对滞后的特征。经济的发展必然向政治体系相应提出要求，统治阶级为巩固自己的统治会积极主动地进行变革，根据发展中遇到的问题和诉求对政治制度进行的完善与发展，并以此为核心推动政治的全面进步。这种历程依然体现出经济发展对于人类政治进步的巨大作用。

正是这种关于政治发展动力的基本观点将马克思主义者与西方学者区别开来。与一些西方学者的本末倒置不同，马克思主义者坚定地认为，政治作为上层建筑的一部分归根到底是由经济基础决定的，生产力的解放和发展才是政治发展的根源所在。

其次，马克思阐述了关于政治发展直接动力的基本观点。他认为，作为政治发展的基本动力，社会的两大基本矛盾运动反映到社会历史领域，将以阶级斗争的形式表现出来，构成政治发展的直接动力。阶级斗争是马克思主义的基本观点之一，他把阶级和阶级斗争看成是阶级社会最基本的社会现象。恩格斯认为这一发现是我们了解人类阶级社会历史的一把钥匙，这一观点也为我们正确认识政治发展提供了一条指导性的线索。作为一个伟大的思想家和哲学家，马克思并没有止步于此，他的论述进一步显示出他的严谨，他说："我们的新贡献就是证明了以下几点：（1）阶级的存在仅仅同生产发展的一定历史阶段相联系；（2）阶级斗争必然要求导致无产阶级专政；（3）这个专政不过是达到消灭一切阶级和进入无产阶级社会的过渡。"① 在这个"新贡献"中，马克思指出阶级的产生是由生产力发展状况决定的，是生产力相对不发达的结果。他认为，随着生产资料私有制的出现，生产力与生产关系的不相适应使得社会产生分裂，划分为阶级。在这一基础上，他进一步论述了阶级斗争是阶级社会发展的直接动力。马克思认为，阶级社会中，社会的基本矛盾具体表现为各个根本物质

① 《马克思恩格斯选集》（第4卷），人民出版社1995年版，第547页。

利益对立的阶级之间的相互冲突和斗争。这种阶级之间的斗争既是矛盾的体现，又是解决矛盾的基本手段。马克思认为阶级斗争是推动社会发展的直接动力，这种观点在他和恩格斯给倍倍尔等人的通信中表露无遗，他说，“将近40年来，我们一贯强调阶级斗争，认为它是历史的直接动力，特别是一贯强调资产阶级和无产阶级之间的阶级斗争，认为它是现代社会变革的巨大杠杆”①，这是他们对阶级斗争在社会发展中作用的高度评价和精辟阐述。恩格斯也说：“旧的复杂的社会机构中的这种迅速而剧烈的阶级对抗的发展，使革命成为社会进步和政治进步的强大发动机：正是新的党派的这种不断的产生和迅速的成长，他们一个接替一个掌握政权，使一个民族在这种剧烈的震动时期五年就走完普通环境下一百年还走不完的途程。”② 正是缘于此，在马克思、恩格斯看来阶级斗争和革命是“现代社会变革的巨大杠杆”，是“历史的直接动力”。正是通过斗争和革命，那些不适应生产力发展状况的生产关系以及不适应经济基础的上层建筑才会不断地发生变革，崭新的、与生产力发展要求相适应的生产关系以及与经济基础相适应的上层建筑才会被迫地、强制性地建立起来，并以此为基础促进生产力的不断发展。换言之，正是阶级斗争为阶级社会的发展开辟了道路。马克思也说：“自从原始公社解体以来，组成为每个社会的各阶级之间的斗争，总是历史发展的伟大动力”③，“这种斗争只有在阶级本身消失之后，即社会主义取得胜利之后才会消失”④。而在阶级本身消灭之前，“一切社会的历史都是阶级斗争的历史”⑤。在其著作中，马克思系统分析了不同历史阶段的阶级斗争状况，对于资本主义社会，马克思指出无产阶级与资产阶级之间的斗争不可避免又不可调和。当无产阶级登上历史舞

① 《马克思恩格斯选集》（第3卷），人民出版社1995年版，第685页。
② 《马克思恩格斯选集》（第1卷），人民出版社1995年版，第530页。
③ 《马克思恩格斯全集》（第22卷），人民出版社1961年版，第560页。
④ 同上。
⑤ 马克思、恩格斯：《共产党宣言》（单行本），人民出版社1997年版，第27页。

台，时代赋予它的历史使命和政治抱负决定了两大阶级之间必然会围绕政权展开形形色色的政治斗争，这将成为推动资本主义社会发展乃至政治发展的直接动力。恩格斯也持有相同的观点，他认为："自从有工人运动以来，斗争是第一次在其所有三方面：理论方面、政治方面和实践经济方面（反抗资本家）相互配合，相互联系，有计划地进行着。"[①] 这三个方面的斗争中，马、恩都把政治斗争看成是最具有决定意义的方面，而政治斗争中最为核心和根本的就是国家政权问题。如何才能夺取和建立政权呢？马克思进一步指出："我们从来没有断言，为了达到这一目的，到处都应该采取同样的手段"[②]，"必须考虑到各国的制度、风俗和传统"[③]。与西方政治发展理论中的西方中心主义价值论调相比，马克思的表述和认识无疑更具有辩证性和世界眼光。此外，他对阶级以及阶级斗争的认识是客观辩证和发展的，并因此预见了阶级的消亡，但否认斗争的消失，他说："无产阶级在夺取政权，进入到社会主义（共产主义的初级阶段）之后，阶级消灭，阶级斗争不会立即消失"[④]，恩格斯对此也持有相同的观点，认为一旦进入这一阶段，任何统治阶级的存在甚至阶级差别本身的存在，都将成为历史，阶级必将消亡。阶级本身是生产不足、生产力低下的结果，因而伴随着生产力高度发展、产品极大丰富时代的到来，阶级终将失去存在的土壤和理由。但在这样的理想社会到来之前，政治及政治发展的命题只会因为阶级和阶级斗争的存在一天也不会停止对人类的困扰。

不仅如此，在马克思的相关论述中还可以看出人民的需求以及人民生活结构的变化也是推动政治发展的重要动力。需要不仅是动物的属性，也是人的属性。马克思认为，"人们为了能够创造历史，必须能够生活。但是为了生活，首先就需要衣、食、住以及其他东西。因此第一个历史活动

① 《马克思恩格斯选集》（第 2 卷），人民出版社 1995 年版，第 636 页。
② 《马克思恩格斯全集》（第 18 卷），人民出版社 1964 年版，第 179 页。
③ 同上。
④ 《马克思恩格斯选集》（第 3 卷），人民出版社 1995 年版，第 757 页。

就是生产满足这些需要的资料，即生产物质生活本身。第二个事实是，已经得到满足的第一个需要本身、满足需要的活动和已经获得的为满足需要用的工具又引起新的需要”①。由此可见，人的需求不是一成不变的，它分为两个层次，生存需要和发展需要。生存需要处于第一阶段，也是相对较低的阶段，它维持人类生命机体正常运转；发展需要是人类更高层次的需求，它是建立在第一层次需要的基础上，体现了人类对自我的思考、完善、超越和发展。这一过程是永无止境的，一种需要的满足必定引发和派生出新的需要。对社会的发展而言，人的生存需要是社会发展的内驱力和原动力。人们围绕衣、食、住、行等生活资料的需求而进行的生产活动是人类的第一个历史活动，也是人类社会存在的前提和基础。当需求绵绵不绝地产生，生产因此源源不断地持续下去，社会便有了发展。生活需求得到满足之后，尤其是当人民的物质水平和生活质量普遍被提高以后，更高层面的需求接踵而至，具体体现为人民的精神、文化、政治生活以及其他各种体现自我价值和自我实现的需求相应产生。这种关于人的发展的需要是政治发展内在的、不竭的驱动力。特别是随着市场经济体制的变革和经济的发展，利益关系日益复杂，社会利益格局产生深刻的变化。反映在现实生活中，人们参与政治生活的需求、影响政治过程的希望，以及维护其自身的合法权益的期待等等都构成了推动政治发展的强大动力。

总而言之，马克思关于政治发展的根本动力、直接动力以及现实动力等基本观点的论述中处处闪耀着唯物辩证思维的光辉，而这些都没有脱离马克思主义矛盾动力观的基本内容。马克思主义的矛盾动力观的一个重要原则就是首先阐明了事物的内部矛盾和外部矛盾的辩证关系，认为推动事物发展的动力源泉是事物内部的矛盾，外部矛盾通过其内部矛盾作用和影响着事物的发展。事物的发展是内外因共同作用的结果。其次就单一矛盾

① 《马克思恩格斯选集》（第1卷），人民出版社1995年版，第32页。

的简单事物而言，发展是对立面的统一和斗争，是同一性与斗争性相互作用的结果，这是一个简单事物的发展动力问题。但是，世界上少有单一矛盾的事物，复杂事物的发展动力问题往往要根据矛盾发展的非均衡性和它们在事物发展中所处的地位和作用，从而进行主要、次要矛盾的区分；进而还要根据矛盾双方发展的非均衡性，进行矛盾的主要、次要方面的甄别。这样一来，关于政治发展的动力问题，马克思主义的基本观点，脉络就十分清晰而有力了。

（二）西方学者关于政治发展动力研究的概况

西方关于政治发展理论的研究，从内涵到外延与马克思主义的基本观点截然不同。对政治发展动力的探讨，学者们也从不同的角度，或隐晦、或明确地表达了自己的观点。

首先，早在古希腊时期，关于事物发展动力的思想就有了萌芽。哲学家赫拉克利特领先于马克思将矛盾视为发展的动力。赫拉克利特在哲学史上最大贡献就在于以朴素、形象的比喻表达了事物对立统一的矛盾思想。他认为任何事物都具有两面性，一事物既不能是绝对的“好”也不是绝对的“坏”，而是“好”与“坏”的对立统一。当然，这些思想是零散的，如关于自然的和谐，他说：“自然也追求对立的东西，它是从对立的东西产生和谐，而不是从相同的东西产生和谐。例如，自然便是将雌和雄配合起来，而不是将雌配雌，将雄配雄，自然是由联合对立物构成最初的和谐而不是联合同类的东西。”① “艺术也是这样做的，显然是模仿自然，绘画在画面上混合着白色和黑色，黄色和红色的成分，造成酷肖原物的形象，音乐混合音域不同的高音和低音、长音和短音，

① 北京大学哲学系外国哲学史教研室编译：《西方哲学原著选读》（上卷），商务印书馆1981年版，第23页。

造成一支和谐的曲调；书法混合元音字母和辅音字母拼写出完整的字句。”[①] 不仅体现了任何事物是矛盾双方的对立统一，而且还包含着矛盾的对立性是达到同一性的手段以及矛盾的同一性是斗争性的目的这一深刻矛盾辩证法思想。在分析引起事物运动变化的原因时，赫拉克利特在欧洲哲学史上第一次提出了“斗争”这个哲学概念。他认为“战争是普遍的，正义就是斗争，一切都是通过斗争和必然性而产生的”，“战争是万物之父，也是万物之王，它使一些人成为神，使一些人成为人，使一些人成为奴隶，使一些人成为自由人”。[②] 在赫拉克利特看来矛盾双方的对立斗争性才使事物的原有矛盾得以化解，重新融合成为新的事物，在这一过程中促进了事物本身的发展。赫拉克利特不仅指出了矛盾双方的对立斗争性是事物发展的动力，而且还通过对矛盾的对立斗争性分析指出了人们的价值取向，那就是“人的幸福在于为正义而斗争”。这种认识与古希腊时期矛盾百出的时代特征息息相关，赫拉克利特作为奴隶民主派，十分重视科学和工商业的发展，主张社会变革，因此反映在他的哲学思想中就是重视矛盾双方的斗争性，并把它看作是促进事物发展的动力。同赫拉克利特一样，黑格尔也将矛盾和发展联系起来，认为矛盾是事物发展的动力，他的《逻辑学》吸收了赫拉克利特的观点，但又青出于蓝而胜于蓝，成为哲学史上第一个自觉认识到并论证了这一观点的哲学家。他在《逻辑学》中指出矛盾是普遍存在的，是“一切运动和生命力的根源；事物只因为在本身之中包含着矛盾，所以它才能运动，才具有趋向和活动”[③]。为什么矛盾能推动事物的变化发展，成为事物发展的动力呢？黑格尔说：“矛盾和同一不同，同一不过是单纯直接物，僵

① 北京大学哲学系外国哲学史教研室编译：《西方哲学原著选读》（上卷），商务印书馆1981年版，第23页。

② 同上书，第27页。

③ 黑格尔：《逻辑学》（下册），杨一之译，商务印书馆1976年版，第221页。

死之有的规定，而矛盾则是一切运动和生命的根源，事物只因为自身具有矛盾它才会运动，才具有活力和活动"，"矛盾是一切自己运动的根本，而自己运动不过就是矛盾的表现"。关于矛盾的对立斗争性，黑格尔认为"某物由于它自己的质：第一是有限的，第二是变化的，因此有限性和变化性即属于某物的存在"[①]。有限之物在变化中体现出来的是其自身固有的内在矛盾，正是这种内在矛盾的对立斗争性驱使着有限之物不断地超出自己成为无限，世间万物也正是因为这种从有限到无限的过渡才实现了自身跨越式的发展。黑格尔对于矛盾动力论的相关阐述，从同一中看到了差别、对立和矛盾，于肯定的因素中看到它否定性的一面，从而找到了事物"自己运动"的源泉，确定了辩证法关于"一切自己运动的原则"。但可惜的是，这种深刻的思想因为被唯心主义的神秘外衣笼罩，所以"必须揭发、理解、拯救、解脱、清洗"，"马克思和恩格斯就做到了这一点"。[②] 而后，又由列宁等其他马克思主义的经典作家继承和发展了马克思唯物辩证的矛盾动力观，形成了唯物辩证的矛盾动力理论体系。虽然这里早期哲学并非专门探讨政治发展的基本问题，但关于"事物发展"的宏大论题中，政治无疑被囊括在内，我们可以将这一观点视为西方政治发展动力观的启蒙。

但真正意义上的、自觉的政治发展研究始于20世纪50年代，其研究进程分为酝酿期（50年代）、活跃期（60—70年代中期）和低速期（70年代中期以后）三个阶段。这一时期政治发展的兴起源于西方发达国家继续控制和影响二战后亚非拉一系列新兴民族国家的现实需求，企图尽可能地向这些国家输入西方的政治制度、发展模式以及西方的文化价值观念。但经过60年代到70年代中期的迅速发展之后，政治发展理论由于并没有找到一个具有普适性的建设性主张，不仅如此，大批第三世界国家民主政

① 黑格尔：《小逻辑》，贺麟译，商务印书馆1980年版，第204页。
② 《列宁全集》（第6卷），人民出版社1984年版，第38、119页。

治建设中途夭折，不断扩大的贫富分化和社会动乱使得悲观主义蔓延，相关研究在70年代陷入低迷。基于这一背景，关于政治发展动力的观点和理论较之马克思主义政治发展理论而言，不仅缺乏了世界眼光，更是缺乏了宏观元叙事的恢宏气势，因此关于政治发展动力的主要观点多集中于零星要素的探讨：推动政治发展的动力究竟是某种单一主导因素？还是多种因素合力的结果？

单一因素主导论者如派伊等，单就一种因素深入分析政治发展的动力。当然，“某一种单一因素”因不同学者研究志趣的不同内容也有所差异。这其中政治文化动力说是影响较大的一种观点，其代表人物是卢西恩·派伊。派伊认为，“政治文化是由人们在政治过程中所积累起来的政治取向所构成的”①，尤其是对发展中国家而言，政治文化是政治发展的重要方面。它不仅代表着人民对该国政治体系以及政治制度的态度、信仰和情感，还为政治行为提供了基本的规则和规范，并因此赋予政治过程以秩序和意义。他一针见血地指出，“政治文化之于政治体系犹如文化之于社会”②。接着，他又写道，发展中国家政治发展的基本问题，就是人民的认同、信仰和心理健康问题，③ 还说，发展中国家政治文化的核心内容主要是四对价值观的冲突，即信任与怀疑、平等与等级制、自由与强制、忠诚与认同的层次。④ 因此，政治文化，尤其是人们对政治体系的心理、态度、价值观念等方面的转变是一国政治发展非常重要的一个方面，即“从那些把传统政治共同体和结构中的人民团结在一起的价值观和感情，转变为更

① Lucian W. Pye, *Politics, Personality and Nation Building: Burm's Search for Identity*, Yale University Press, 1962, p. 22.

② ［美］卢西恩·W.派伊：《政治发展面面观》，任晓等译，天津人民出版社2009年版，第124页。

③ Lucian W. Pye, *Politics, Personality and Nation Building: Burm's Search for Identity*, Yale University Press, 1962, p. 22.

④ Lucian W. Pye, Sidney Verber (eds.), *Political Culture and Political Development*, Princeton University Press, 1965, pp. 3-25.

发达的共同体所需要的价值观和情感”[①]。由此，派伊指出，“政治文化的概念具有很大的价值，它可以帮助政治分析家把文化变迁的心理层面与更大的政治发展问题联系起来”[②]。派伊选择东南亚国家为自己研究政治文化的范本，并通过研究发现，西方政治文化尤其是价值观念的传播极大地影响和改变了这些地区的文化，而且这一过程不仅使得东南亚各地区遭遇了一定程度的分化和分割，更是严重阻碍了新的国家共同体的形成。他因此得出结论，政治文化的分崩离析，政治活动中共同的取向的严重匮缺是那些过渡性社会产生巨大的混乱的根源，[③] 而政治发展的实质意义之一就“在于为全体人民寻求一种新的集体认同意识”[④]。可见在派伊看来，是政治文化促成了政治行为的价值取向和理性发展，使得政治发展具有了连续性和可持续性。可以说，政治文化变革与重建是推动政治发展的动力，这一具体的过程是为政治发展。

政治发展研究的先驱者、结构—功能主义政治学派的创立者，美国政治学家加布里埃尔·阿尔蒙德对这一问题也持有相似的见解。作为政治发展理论的集大成者，阿尔蒙德认为文化世俗化是影响政治功能以及政治发展的重要方面，政治发展的最终实现必须依赖和通过文化世俗化来实现。作为结构—功能主义学派的代表人物，阿尔蒙德的理论框架中，要想认识和考察一个政治体系的发展问题，离不开政治文化的世俗化程度考量。政治结构为适应功能的需求不断地进行调整以促使政治功能的实现是政治发展的根本问题，而政治结构如何调整才能促成自身功能的实现则有赖于文化世俗化程度的高低。政治发展只有在文化的世俗化程度较高，能够促使结构的调整以承载和促使政治功能的实现时才能实现，反之不能。不仅如

① ［美］卢西恩·W. 派伊：《政治发展面面观》，任晓等译，天津人民出版社 2009 年版，第 119 页。

② 同上书，第 124 页。

③ 同上书，第 125 页。

④ 同上书，第 197 页。

此，阿尔蒙德还指出，“世俗化是态度发生变化的一种过程，在这过程中人们越来越重视在其周围世界中可以见到的因果关系”①。“在世俗文化中，个人往往自信他们拥有改变环境的能力，并选定有助于自己改变环境的行动方案”，“文化世俗化要求这些传统的倾向和看法让位于更具有能动性的决策过程”②，“世俗化的结果是：公众的参与不断增加，合法性越来越取决于政府的作为”③，等等。总之，在阿尔蒙德看来，政治文化世俗化水平的高低制约并决定着政治体系的过程和政策功能能否实现，因此，政治文化是影响、制约并推动着政治发展的核心要素。

艾森斯塔特也将文化看成是推动政治发展的主要动力，他用“异端”这一概念来阐述推动政治变迁的文明动力，认为这种文明动力在推动政治变化发展的过程中作用独特。什么是“异端”？艾森斯塔特用它来表述所有的与“正统”，特别是现有政权相敌对、相排斥和抵触的力量，这一概念相对于宗教中的相似表述更为广义。“异端”在社会中普遍存在，不同的宗教教义中、民族主义的主张中、各种利益团体中及各种在野党、反对党等非执政党的政治党团中等等，它们无处不在，并表达着不同的政治主张，潜移默化地尝试修正或改变社会主流的政治文化方案。艾森斯塔特承认经济、利益团体、现代技术等其他推动政治、社会发展的多元动力因，但特别强调“异端”这种文明动力对政治社会发展的特殊作用，认为它的存在是推动现当代社会根本的原动力之一，尤其是这种力量不同于甚至与主流政治文化相排斥的政治取向与政治理想对政治制度化变迁的影响。艾森斯塔特把政治变迁分为三种形式，阶级斗争的方式，以马克思主义为代表；“本土化”的方式，由外而内的政治变迁；“异端”整合的方式。艾森斯塔特特别推崇第三种政治变迁方式。他认为政治发展的内在逻辑不在于

① ［美］加布里埃尔·A. 阿尔蒙德、小 G. 宾厄姆·鲍威尔：《比较政治学：体系、过程和政策》，曹沛霖等译，上海译文出版社 1987 年版，第 23 页。

② 同上。

③ 同上书，第 122 页。

消除“异端”、获得一致和共识，而在于政治系统不断地容纳、整合各种不同的声音甚至相抵触的力量。艾森斯塔特后来把这种政治发展的分析维度运用到当代发展中国家的现代化研究中，取得了不俗的成绩。

亨廷顿等人将中产阶级的壮大及其政治参与作为推动政治发展的动力。以他为代表的政治参与论认为，中产阶级是一个社会中受教育程度较高、现代意识较强的一部分人的集合。这一阶层的崛起和壮大对发展中国家的政治发展意义重大，既是其发展的标志，更是推动发展最直接的动力。这一研究路径与马克思关于“经济是推动社会发展乃至政治发展的决定性因素”的论断有相似之处。当然后者由于揭示出“隐藏在历史背后的动力”而更加具有说服力。

除了从单一主导因素来思考推动政治发展的动力因素以外，更有学者侧重于对推动政治发展动力的多重因素的考量。学者罗伯特·古丁、汉斯—迪特尔·柯林格曼就持有这样的观点，他写道：“政治科学家不再用两分法的眼光把组织或结构、利益或制度的其中之一看成是政治发展的驱动力；如今，几乎所有认真学习政治科学的学生都知道其实动力在于双方的有效的结合。”①

达尔则认为，政治发展的目标就是建立与一定的经济技术水平相适应的民主制度，政治多元化是这一目标达成的动力和途径。多元的社会体制，尤其是多元权力中心的形成是这一民主制度达成的根本条件。当然，罗伯特·达尔的多元权力中心是有条件的，即要在宪法规定的三权制衡原则之下，各种利益集团的出现和活动有利于推动政治发展。也有学者从政治发展策略的角度出发，认为推动政治发展应依靠以下五种力量：精神领袖、政治组织、政党、文官组织、军队和文化的更新。凡此种种，都不同程度地体现出西方学者在对待政治发展动力看法上的分歧与多元。

① ［美］罗伯特·古丁、汉斯—迪特尔·柯林格曼：《政治科学新手册》（上册），钟开斌等译，生活·读书·新知三联书店 2006 年版，第 12—13 页。

阿尔蒙德在现代化条件下政治发展的研究中成绩斐然，在政治发展动力的探讨中也当属集大成者。即便是把文化的世俗化作为推动政治发展的主导因素，但他也不否认政治发展动力因的多元性特征，他认为除了文化的世俗化这样一种主要的因素影响之外，政治系统还通过系统、转换、对策等多种功能应对经济现代化环境的发展变化，并在适应和转换中推动着政治发展。具体来看，他一方面深切关注文化因素的内在影响作用，另一方面也并没有忽视影响和推动政治发展的其他外在动力。在阿尔蒙德的著述中，他大量和详尽地阐述了除了文化这一内在因素之外，其他外在要素如经济发展的现代化要求、社会发展的要求以及国际情景的压力等对当代政治现代化进程的影响。首先，他认为经济的发展和现代化需求是推动政治发展的基础性力量。社会经济的发展与政治的发展并不同步，作为现代化的结果，政治发展得益于经济现代化的推动。主要体现在：一是经济的发展推动了政治世俗化的产生，二是经济社会条件的变迁对政治变革提出了要求。现代化的发展与科技的进步相伴相随，这一过程中，信息技术越来越发达，大众传媒日益普及，人们与周遭世界的联系日益紧密，有机会也有条件关心和参与到世界的发展中去，文化的世俗化与政治的世俗化随之产生。这种世俗化为政治发展提供了思想基础。此外，经济与社会的变革会相应提出政治要求，给人们带来政治变革的强烈愿望，这也间接地导致了政治的发展与进步。政治的发展往往伴随着问题逻辑，即与经济发展相伴而生的问题以及发展本身所要求政治承担的功能和作用范围的扩大会造成既有政治体系的功能不足，甚至导致政府失位和失责。问题的积累使得政治变革的诉求和愿望不断加深，并以此促使和倒逼政治结构进行调整和优化，从而为政治发展提供了可能。从这一意义上讲，现代化发展尤其是经济的进步既为政治发展提供了物质准备和社会基础，又在实际中使得政治发展成为现实、开花结果。此外，政治作为上层建筑又反作用于经济基础，如同阿尔蒙德所说：“政治发展一方面是社会经济现代化的结果，但它另一方面越来越成为现代化的原因。”[①] 现代化过程中经济进步与政治发展的交互作用，有助于发展中国家认清发展规律，把握和运用这些规律制定正确的发展战略具有重要的理论价值和现实意义。其次，阿尔蒙德认为社会需求的增长使政治体系面临挑战，这种社会挑战也是推动政治发展的重要动力。如上所述，经济的发展会给现有的政治体系带来一系列问题和挑战，对现存的政治体系提出了更高的要求。正是在应对和化解这些挑战的过程中，政治体系现存的结构和文化进一步分化和世俗化，政治体系的功能得到完善，政治制度和体制进一步完善和发展，这样政治发展也就水到渠成。与西方发达国家不同，发展中国家的政治体系在赶超现代化的国际情景与国内相对不完善的政治体系的现实条件下，其政治发展环境更加恶劣，历程更加艰难，政治发展面临着双重要求的压力和挑战。一般来讲，“国家建设和经济建设按理先于政治参与和物质分配”是发展的正常逻辑，因为“分享权力和福利首先要有权力和福利可分享”。[②] 但是对于发展中国家的发展现实来说，理想和现实之间存在巨大差距。经济建设、政治参与和分配的问题的同时到来使得这些估计无法按照正常的发展逻辑依次解决各方面挑战，相反，不得不承担起这种跨越式发展带来的挑战。这一过程如履薄冰，政治体系结构的分化和文化的世俗化能否实现成为发展中国家政治发展乃至现代化发展成败的关键。此外，阿尔蒙德还强调了国家情景压力对政治发展的影响，他认为国际环境压力会迫使一国既有的政治体系在结构和文化上实现自我革新，对政治结构的优化和文化世俗化具有重要影响，因此也是推动政治发展的重要动力。

总体而言，马克思和西方学者对于政治发展动力的见解，既有通识，又有差异。如马克思和阿尔蒙德等人都敏锐地发现了生产力的发展和经济

① ［美］加布里埃尔·A. 阿尔蒙德、小 G. 宾厄姆·鲍威尔：《比较政治学：体系、过程和政策》，曹沛霖等译，上海译文出版社 1987 年版，第 418 页。

② 同上书，第 5 页。

进步对于政治发展的重要意义。但二者的结论是迥异的：马克思因为洞察了社会发展的根本矛盾运动和发展规律，从本质上抓住了推动政治发展的根本原因，并因此将生产力的发展视为推动政治发展的根本动力乃至原动力。阿尔蒙德等人虽然发现了政治发展与经济发展之间的关联，认为正是经济发展带来的广泛要求带来了政治变革的强烈愿望，政治发展正是在应对经济发展的诉求和挑战中实现发展的，但他只是在一般意义上指出这种关联，认为经济要素和其他动力因素并无本质区别，它们共同推动了政治发展，并不承认经济因素对于政治发展的基础和决定作用。

此外，马克思主义的基本观点中，阶级消亡之前，政治发展是人类政治生活始终面临的主题。而西方政治发展研究的兴起却仅仅始于 20 世纪 50 年代，这种有意识的政治发展研究是二战后西方发达国家对外政策的直接产物，也是这些西方国家推行国际战略与世界霸权的需要。为了适应这一需要，研究的主要目的是试图为发展中国家提供一条普适性的建设性策略，移植和传播西方的政治发展模式和价值观念，研究的重心和重点也显然不是探讨政治发展的动力问题，因为西方国家代表的国际势力本身就成为第三世界国家政治发展的动力因素。因此，上述研究虽然在不同程度上涉及了政治发展某方面的动力因素，其中也不乏真知灼见，但总有一个问题无法忽视，即西方政治发展理论与生俱来的优越感和蕴含其中的强烈的意识形态色彩。这种价值立场及西方中心主义的观念使他们想当然地认为对适用于西方世界的政治价值观、政治制度和政治发展模式对其他发展中国家一样具有普世价值，因此“着重对政治现象的描述和理解，缺乏对政治现象的本质性解释，如对政治发展的动因、政治发展的实质等问题缺乏深度分析”①。事实上，如同人不能同时踏入同一条河流，不同的国家，不同的国情，民主建构、政治发展之路径、方式和特点必定有所差异。西方

① 王宗礼：《论建构中国特色的政治发展理论》，《探索》2004 年第 6 期。

的观点可以借鉴，但无法套用照搬，对我国来说亦是如此。因而，对我国政治发展动力的探讨和研究就显得十分必要。

（三）国内学者关于政治发展动力的相关研究

我国是世界上最大的发展中国家，也是在马克思主义指导下进行建设的社会主义国家，立足我国的具体国情，在继承和发展马克思主义政治理论的基础上开创中国特色政治发展的全新模式，是我们的使命和责任。20世纪以来，国内学界关于政治发展动力的研究成果众多，学者们从不同角度对这一命题进行了思考和探索。

1. 着眼于探讨某种单一因素对政治发展的推动作用

（1）把市民社会的兴起和发展作为推动当代中国政治发展的动力因的观点及相关研究。国内学者在这方面多有论述，他们认为，伴随着我国社会主义市场经济的繁荣和发展，公民社会作为相对独立的特殊力量逐步发展起来，这种强大的体制外力量的存在和发展成为政治发展的现实推动力。如叶长茂指出，一个符合本国特点的市民社会的独立发展对于该国的政治发展是至关重要的，尤其是对于发展中国家而言，市民社会能够吸纳、转换市场经济提出的政治要求，有利于政治稳定和政治发展。[①] 程波辉认为，在当前矛盾和冲突凸显的历史转轨时期，独立于政府和市场之外的非政府组织体系的公民社会，是中国政治发展的新动力，对公民社会的关注和研究是社会转型时期研究政治发展的崭新理论视角。[②] 李茂平也在《民间组织：现代民主政治发展的“助推器”》一文中对类似的观点做了更进一步的分析和阐述，他认为民间组织是由公民社会派生出来的外在形式，它能够助推民主政治的发展，公民社会对政治发展的作用只有通过民

① 叶长茂：《市民社会：民主政治发展的基础和动力》，《甘肃社会科学》2003 年第 2 期。

② 程波辉：《公民社会：中国政治发展的新动力》，《中共四川省委党校学报》2007 年第 4 期。

间组织才能充分发挥。[①]

（2）关于中国社会阶层分化对政治发展的推动作用的研究。如熊光清认为当前中国社会阶层的构成多元化特征为使得公民参与政治的诉求不断扩大，这是我国政治发展的重要条件。中国社会阶层分化的趋势以及由此带来的政治诉求迫使现有的政治体系做出回应，并在应对和解决新情况、新问题中推进我国的政治发展。[②] 黄相怀也指出，当代我国政治发展面临的巨大压力和挑战源自于利益的分化和诉求多元化，如何在公共利益与个人利益之间达成妥协和共识是一个难题和考验。[③] 颜红英也认为，改革开放，我国社会阶层急剧分化对中国政治发展起着重要的推动作用。这种社会阶层构成的多元化推动着我国民主化和法制化进程，有利于政治稳定和政治发展。[④]

（3）利益驱动与其衍生的社会团体推动当代中国政治发展的观点和研究。利益格局的裂变衍生出的利益集团或社会团体对当代中国的政治发展也产生了不小的影响。如王中汝就认为利益关系是经济关系的集中体现，经济对社会政治发展的基础性作用也就决定了追求利益是导致政治发展的直接动力因素。[⑤] 王浦劬在其著作《政治学基础》中也指出，利益关系体现和反映着特定的经济社会关系，利益矛盾运动是推动政治发展的根本动力。在此基础上，他还进一步指出政治发展的主导者是代表生产力和社会发展要求的社会力量。[⑥] 王彩波则把理论和现实结合起来，综合分析和论述了利益分化与中国政治发展的互动关系，认为我国的渐进式改革是利益

---

① 李茂平：《民间组织：现代民主政治发展的“助推器”》，《理论界》2007 年第 7 期。

② 熊光清：《当前中国社会阶层分化对政治发展的推动作用》，《中共云南省委党校学报》2003 年第 6 期。

③ 黄相怀：《阶层分化对中国政治发展的挑战与应对》，《理论与现代化》2006 年第 2 期。

④ 颜红英：《浅论当代中国社会阶层分化对政治发展的推动作用》，《陕西师范大学学报》（哲学社会科学版）2006 年第 3 期。

⑤ 王中汝：《利益表达与当代中国的政治发展》，《科学社会主义》2004 年第 5 期。

⑥ 王浦劬：《政治学基础》（第二版），北京大学出版社 2006 年版，第 293 页。

分化的必然结果，这种分化为中国政治发展提供了持久的动力。[①] 在这一理论的基础上，一些学者更进一步强调利益关系衍生的社会团体在政治发展中的作用。如张喜红就集中论述这一观点，他认为社会团体的产生在利益的整合与表达、提高社会的管理和服务质量等方面都有着特殊的功能和作用，它客观上促成了新的权力监督制约机制的形成，有助于推进政治社会化和政治稳定目标的达成。[②] 杨慧也就行业协会提出了自己的看法，她认为行业协会的兴起推动着政府职能的转变，提升了政府的宏观调控能力，对中国民主政治的发展有着重要的推动作用。[③]

（4）社会主义政治文明推动当代中国政治发展的观点或研究。如鲁建彪认为，现阶段我国政治发展战略的重心应落在政治文明上，以政治文明建设为先行条件推动我国的政治体制改革，并最终推动我国的政治发展。[④] 刘晓苏也对一系列政治关系解读、论证的基础上得出类似的观点，认为社会主义的政治文明是一种不可忽略的强大动力推动着我国的政治发展，并为实现当代中国政治发展的价值目标提供了重要前提和保障，以政治文明促政治发展是当下我国政治发展的路径选择。[⑤]

（5）文化动力因的探讨或研究。这一观点的代表者刘剑君认为，政治发展战略无法也不可能超越文化的约定与历史惯性的遗留，政治发展的动力和阻力只有在文化对政治发展的折射中才能清晰地显现出来。[⑥]这一观点和派伊相似。姜山则从传统文化的政治影响出发，认为文化由传统走向现代的变迁过程必然伴随或带来政治过程的变迁和发展，在批判、继承、创

① 王彩波：《利益分化与中国渐进性政治发展》，《江苏社会科学》2004 年第 4 期。

② 张喜红：《社会团体与当代中国政治发展》，《长白学刊》2007 年第 3 期。

③ 杨慧：《政治发展的新动力：论我国行业协会兴起的意义》，《行政论坛》2007 年第 2 期。

④ 鲁建彪：《政治文明建设是政治发展的新动力》，《云南民族大学学报》（哲学社会科学版）2004 年第 1 期。

⑤ 刘晓苏：《社会主义政治文明：当代中国政治发展的动力机制》，《淮阴师范学院学报》2003 年第 4 期。

⑥ 刘剑君：《当代中国的政治发展：从文化的角度看》，《理论学习月刊》1998 年第 4 期。

新中促进文化现代化是中国政治发展的重要推动力量。[①]

（6）从人的主体性出发考察政治发展动力的观点或研究。马克思主义认为人民群众是历史的创造者，基于这一观点，王惠岩先生指出人民群众是推动政治发展的决定性力量。[②] 李景鹏先生早在1998年时就撰文表达了自己的观点，认为，人民的积极性是一个社会经济政治发展的根本动力，这种根本性体现在它是经济动力传递到政治领域并促成发展的中介与核心；[③] 接着更是在2002年，以政治发展目标与动力的关系为切入点，提出政治的变革与发展是首先来自广大民众改变现实政治存在的诉求，其次才是经济领域发展的推动这一基本观点，然后在此基础上进一步探讨了我国政治发展的动力问题。总结指出源于我国现实的复杂性，目前推动政治体制改革最主要的就是应对外部压力，进行经济体制改革、促进经济的发展；但另一方面，人民群众作为政治体制改革的直接动力，他们力量如何成长，也是关系到如何使政治发展进入到新阶段的根本性问题。[④] 李培文则更加具体地指出农民这一庞大而特殊群体在我国政治发展中的作用，认为中国农民身份转化的过程就是中国政治现实发展的过程。[⑤]蔡益群则回归到马克思主义的基本观点，认为中国政治发展的原动力仍然是社会的基本矛盾运动，但他的论述又不止于此，而是从社会基本矛盾的主要方面——生产力出发，把生产力发展的主体，也就是人民群众的作用自然地归入了原动力研究的范畴之中。[⑥]

（7）执政党是推动我国政治发展的重要力量的观点和相关研究。如杨

① 姜山：《论传统文化现代化与当代中国的政治发展》，《北方文学》2012年第10期。

② 王惠岩：《当代政治学基本理论》，高等教育出版社2001年版，第75页。

③ 李景鹏：《试论政治发展的动力与目标》，《天津社会科学》1998年第3期。

④ 李景鹏：《政治体制改革为什么会滞后》，《国家行政学院学报》2002年第3期。

⑤ 李培文：《农民身份转化：当代中国政治发展的强大推动力量》，《宁夏党校学报》2002年第9期。

⑥ 蔡益群：《当代中国政治发展的原动力分析》，《探索与争鸣》2002年第12期。

松认为，政党权威是在中国现代政治发展中发挥着保障与促进作用，对推动我国政治发展具有不可忽视的意义。[①] 林尚立先生对此也持有相似的观点，曾专门撰文讨论了这一点。他指出，“在中国社会，中国共产党不仅是领导人民夺取政权的党，而且是领导人民执政的党，是中国政治生活的核心，决定着国家与社会的总体发展”[②]，在中国的政治发展进程中，中国共产党的作用和力量不言而喻。

（8）从全球化的角度研究当代中国政治发展的动力。持这一观点的代表人物是俞可平先生，他认为，全球化既是一个经济变迁的过程，同时也是一个文化变迁和政治发展的过程。经济全球化极大地改变了人们的生活方式，也改变了传统国家的统治和治理方式，方方面面地影响着人类的生活和生存方式，是推动政治发展的深刻动力。而且，全球化的影响范围之广阔前所未有，无论是资本主义国家还是社会主义国家均受到这一浪潮的影响。[③]

2. 关于多个动力要素与当代中国政治发展关系的研究

政治发展是一个复杂的过程，究竟是什么力量推动着政治发展，学界并没有达成共识。除了把某种单一因素当作政治发展的动力以外，从多个角度、在多种因素中探寻政治发展动力机制的学者也并不在少数。如林尚立在文章《中国政治发展的动力资源》中把政治发展的动力归纳为政治领域内、外两种动力资源。政治发展的领域内资源主要体现出政治发展过程的自主性，涵盖了法律制度、意识形态以及大众文化等因素；相反，领域外资源则反映了政治发展的受动性，主要体现为经济和社会发展对政治发展的促进和影响。在这一基础上，林先生指出目前中国的政治发展应特别重视政治领域内的动力资源，从战略的高度重视并开发社会主义政治制度

① 杨松：《政党权威与当代中国政治发展》，《学术界》2001 年第 4 期。

② 林尚立：《有序民主化：论党在中国政治发展中的重要作用》，《毛泽东邓小平理论研究》2005 年第 3 期。

③ 俞可平：《全球化与政治发展》，社会科学文献出版社 2005 年版，第 21—22 页。

的基本功能。[①] 在其的另一篇文章《九十年代中国政治发展的动力与走向》中，林先生进一步明确了这一观点，他从中国政治体制改革史的角度出发，分阶段、史论结合分析了不同发展阶段政治发展的动力。他指出，20世纪70年代末以来，改革的过程也是政治发展的实现过程，经济、文化、社会等各个领域的改革，都源源不断地为中国政治的民主化和现代化进程提供着动力和支持；而80年代中国政治发展的动力因素则有了变化，主要是经济体制变革和发展以及党和国家领导制度的改革推动了我国政治发展的进程；90年代推动我国政治发展的动力因则进一步分化为社会主义市场经济的发展、相对独立的社会主体的形成、分化和发展以及政治体制的变革，其中实行积极的政治体制的变革是政治发展得以实现的重心所在。[②] 何增科也把推动中国民主政治发展的动力因素概括划分为经济发展、经济转轨、公民社会的健康发展、良性的政治互动、全球化五个方面，并详细分析了每一个因素的具体作用。[③]

吕建明、乔贵平认为是多种因素互动形成的合力推进了政治发展。具体体现为，推动政治发展的直接动力主要是市场经济体制的建立和发展，间接动力则是市民社会的兴起和壮大，此外还有另一重要因素，即政治制度建设的不断加强，这些因素共同作用于政治体系，推动政治发展，因此，在具体的政治过程中，如何有效配置这些动力资源将直接决定政治发展的实际进程和方式。[④]

李元书则提出了政治发展的“动力场原理”，提法虽有不同，但实质是相似的，都表达出诸多因素共同作用推动政治发展的观点。不过，李元书把这些因素概括为：社会矛盾与冲突；社会结构的变迁；文化（包括政

---

① 林尚立：《中国政治发展的动力资源》，《探索与争鸣》2000年第2期。

② 林尚立：《九十年代中国政治发展的动力与走向》，《探索与争鸣》2007年第10期。

③ 何增科：《民主化：政治发展的中国模式与道路》，《宁波党校学报》2004年第2期。

④ 吕建明、乔贵平：《浅析当代中国政治发展的动力资源》，《延安大学学报》（社会科学版）2004年第10期。

治文化）的重大变迁；人自身的发展；外力作用下政治制度的变革等等。并把这些要素用“动力场”这一概念表达出来。①

虞崇胜在动力论的基础上提出了政治发展的动力机制这一概念，认为既相互联系又相互作用的不同作用力构成了政治发展的动力机制，动力机制从牵引力、推动力、内驱力三个层面共同作用于政治系统，推动了政治发展。他还具体指出执政党和政府构成了牵引力的核心；本国公民社会和国际社会是主要的推动力；政治体系的有机构成和内在需求构成了政治发展的内驱力。中国的政治发展应当是在政府主导下三个层面的力量共同作用推动的结果。②

国内关于政治发展及其动力的研究是以马克思主义为指导，但又必须在新的历史阶段结合国际国内的新情况开展起来。综观国内学者的研究观点，主要是在认可和遵循马克思主义对政治发展动力基本观点的前提下，重点研究和探讨新时期我国政治发展的具体的现实动力。基于这种研究方式的局限性，我国这一领域的研究同西方一样，比较普遍地集中于对单一动力要素与政治发展关系的探讨，成果相对突出的如对市民社会、阶层分化、利益因素、政党角色等要素的研究。多种动力要素推动政治发展的观点亦是仁者见仁，智者见智。这种相对微观的研究方式使得细节上稍有变化和新意，但实质上难有突破。特别是几乎大部分研究成果都是在充实和发展马克思所见的“现实动力”这一层面。囿于这种研究视角和方法，研究成果鲜有突破。正是基于此，本书在马克思主义政治发展理论的指导之下，拟从非均衡推动政治发展的理论视角入手，在现有研究成果的基础上，试图在相对宏观的层面上通过对政治发展一般规律的再认识和进一步探究，结合我国政治发展现状的分析，研究中国特色政治发展的动力

① 李元书：《发展中国家社会与政治发展的战略选择》，《学习与探索》1998 年第 5 期。

② 虞崇胜：《和谐社会政治发展的动力机制和平衡机制》，《北京联合大学学报》（人文社会科学版）2007 年第 12 期。

问题。

（四）简要述评以及本书的思考

通过以上的梳理和回顾，概括国内外政治发展动力的相关研究，笔者有以下粗浅认识：

首先，马克思主义经典作家对政治发展动力的相关阐释主要集中于两个方面。一方面，对推动政治发展根本动力的探究集中体现了马克思辩证唯物主义认识论中矛盾动力论的基本观点，这也是马克思对政治发展动力研究的重大理论贡献。另一方面，任何一种思想或主义的产生都是根植于且受限于特定的社会历史条件，马克思在推动政治乃至社会发展的直接动力的相关论述中，其主要观点源于在阶级社会的现实分析。阶级社会的基本矛盾集中表现为阶级矛盾和阶级斗争，因而推动阶级社会政治发展的直接动力就是这种矛盾和斗争。至于未来的社会主义社会，于当时的马克思、恩格斯来讲，只是一种宏伟的设想和蓝图。因此，伴随着矛盾的具体表现形式的改变，推动发展的直接动力又会是什么呢？马、恩也只能做出大致的预测和描绘："资产阶级的生产关系是社会生产过程的最后一个对抗形式，在没有阶级和阶级对抗的情况下，社会进化将不再是政治革命。"① 对于未来社会是否还存在矛盾，如何表现又如何解决，马克思在其著述中也做了初步的探讨，他认为社会主义社会作为共产主义低级阶段矛盾仍无法避免，而且这些矛盾归根到底仍然是生产不足带来的，因此解决的唯一方法只能是："集体财富的一切源泉都充分涌流之后，——只有在那个时候，才能完全超出资产阶级权利的狭隘眼界，社会才能在自己的旗帜上写上：各尽所能，按需分配。"② 等等这些，都是马克思对未来社会蓝图的描述，按照马克思主义的基本观点，"所阐述的一般原理整个说来直

① 《马克思恩格斯选集》（第2卷），人民出版社1995年版，第82—83页。

② 《马克思恩格斯选集》（第3卷），人民出版社1995年版，第305—306页。

到现在还是完全正确的”[①]，但这些原理的实际运用，“随时随地都要以当时的历史条件为转移”。也正是基于这样一种对未来的不确定性，马克思进而提出了推动政治发展的现实的动力因素，如人民的需要、科技的发展等等。这也为当代中国政治发展动力的研究提供了极大的理论指导和研究空间。

其次，西方政治发展理论是在研究第三世界国家政治发展中形成的，有其特定的研究范围和目的，因而在一开始就缺失了马克思主义研究的眼光和气概。而在具体的研究中，先入为主的优势思想和建构普世价值的目标使得这一研究逐渐走向没落。作为政治发展重要内容的动力研究在这一背景之下缺陷与不足显而易见。因缺乏对政治发展根本动力因素的发掘，而囿于一些具体的、点式的研究范式导致成果颇有局限。不同国家的政治发展只能根植于自身特殊的沃土之中，对中国而言，西方政治发展理论只有与我国的实际结合起来才具有借鉴意义，不能简单套用。

此外，国内相关研究主要存在两个问题，一是对马克思主义政治发展动力的基本观点阐释继承为主，而发展创新不足；二是研究路径上类似西方，多以政治发展动力构成要素的某一方面加以分析、研究，以“点”为主，而未到“面”，未免失之偏颇。在现实政治生活中，推动政治发展的动力要素无疑是多元化的，只有继承和学习马克思主义的世界眼光和元叙事的宏观方法，才能在研究和分析时全面考虑和把握，才能准确认识政治发展的动力体系。

综上所述，应用发展和全面的眼光研究中国特色政治发展的动力和逻辑。马克思主义关于政治发展动力的基本观点对于转型时期的中国来讲，无疑具有巨大的指导意义和理论价值。但新的历史时期，国际国内环境发生巨大变化，人民群众的需求层次和水平不断提高，阶级矛盾已经不再是

---

① 马克思、恩格斯：《共产党宣言》（单行本），人民出版社 1997 年版，第 3 页。

我国的主要矛盾。作为一个复杂的矛盾群，是主要矛盾的主要方面决定着中国政治发展的方向和性质。对于转型时期的中国而言，国际环境的压力和国内形势的发展分别是推动政治发展的外因和内因，二者之间非均衡发展，并不是势均力敌的态势，中国的发展归根到底还是内因起着决定性的作用，我们必须走自己的路；当下，人民群众日益增长的物质文化需求与落后的社会生产之间的矛盾是我国的主要矛盾，也是我国社会发展乃至政治发展过程中必须解决的核心问题。在解决这一问题的路径选择中，历史传承及特殊的国情决定了中国不同于世界上其他任何一个国家，我国的改革和发展并不是也不能遵循西方的经济先导、社会推动、政府弱化的一般路径。政府的领导和人民的参与二者缺一不可，其中党和政府的领导起主导作用。人民群众对美好生活的追求与党和政府的顶层设计的非均衡使得我国的政治体制改革和完善呈自上而下的典型特征。总体而言，国际社会杠杆效应的驱动力、党和政府的领导与设计、民众追求美好生活的内在驱动是推动我国政治发展的三大动力，而非均衡作为这三种动力的作用方式和内在逻辑推动着我国政治向前发展。

二 研究的缘起与意义

（一）研究的缘起

将非均衡作为政治发展的动力与逻辑进行研究是本书的基本理路，这一研究的缘起主要基于三个方面。

一是政治发展理论研究本身的需求使然。一如亚里士多德所说，人是天生的政治动物。人们对优良的政治生活的追求如同圣火代代相传，但这种优良的政治生活和政治秩序何以实现？这一孜孜不倦的追求和实践过程之中蕴含的动力和逻辑又是什么？显然对上述设问的思考和回答既是一个

“政治哲学”问题，也是一个富有挑战性的对政治发展的探究问题。发展是当代世界的主题，也是当代中国的主题，“必须把发展作为党执政兴国的第一要务”是中国共产党人的基本认识。第三次科技革命浪潮的影响使得世界各国的经济社会都产生巨变，马克思早已预言的“全球化”如期到来，并使得所有国家都面临着严峻的发展问题，这其中，政治发展是一个重要的方面和不可忽视的环节。改革开放以来，我国的经济、社会、文化等诸多方面产生深刻变革，作为上层建筑的政治体系也必然做出回应，相应发展起来。这一时期，政治体制改革在曲折中前进：一方面，多年的制度建设成效显著，使得我国政治系统吸纳及反馈政治需求的能力有所增强，政治导向及对经济社会发展的影响作用日益发挥和扩大；但另一方面，政治的发展与经济社会的快速发展相比又呈现出相对滞后的特征。虽然“由于经济发展、经济改革对政治体制改革的要求是从反面提出的，因此，政治体制改革同经济改革和经济发展相比，就不可避免地具有一定的滞后性”[①]，但更主要的和深层的原因则需要从政治发展动力体系的层面上加以思考。政治发展本身既是一个主动的过程，又是一个受动的过程，因而，发展既是一个自然的过程，又是一个需要动力推动的过程。“因此，探讨政治体制改革的动力问题乃是弄清楚政治体制改革滞后的原因、寻找推动政治体制改革发展的契机的根本性问题。”[②] 20 世纪 80 年代至今，我国学界对政治发展问题的关注和研究已经经历了相当一个时期。从一早对西方政治发展理论的译介到 90 年代以后对建构马克思主义政治发展理论的探索再到当下着力建构中国特色政治发展理论，国内政治发展理论的研究逐渐摆脱了对一般性理论的眷顾，转向分析我国政治发展的内在结构和揭示我国独特的政治发展轨迹。政治发展的主要研究内容也逐步由宏观层面的理论阐释拓展到对微观层面的研究和探寻，如关于政治发展的目标模

① 李景鹏：《政治体制改革为什么会滞后》，《国家行政学院学报》2002 年第 3 期 。
② 同上。

式、动力体系、所处阶段划分以及发展道路等方面的研究成果日益增多。但如同综述中指出，对于政治发展动力的研究，无论是西方学者，还是中国学界，虽然硕果累累，亦存在研究的空间和余地。出于理论本身建构、完善发展的需要，以及政治实践的现实需求，“中国特色的政治发展动力体系”这一理论命题都是一个需要并且值得我们认真探究的课题。

二是研究视角的转换使然。马克思以其非凡的眼光和恢宏的气势开创了政治发展动力研究的宏观视角，但中外学者却大多从微观入手探讨这一问题——这种理论视角在“中国特色政治发展动力体系”的研究中已初见局限。对政治发展全局而言，均衡与非均衡代表着政治发展中的“理想”和“现实”。均衡的政治关系、民主节制的政治生活是一种美好的理想，但失衡和非均衡是不以人的意志为转移的客观实在。理想与现实，是决定人类生活的两极，人类生活无时无刻不摇摆其中，政治生活尤其如此。它也因此具有了鲜明的两重性特征：一方面受现实经济与社会发展的条件规定和制约，另一方面又主动地作用于经济与社会发展，这种两重性，决定了政治发展不仅被现实的力量所主导，亦会被理想的力量所左右。如林尚立先生所说，“人类对于发展和幸福的期待，都会落实于政治的期待；人类建设良好社会的努力，都会落实于政治建设的努力”，正是“对于政治发展的良好期待，使得政治发展迈向至善成为可能”。[①] 那么，人们究竟期待什么样的政治生活？理想的政治生活究竟如何实现？如果说，试图从均衡的角度建构民主是富有诗意却又遥远的梦想，那么，是否政治生活亦如C. E. 布莱克所说——“从均衡是必需的角度来研究社会，能取得的成绩是有限的，因为社会从来就不是均衡的，它处于不断变化的过程中”[②]。按照这一启示，回归现实与理性：作为一种不以人的意志为转移的客观实

① 林尚立：《建构民主——中国的理论、战略与议程》，复旦大学出版社2012年版，第121页。

② ［美］C. E. 布莱克：《现代化的动力——一个比较史的研究》，景跃进、张静译，浙江人民出版社1989年版，第40页。

在，非均衡是否也在以其独特的方式发生着作用？这种状态的客观存在是否一定会与政治发展背道而驰？优良的政治生活或民主秩序之达成是否能够受益于这种非均衡？对于经济的发展来说，非均衡是一种宝贵的动力机制；对社会的发展来讲，非均衡是蕴含其中的发展规律；那么对于政治发展而言，非均衡是否也是一种客观和必然、也同样具有价值理性呢？如果将非均衡作为理解政治发展、政治转型和剖析政治生活的一种崭新视角，要深刻地理解民主政治的现代转型以及洞悉政治发展的深层动力，就有必要研究非均衡发展这一理论范畴，并尝试在这样一个分析框架之下重新解读当代中国政治发展的动力与逻辑。

此外，这一研究和尝试还源于对现实政治生活的关注和思考。实践性是马克思主义理论的生命力所在，因此政治发展理论也必须扎根于现实政治生活的沃土之中。毋庸置疑，无论是历史还是当前，社会政治生活的现实都是非均衡现象抑或问题的广泛存在，虽然这种存在本身所起的作用恰恰相反——对均衡的探讨和对社会秩序的关注是永恒的主题，但事实证明：人类社会原本就是“名副其实的各种冲突力量的炸药箱。……任何一种均衡的取得（正如大部分社会在大部分时间里取得的那样），既是奇迹，又是挑战”①。结构功能主义的杰出代表帕森斯也强调平衡的“不稳定”性，认为平衡的破坏与平衡的保持在科学上同样是一种重要的现象。马克思是冲突论的代表者，虽然马克思主义的分析和功能主义一样都假定“社会制度经常力求保持平衡”，但一如霍布斯鲍姆的评论：“马克思主义远不是唯一的结构—功能社会理论。第一，它坚持社会现象的等级制（即‘基础’和‘上层建筑’）；第二，它坚持在任何社会中都存在着内冲突（‘矛盾’），这些冲突抵消了该制度试图长久地维持自身的这一趋势。……马克思主义这些特殊点的重要性体现在历史领域，因为正是这些

① ［美］西摩·马丁·李普塞特：《共识与冲突》，张华青译，上海人民出版社1985年版，第19页。

特殊点使得他可以解释——不像其他结构—功能社会理论——社会为何和如何变革，为何和如何改造社会；换言之，即社会进化的事实……”，并指出“正是稳定因素与破坏因素的共存才是这个模式必须反映的。而这正是马克思主义模式——但不是庸俗的马克思主义翻版——的基础”。[①] 确实如此，就像马克思认为的那样：人类社会就是一个有机体。在这个有机体中，功能不同的各组织部分相互联系、各司其职。经济基础和上层建筑之间作为其中的一部分更是紧密联系、相互依赖。当它们之间协调统一，配合一致时，整个社会的正常存在和运行才成为可能；而当这些紧密相关的各部分处于失衡状态时，社会将陷入“病态”和危机。但作为一个有机体，社会及其各组成部分具有一定的协调功能和自救能力，当矛盾积累到一定程度对社会形成巨大的压力时，社会自身在这种压力的迫使下会产生某种力量来克服和消除这些“病态”和危机，社会也因此重归正常。表面上看，马克思与功能学派的观点趋于一致，似乎在论述关于社会均衡的主张。但进一步思考则会发现，社会由危机重回均衡，其推动力恰好来自社会有机体整体或局部非均衡发展带来的矛盾和张力。由这种矛盾和张力引发的冲突和斗争一方面会破坏协调和均衡，但另一方面均衡状态的再次建构和获得又有赖于这些冲突和斗争。也就是说，马克思主义有关发展的观点从来都是辩证和相互联系的，一个不断趋于均衡的过程，同时又是一个不断趋于冲突，不断打破均衡的过程——“破”“立”的有机结合才是社会发展过程的全部。在这些研究领域中，马克思主义关于非均衡理论的基本观点有着独特的见解和认知。也缘于此，马克思才主张社会发展的动力是矛盾，而矛盾产生的根源则是社会各组成部分的非均衡发展。由此可见，在经济全球化的宏大背景下所展现的现实社会是一个多元化的时代，这个时代中的各个要素不断冲突终又达成共识，社会发展就是在差异性与

① Charles F. Westoff, “Marriage and Fertility in the Developed Countries”, *Scientific American*, Vol. 239, 1978, pp. 51-52.

同一性之间寻找合理张力的过程。作为社会发展的重要组成部分，政治发展同样不断地在冲突与合作、动荡与稳定、非均衡与均衡之间寻找着合理的张力。这些客观存在的政治情景让人迷惑，也促人思考：我们究竟该如何才能拨开迷雾，认清现象背后隐藏的客观真实？社会发展领域关于非均衡的探讨是否适用于政治发展领域？非均衡于政治发展究竟有什么样的价值与意义？

出于这样一种从社会发展走向政治发展的思考，本书选择尝试研究和探讨非均衡对于政治发展，尤其是作为政治发展动力的价值和意义。作为一个发展中大国，新中国成立以来的政治发展和社会发展一样，在均衡发展的朴素理想与非均衡发展的客观现实之间交替往复。其实，非均衡与均衡恰似系统中的优与非优，它们你中有我，我中有你，短暂分离而后又紧密相连。系统之优的价值固然众所周知，但系统非优的价值意义同样不可小觑，非均衡即是如此。于是在今天，非均衡在经济、社会发展中带来的问题和成绩同样显著的情况之下，我们面临的任务，也不是简单地否定这种已经形成的动力与活力，而是辩证地认识和对待这种动力的价值意义。客观认识非均衡对当代中国政治变革的价值与意义，把握非均衡推动我国政治发展的内在逻辑。并且仍要理性思考：发展和稳定如何协调？非均衡是否必然带来问题？非均衡是否亦可以作为发展的另一种目标？无论如何，“理论是灰色的，而生活之树常青”，只要向前发展，非均衡便不可消除和避免，它既是深层矛盾的表征，更是政治发展的动力之源。

（二）研究意义

从终极意义上来说，非均衡是关于发展的宏大、思辨的哲学命题，将非均衡作为政治发展的动力和逻辑进行研究只是这一宏大命题中些许细微的个人体会，但亦有其存在的学理价值和研究意义。

首先，将非均衡引入政治发展动力的研究领域，尝试以非均衡为理论视角分析当代中国政治发展的动力，回答是什么、为什么及其怎么样的问题，为研究政治发展动力体系的一般性规律做出自己的思考和学术上的努力。发展是人类社会永恒的话题，经济发展、政治发展、社会发展既遵循着自己独特的发展规律，又有着一般的共性。在经济学领域，非均衡作为一种研究视角乃至发展战略已相对成熟，成果蔚为壮观；在社会学领域，均衡论与冲突论已然成为社会学研究的两大视角，而且在这一过程中，越来越多的人认识到非均衡对于推动社会发展与变革的意义所在。正是在这些研究成果的基础上，结合马克思主义政治发展理论的基本观点，笔者思考了本学科领域中的非均衡是什么、为什么及其怎样作用的问题，试图说明政治发展中关于发展动力的基本问题，为研究当代中国政治发展的动力体系做出了自己的思考，这是本书研究的基本目的，也是研究的意义所在。

其次，非均衡发展的学理价值。关于非均衡研究的学理价值，主要体现在两方面：一方面，它源于对马克思主义政治发展理论的梳理和继承，又是对这一研究的深化和拓展。非均衡理论是马克思主义者研究社会发展时所持的基本观点和基本的理论视角，它是马克思主义的重要组成部分。马克思主义者的非均衡思想坚持以社会发展全局为研究对象，寻求政治经济非均衡发展的宏观规律，推进社会变革。对发展中非均衡的探讨和研究不仅有助于我们全面认识和深入把握社会、政治、经济发展的规律性，而且有助于理解社会主义政治发展的路径和安排，以促进社会主义民主政治的发展。另一方面，它为民主理论与政治发展理论研究的深入并进行新的学术创造提供了一个新视角。这一视域下，政治系统内外充满着非均衡因素，政治发展既是一个受动的过程，又是一个主动的过程，发展中的序列安排正是非均衡规律在政治领域发生作用的现实体现。从这个视角出发，我们将会发现，政治生活中的种种差异和冲突的价值和意义所在，这种参差不齐的政治生活原本自有深意。此外，这一观点可以弥补当代政治发展理论的不足，尤其是可以解释和揭示政治发展序列安排的深层原因和动机。由于种种认识误区，理论及实践中常常出现片面追求均衡、反非均衡的现象，对非均衡理论的研究有助于我们客观认识把握政治发展及变迁规律。

最后，在实践层面上，非均衡在政治发展领域的研究具有重要的现实意义。非均衡既是一种客观现象，也是一种发展战略，更是一种理论视角。我国的政治现代化进程是在中国共产党的领导下开启的，作为追赶型的现代化国家，政治发展过程中的价值、制度和行为都面临挑战和选择。无论是推动我国政治发展的动力体系还是政治发展的具体过程都充满着矛盾和差异，呈非均衡的总体特征和运行逻辑。政治稳定与政治民主是政治发展的两大目标，尤其是当代中国正处于现代化的上升时期，时代的发展以及国际国内的环境已然迫切地提出建构民主的要求。改革开放以来，我们走的是一条非均衡发展创设有效政治，有效政治推动有效发展的政治发展之路。政治建设在非均衡创设的有效性中积累着合法性，社会主义民主在有效性与合法性的双重积累中得到发展。我国也仍然处于社会转型时期，诸多困难，矛盾重重，非均衡的理论和视角不仅有助于找到克服这些困难的方法，更有助于我们理解党和国家对现阶段政治发展战略的选择。此外，对非均衡及其与科学发展、和谐发展、公正公平关系的探讨和研究，亦可以为政府的政策制定提供相关的理论参考和支持，有助于改革过程中政策制定的科学化和合理化。

三　基本结构与主要内容

本书在马克思主义关于政治发展动力的基本观点、国内外学者对于政治发展动力相关阐述的基础之上，提出并论证了“非均衡推动政治发展”

这一基本观点，试图在宏观层面探寻当代中国政治发展的动力与逻辑。通过非均衡的学理解读，非均衡推动政治发展的原因分析、关系解读以及逻辑梳理，当代中国政治发展的非均衡动力体系的具体阐述，非均衡推动政治发展的国际经验分析以及非均衡作为政治发展动力的价值分析这几个方面的阐述，论证并支持“非均衡是当代中国政治发展的动力和逻辑”这一观点。通过分析与研究，本书倡导一种往往被忽视乃至片面否定的动力观，即非均衡才是推动我国政治发展的动力和逻辑。当然，研究政治发展的动力的理论与视角多元而复杂，这里仅仅是选择一个特殊的理论视角对政治发展的动力问题进行研究，而不是对这一理论问题进行全景式的研究。正是基于以上研究思路，除了导论部分以外，全书共分五个部分，其基本结构和主要内容大致如下：

导论部分简要述评了马克思主义关于政治发展动力的基本观点以及国内外关于政治发展动力的研究现状，说明了本书的研究缘起及其意义，在此基础上初步提出了书中所持的基本观点、研究内容与研究方法等。重点在于通过梳理马克思主义、西方学者以及国内关于政治发展动力的相关理论和主要论点，反思并归纳出现有研究的不足，在此基础上提出全书的论点，明确研究的主题和意义，并对本书的主要内容和逻辑结构进行建构和介绍。

第一章对非均衡进行学理解读。本章在梳理和总结马克思主义以及西方学界关于非均衡理论的基本观点的基础上，对非均衡进行了学科意义上的界定，进一步提出了“非均衡既是对政治发展动力体系总体特征的表述和概括，又是特定政治主体设计和主导之下政治发展过程和发展逻辑写照和体现”这一基本观点。具体体现在：首先，指出了政治发展是多种因素共同合力的结果，在这些动力因共同构建的动力体系中，总有某种要素居于核心地位，起着关键性的作用，引导和控制着其他因素共同推动着政治的发展，这种总体的特征和运行逻辑是“非均衡”；其次，“非均衡”强调具体的政治实践中，政治过程因人为的选择和设计而呈现出序列性和差异性的状态和格局，并由此带来发展的连锁反应，形成发展的理想格局。

第二章提出了“非均衡推动政治发展”的基本观点。这一部分主要是遵循分析问题的基本逻辑，在引入并初步界定“是什么”的基础上进一步提出并解答“为什么”的问题。为什么是非均衡推动政治发展？简言之，即要分析非均衡推动政治发展的内在逻辑。本章从这一基本问题出发，通过探讨非均衡与政治发展的关系、政治发展中非均衡的存在方式及作用形式、非均衡的特征以及原则，进而揭示了非均衡推动政治发展的内在逻辑。

第三章具体分析了“当代中国政治发展的非均衡动力体系”。当代中国政治发展的动力系统主要包括三个方面的具体内容，即国际社会杠杆效应的驱动力、党和政府的领导与设计、民众追求美好生活的内在驱动这三大现实动力。非均衡是这三大动力的存在方式和作用的内在逻辑。对我国而言，非均衡就是指在党和政府的领导和设计之下，政治价值、政治制度和政治行为根据现实需求呈主次有别、先后有序的发展态势，并由此形成推动政治发展的理想格局。新中国成立以来，我国的政治发展之路一波三折，非均衡推动我国的政治发展既是发展的规律使然，更是党和政府认识和运用规律的具体体现。理论和事实均证明非均衡推动我国政治发展是发展之路上的必然选择。中国不同于世界上任何一个其他国家，推动我国政治发展的非均衡动力体系有自己的特征，对推动我国的政治发展意义重大。

第四章进行“非均衡推动政治发展的国际经验分析”。西方在研究政治发展的相关问题时，研究的对象是明确的，简单说来，特指20世纪五六十年代以来亚非拉等贫穷落后国家的政治变化，西方发达国家的政治发展模式和经验则被看成是发展中国家政治发展的“理想型”。基于这种观点，本书选取的分析典型主要集中于对同属后发追赶型东亚及东南亚典型国家，通过对这些国家政治发展动力体系总体特征及内在逻辑的分析，说明政治发展中即便非均衡的具体内容和关系模式发生了变化，非均衡推动政治发展的基本观点依然成立。通过对这些模型的分析和经验总结也为解决我国的现实问题提供了启示和借鉴。

第五章“政治发展中非均衡的价值分析及路径选择”。本书的前几个部分从理论和现实两个层面大致对研究的主题进行了解释说明，初步阐释了非均衡视域下“政治变迁与发展何以产生，又何以持续”，本章作为本书的最后一个部分，进一步阐述了非均衡的价值理性及路径选择。一共探讨了三个问题：一是论证非均衡在政治发展中的价值理性；二是基于非均衡的内在逻辑总结我国政治发展的路径选择；三是探讨当代中国政治非均衡发展模式的选择与优化。总之，我们一方面要追问政治发展中非均衡的价值意蕴，另一方面更主要的是要探究和选择通过非均衡推动政治发展的现实路径，即通过非均衡发展，建构民生政治，在有效性中积累合法性，这才是我国大国政治发展的实践与路径。

四 本书研究视角与方法

本书坚持以马克思主义的理论与方法为指导，遵循社会科学研究的基本思路，在已有文献对政治发展动力研究的基础上，提出非均衡是推动政治发展的动力这一新的研究思路并建立非均衡的分析框架。在方法论上，坚持实事求是与辩证思维，综合运用政治学、社会学、经济学的研究方法，努力探寻有关政治发展的规律与特点，以期全面地科学认识政治发展动力这一复杂的政治和社会问题。研究的方法和视角集中体现为：

1. *矛盾分析法*

矛盾（对立统一）分析法是马克思主义的基本分析方法，是我们分析事物的根本分析方法之一。应用矛盾分析方法，把理想的政治与现实的政治问题放在国家政治发展的总格局中去考察，努力探寻隐藏在矛盾冲突表象背后的深刻的政治、经济等各种内因，从而不但有利于科学而全面认识政治发展的规律，而且有利于探寻真正有效的推动政治发展的动力与逻辑。

2. 理论与实践相结合的方法

政治发展具有强烈的实践性，它所追求的发展的目标只有在不断的社会实践过程中才能逐步得以实现，其中也包含了对实践方式本身的修正。对于政治发展的动力问题，不仅要对系统内外深层的动力源进行分析，更要对现实的发展过程进行反思，而且有必要用反思的理论成果与实践进行再对照。为此，要通过大量的具体问题的分析，深入到政治发展的实践过程中去，去感受和体验，总结提炼，研究政治发展的动力机制。

3. 历史研究与现实分析相结合

对政治发展动力机制的思考与研究已有较长的历史，已经形成了一定的理论积淀，本书在搜集和分析文献资料的基础上，系统考察政治发展动力理论的研究脉络，同时结合中国当代非均衡的发展现状的现实状况，形成了不同于以往的较为单一的分析角度，对中国当代政治发展的动力体系进行分析，以期能对该理论研究有所完善。

4. 唯物辩证法

辩证唯物主义与历史唯物主义分析方法也是本书最基本的分析方法。从哲学意义上看，均衡是相对的，非均衡才是绝对的。本书运用辩证唯物主义和历史唯物主义分析方法来探讨政治发展的动力问题，并从中探讨政治发展中各种要素的非均衡关系及其运行规律，揭示政治发展动力的逻辑机理问题，构筑以非均衡促进政治转向的理论构架。

第一章　非均衡的学理解读

非均衡在政治发展研究领域，多在微观层面以问题意识或问题逻辑的形态存在，而本书所探讨的非均衡却是基于政治发展动力层面的宏观探讨。任何事物的发展都是特定力量推动的结果，这个推动力在现实中表现出的样态是不尽一致的。政治发展需要研究究竟是什么因素推动了社会的政治发展问题，是单一因素？还是多元复合因素合力作用的结果？如果是多元复合因素，那么它是如何作用的；各元素对事物的发展来说，其作用究竟是等同的，还是其中某个因素起主导作用呢？各国国情决定了其政治发展动力是不相同的，表现样态纷繁复杂。但发展是人类社会永恒的话题，经济发展、政治发展、社会发展既遵循着自己独特的发展规律，又有着一般的共性。这里试图通过非均衡的学理解读，初步塑造一种非均衡的政治发展动力观。

一　马克思主义者关于非均衡理论的基本观点

马克思主义理论中蕴含着丰富的非均衡思想，那些丰富而精辟的论述，渗透于马克思主义哲学、经济学、社会学、政治学等理论体系之中。

对这些思想和基本观点进行梳理和研究，有助于我们全面而科学理解马克思主义的当代价值、认识和把握社会主义的政治发展规律，特别是为我们审视和思考政治发展的动力问题提供一种崭新的方法和视角。

（一）马克思主义哲学范畴中关于非均衡的基本观点

马克思主义者对于非均衡相关观点的表述首先体现于马克思主义的唯物辩证法中。

恩格斯曾经在《自然辩证法》中谈道："在天体的运动中是平衡中的运动和运动中的平衡（相对的）。……天体上的个别物体的任何个别运动，都是为了确立相对静止即平衡的一种努力。"还说："在地球上，运动分化为运动和平衡的交替：个别运动趋向于平衡，而整体运动又破坏个别的平衡。"① 他把静止和平衡、运动和不平衡作为同一序列的概念来表述，于实际中阐明了自然界一切过程的普遍规律，即平衡与不平衡的交替转化。这里，非均衡就是指事物在发展过程中呈现出的不平衡状态，它和均衡是相对应而存在的，共同构成了唯物辩证法的一对基本范畴。非均衡普遍存在于自然界和社会生活之中。马克思也表达了相同的看法，他说："平衡是以有什么东西要平衡为前提，就是说，协调始终只是消除现存不协调的那个运动的结果。"② 在对各个领域普遍存在的均衡和非均衡关系分析总结的基础之上，马克思明确提出了非均衡的存在是均衡得以获得的前提和基础这一观点，指出非均衡常有，而均衡只是非均衡发展的必然结果。依据马克思关于这对关系的理解，均衡与非均衡的互相创生就是事物发展和矛盾运动的展开形式。在自然界以及社会系统万事万物不断地生成和发展的过程中，不平衡总表现为通常和绝对，相反，平衡往往是短暂的、相对的；事物发展的过程总是从不平衡到平衡，再到新的不平衡，如此循环往复，

① 《马克思恩格斯选集》（第4卷），人民出版社1995年版，第363页。
② 《马克思恩格斯全集》（第26卷），人民出版社1973年版，第604页。

周而复始，这就是发展的规律。如同“平衡论”者布哈林所解读的历史唯物主义：“第一，平衡状态，第二，平衡的破坏，第三，平衡在新的基础上的恢复。接着历史又重演：新的平衡成为它重新找到破坏的起点，然后又是新的平衡，依此以至无穷。总的来说，这就是我们所看到的运动的过程。”① 总之，在马克思主义者看来：不平衡是经常的，不平衡是平衡的前提，平衡是消除不平衡的结果。

作为坚定的马克思主义者，毛泽东直接把非均衡与对立统一规律联系起来，在继承和发展马克思主义的矛盾动力论的基础上阐述了关于非均衡的基本观点，揭示了非均衡发展的实质。他说：“我们马克思主义者认为，不平衡，矛盾，斗争，发展，是绝对的，而平衡，静止，是相对的。”又说：“所谓平衡，就是矛盾的暂时的相对的统一。”在他看来，矛盾和斗争贯穿事物发展的整个过程。首先，在量变阶段，矛盾斗争是打破旧平衡，建立新平衡的前提和基础。只要矛盾双方的互相斗争，平衡就会被打破，不适应产生。这些不平衡不适应并不总是消极的，只要合乎事物发展的规律，就会积极推动事物的发展，为建立新的平衡和适应提供条件。其次，在事物的质变阶段，矛盾斗争的作用则更加明显。质变转换的紧要关头，旧体系的打破必须依靠矛盾斗争，正是矛盾和斗争为新的统一体的建立扫清了障碍、开辟了道路。总之，新旧事物的转换有赖于原有平衡的打破与消失，非均衡才是客观世界的常态。除此之外，是什么推动了复杂事物的变化发展呢？毛泽东认为，世界上的客观事物往往是一个复杂的矛盾群，主、次矛盾的区分正是根据矛盾发展的不平衡性；进而矛盾的主、次要方面也根据矛盾双方发展的不平衡性区分出来。这一过程之中，“事物的性质主要地是由取得支配地位的矛盾的主要方面所规定的。取得支配地位的矛盾的主要方面起了变化，事物的性质也就随着变化”②，也就是说，根据

① 布哈林：《历史唯物主义理论》，人民出版社 1983 年版，第 76—77 页。

② 《毛泽东选集》（第 2 卷），人民出版社 1991 年版，第 323 页。

矛盾在事物发展中的地位和作用，主要矛盾规定或制约着次要矛盾。

总体看来，马克思主义经典作家是在论述对立统一的基本矛盾运动的规律中分析和辨识非均衡这一概念的。他们认为非均衡与均衡是相伴而生的不可分割的统一体，是对立统一规律表现形态，也是人们对事物发展过程中矛盾诸方面的力量对比关系的概括和反映。在唯物辩证法看来，世界上的万事万物的矛盾运动都表现为均衡与非均衡的发展状态，并且都是在均衡与非均衡的对立统一中达到新的发展水平。均衡和非均衡的相对性与绝对性，一方面表明了二者之间的区别，却又在另一层面上揭示了二者的关联，在均衡之中蕴含着非均衡，所以对二者关系的把握应当遵循“在对立面的统一中把握对立面”，这才是辩证法的思想。在系统辩证理论中，均衡与非均衡的关系演变为系统之优与非优，系统非优是客观存在的，系统的优化必须遵从这种客观性。就发展而言，质的飞跃是系统之优与非优之间力量的消长而不是对非优的排除。在系统辩证理论中，研究非优是认识世界的重心所在，没有系统非优研究的系统论是不完整的，甚至在某种程度上，非优对于系统的发展而言具有更加积极的意义。稳定性是系统存在的基础，但这种稳定性又恰好是系统的保守性所在。相反，由非优引发的涨落和变动虽然导致了系统的动荡和不稳定，但它又恰是系统发展的内动力所在。相应地，对发展过程中非均衡的认识，一如系统非优，它亦有着不可无视的价值所在。事物的发展在一定的条件下，向更高更加和谐的稳定状态过渡时，只有非均衡才能推动事物的发展，即便这种动力可能导致不稳定状况的存在。因此，在马克思主义哲学中对二者关系的论述以及关于非均衡的基本观点对于我们客观认识非均衡的价值和意义，进一步探索社会发展乃至政治发展的规律不无裨益。

（二）马克思主义社会发展理论中的非均衡观点

马克思在哲学、政治经济学等领域的贡献是不言而喻的，在社会学领域，他也有自己独到的建树。作为冲突论的代表人物，马克思的观点中也包含着丰富的非均衡思想。马克思主义的分析和功能主义一样都假定“社会制度经常力求保持”，在他看来，均衡的社会状态就是社会各个阶级之间没有剥削、没有压迫，但由于私有制、阶级和国家的产生破坏了社会的均衡和谐。要重返均衡，实现每个人全面而自由的发展，只有消灭阶级、私有制和国家。但是，马克思更侧重于强调社会现象的等级制（即“基础”和“上层建筑”）、强调任何社会中都存在着内冲突（“矛盾”），等等。于是我们看到他如何解释社会为何和如何变革，为何和如何改造社会；换言之，即社会进化的事实……在马克思的思想里，只要存在阶级，矛盾和冲突就会不断发生、社会就不可能达到均衡。但也正是源于这些不可调和的冲突和矛盾，社会才会变迁、发展、生机盎然。他认为，社会有机体整体或局部非均衡发展带来的矛盾和张力引发危机，却又推动社会由危机重回均衡；冲突和斗争一方面会破坏均衡，但另一方面会恢复和重建均衡。在马克思主义的社会变迁模式中，非均衡和均衡一样具有价值意义。功能学派认为社会过程能够自我调整、自我协调，是一个不断地趋于均衡状态的过程，因此亦被称为均衡论者。马克思、恩格斯的主张自然与其不同，但也不是简单的冲突论者，他们认为，社会结构和社会过程都具有二重性，一方面，社会作为一个有机体，具有自愈的能力、均衡的倾向，这种能力和倾向使得社会内部各功能部分相互依赖、相互分工、相互协调，以至于趋向均衡；但另一方面，在阶级社会里，社会又是一个具有强制性的和剥削性的体系，源于职能的差异、分工的不同、利益的分化，统治阶级和被统治阶级之间持续着对抗和斗争，破坏着协调和均衡。这种破坏、对抗和斗争一方面是协调和均衡实现的障碍，另一方面又是协调和均衡达成和恢复的手段。因此，社会过程的二重性表现为它既是一个不断趋于均衡的过程，同时又是一个不断打破均衡、趋于冲突的过程。通过冲突打破均衡，又通过冲突恢复均衡，社会就在这样的矛盾辩证法中走向发展，以至于达到更高的阶段。

这里，马克思、恩格斯认为社会内部各功能部分之间的协调和均衡就是在冲突和斗争中不断地被破坏又不断地被恢复，其上述理论具有高度的辩证性。他们正是从这两者相互依存、互为条件的关系中来把握阶级社会的结构、过程与变迁，指出功能结构的存在与运转是压制得以存在的基础，压制又是功能结构建立和维持的基本条件；结构的功能性要求均衡，但结构的压制性又导致冲突，冲突以自己的力量不断破坏均衡，但又不得不以自己的力量来不断恢复均衡；社会就是在这两种趋势中运行和延续的；社会的变迁既是结构分化与重整的过程，又是依靠各种力量的非均衡发展引发冲突来实现的过程。一如恩格斯对阶级关系的社会后果两重性的认识，"作为对抗性的压迫关系、剥削关系，它是一切社会冲突的根源。作为社会分工的一种形式，它又使社会生产力及其它方面迅速得到发展"①。他们注重社会均衡的建构，但更是把社会重归均衡的动力归结为社会有机体整体或局部非均衡发展带来的矛盾和张力，这一层面上可以把马克思主义关于社会发展动力的观点概括为：非均衡是推动社会结构变迁的动力之源。

（三）马克思主义非均衡理论的世界眼光和宏观视角

同当代西方非均衡论者着眼于探求经济运行尤其是市场经济运行的规律，将考察的对象主要限定于经济领域不同，马克思主义者对非均衡发展的研究则更具有宏观的视角，他们着眼于揭示的是整个人类社会的发展规律，因而把经济、政治、文化作为一个整体进行动态性研究。正是在这一宏观视角下，马克思揭示了资本主义经济政治非均衡发展的对抗性质，指出资本主义发展的前途和趋势必然是社会主义。

① 谢立中：《冲突与均衡：马克思恩格斯的观点》，《江西师范大学学报》（哲学社会科学版）2003年第5期。

马克思尖锐地指出事物发展的矛盾状态就是非均衡的实质所在，因此，非均衡在性质上可以依照矛盾的性质分为对抗性与非对抗性这两大类型。马克思认为由于资本主义社会化大生产与私人占有之间的矛盾具有不可调和的对抗性特征，这也就决定了资本主义经济非均衡发展在本质上也具有无法调节和消除的对抗性。虽然这种矛盾以及由此带来对抗性本质不会时时刻刻都存在，甚至有些时候温情而又缓和，然而这些都无法阻止这种对抗性的特征和状态周期性地爆发和展现。在具体的经济运行过程中，这种具有对抗性质的非均衡发展表现为个别生产的有组织性和整体生产的无政府状态之间的矛盾，这种矛盾往往以周期性经济危机的激烈形式表现出来。而且，这种经济领域里具有对抗性质的非均衡必然延伸到政治关系中，主要表现为阶级的对立，即劳动与资本的对立。马克思指出："规模扩大的再生产或积累再生产出规模扩大的资本关系：一极是更多的或更大的资本家，另一极是更多的雇佣工人。"① 马克思同时指出，劳资的对立与斗争中，工人工资的增长幅度永远赶不上资本家利润增加的幅度："工人的物质生活改善了，然而这是以他们的社会地位的降低为代价换来的。横在他们和资本家之间的社会鸿沟扩大了。"② 总之，正是通过对资本主义社会经济政治非均衡发展对抗性的分析，马克思得出了资本主义终将被社会主义所替代的趋势和规律。

在此基础上，列宁进而揭示了帝国主义经济政治发展不平衡规律，得出了社会主义革命将在一个国家首先获得胜利的结论。根据19世纪末20世纪初帝国主义阶段资本的垄断性和扩张性特征，列宁指出，帝国主义国家存在着两类对抗性中的非均衡发展现象。一类存在于资本主义国家内部的各个经济部门之间，另一类则存在于各资本主义国家之间。他认为，经济政治发展的不平衡是资本主义的绝对规律，这种不均衡状态必然导致帝

---

① 《马克思恩格斯全集》（第23卷），人民出版社1973年版，第673页。

② 同上书，第674页。

国主义战争。这一背景之下，列宁做出了“社会主义可能首先在少数或者甚至单独一个资本主义国家内获得胜利”① 的预测，并最终把这一预见变成了现实。社会主义苏联的诞生，证明了马克思关于资本主义最终将被社会主义所代替的预言。

社会主义也存在矛盾，虽然这种崭新的制度消除了非均衡发展的对抗性质，但是倘若处理不当，这种矛盾也可能引发危机，甚至导致社会主义制度的暂时失败。而且，社会主义全面代替资本主义的趋势在短期内不可能实现，相反，相当长的历史时期，资本主义制度不仅仍具有一定的自我调节能力，其非均衡发展的对抗程度甚至有时缓和。这种制度的自我完善和修复能力仍然较强，资本主义大厦还不至于短期内崩溃倒塌。毛泽东继承和发展了马克思、恩格斯、列宁关于非均衡发展的一般观点，他从中国的具体国情出发，揭示了中国经济政治非均衡发展的特殊性，闯出了一条“农村包围城市”的道路，为中国革命指明了方向。1927—1928 年毛泽东对中国这种特殊的“区域性”红色政权进行了分析，乐观地宣布“星星之火，可以燎原”，指出正是中国城乡经济发展不平衡及其相互关系的特殊性以及中国政治力量不平衡及其区域统治相互关系的特殊性构成了这一道路形成的现实基础。

马克思、列宁、毛泽东等马克思主义者都是从世界和国家全局着眼，系统分析了经济政治不平衡发展的现实，研究其非均衡发展的规律性，从中寻求社会变革的道路，为革命指明方向。这里，马克思主义者的非均衡思想视野开阔，方法得当。他们着眼于社会发展全局，以辩证思维审视思考非均衡与均衡发展的关系，在社会的动态发展过程中把握这两个方面，坚持联系的观点，反对彼此割裂。但是实现非均衡与均衡的结合也不能完全放任，由社会自发实现。因此，在社会主义制度下，不同国家和社会有

① 《列宁全集》（第 26 卷），人民出版社 1988 年版，第 367 页。

必要根据具体的环境差异有区别、有针对地调动各种社会资源，按照非均衡与均衡相统一的客观规律自觉进行调控，保证社会政治稳定和经济快速发展。

通过对社会政治经济发展全局的思考，马克思得出资本主义社会在对抗性非均衡作用力的推动下必然走向衰败并最终为社会主义所代替的结论。并特别指出社会主义国家在遵循非均衡与均衡统一这一规律的前提下，根据本国实际，充分利用非对抗性非均衡促进社会政治稳定和经济快速发展。总之，在马克思主义的观点里，均衡代表着“立”，非均衡代表着“破”，“破”是对“立”的突破和发展。

二　西方学界关于非均衡理论的主要观点

在西方，非均衡发展思想亦具有深厚的历史文化渊源。与马克思主义关于非均衡理论的基本观点不同，将非均衡作为一种研究视角和方法来探究事物发展动力的研究在西方主要集中于经济学领域，并由此产生了市场非均衡经济学这一独立的学科流派。

（一）对古典“瓦尔拉均衡”的批判及非均衡思想的提出

西方经济学中的非均衡思想也源远流长，它首先源自于对新古典经济学中均衡思想的批判和否定。早在18世纪70年代，亚当·斯密的经济学说使得“让经济运行保持均衡”的论述逐渐为西方学者所接受。亚当·斯密认为，市场机制是一把双刃剑，它既可以有效引导和操纵生产要素的合理流动，促进经济繁荣，亦可能放任贫富差距的无限扩大，因此政府必须有所作为，努力“让经济运行保持均衡”。在此基础上，到19世纪80年代，经济学家瓦尔拉创立了“瓦尔拉均衡”，使得西方经济学家们确信，只要市场是完善的，价格具有充分的弹性，市场就会自动出清，自动实现充分就业的供求均衡。“瓦尔拉均衡”这一概念及相关理论在西方经济学中长期居于统治地位，极大地影响着宏观经济学的研究。以它为代表静态均衡思想成为西方经济学的核心，强调市场均衡的力量并将之上升到对社会经济体制内在稳定性的信仰层面上。这种静态的均衡思想“把一切非均衡现象看作是均衡机制的‘例外’、‘偏离’和‘误差’，却忽视了内生的、本原的、非均衡的推动社会经济系统的变革力量”①。可是理想状态终究抵不过现实的经济生活，按照瓦尔拉设想的均衡目标很难并且似乎从未达到过，相反，非均衡发展作为市场经济运行的常态日渐受到关注和思考。1929年至1933年的经济危机更是促使越来越多的人们清醒过来，并终于认识到“瓦尔拉均衡”是一座美丽的空中楼阁，永远无法触及和变为现实。熊彼特一针见血地指出：“我深感这种看法是错误的，深信在经济体系内部存在一种能源，正是这个东西本身使得将要达到的均衡遭到破坏。”② 马克思也指出“只有永远的运动，没有永远的平衡”，认为“危机或许也是平衡的一种形式”③。为此，马克思提供了一个整体性的分析框架：认为社会经济系统中存在着各种固有的均衡关系，而资本扩张的力量扰动了这些均衡，从而引发了各种危机及其传导过程，通过各种层级的均衡与非均衡相互创生，改变了社会经济系统中的各种结构。也缘于此，在经济思想史中，熊彼特和马克思因其对非均衡“动力因”的思考而享有“彻底的”非均衡经济学家的盛誉。

由此可见，正是在对“瓦尔拉均衡”的反思和批判过程中，非均衡思想逐步形成并崭露头角，经济学中的非均衡也因此被命名为“非瓦尔拉均衡”。伴随着这种批判和反思，二战后，西方学者开始了解和接受凯恩斯

① 徐可：《均衡与非均衡的相互创生——马克思生成论思想下的均衡观》，《燕山大学学报》（哲学社会科学版）2008年第9期。

② 蒋自强、张旭昆等：《经济思想通史》（第3卷），浙江大学出版社2003年版，第243页。

③ 《马克思恩格斯全集》（第26卷，第2册），人民出版社1973年版，第582页。

代表的宏观非均衡分析，并在此后出现了大量关于凯恩斯的宏观非均衡的研究，这也在一定程度上促进了非均衡思想的发展。凯恩斯及其之后的一些经济学家，在非均衡研究中做了大量的工作。

（二）当代西方经济学界关于非均衡的主要观点

当代的西方学者在对古典静态均衡思想批判的基础上，更是把非均衡思想作为主要的视角和方法研究市场经济。他们大都在非均衡的绝对性上达成共识，并把非均衡发展看成是经济发展的必要条件。市场非均衡经济学也由此产生，它主要针对区域经济发展的战略选择而提出，是与古典均衡理论相对应的发展理论。其代表观点有：

1. “发展极”理论，最早由法国经济学家佩鲁提出

同是“经济如何增长”的问题，佩鲁试图设计出一种新构想。他认为增长不会同时出现在所有地方，他们会首先出现在一些不同的增长点或增长极上，而且增长的强度也不可能相同，然后，增长会从这些“点”、“极”出发，通过不同渠道扩散出去，从而带动整个经济的发展。佩鲁进一步解释了增长极的概念，认为它包含经济和地理两个层面的含义：经济意义上的增长极特指推进型主导产业部门；地理意义上的增长极特指区位条件优越的地区。在此基础上，后来还出现了“点—轴”开发理论，它无疑是对增长极理论的延伸，强调“点”“轴”结合，形成点轴系统以推动经济发展。增长极理论及其扩展理论曾一度成为发展中国家和地区广为应用的一种发展战略。

2. “缪尔达尔—赫希曼模式”

美国著名经济学家赫希曼是不平衡发展战略的创始者和倡导者，他率先对那些强调平衡发展的人们发难：“为什么不利用一者扩展后对另一者

产生的刺激因素呢”①，并进一步指出，“发展是一种不平衡的连锁演变过程”②，“我们的目的是使不平衡存在而不是使其消失。要使认为经济进步并不同时在每一处出现，任何一个具有较高收入水平的经济都是由一个或经济向前发展，发展政策的任务是保持紧张、不成比例和不平衡……因此，从我们的观点看，‘导致偏离平衡’的结果恰恰是发展的理想格局。因为这种结果的每一个连续发展都是由过去的不平衡引起的，并且转而引起新的不平衡，要求进一步的发展”③。他指出不发达国家的经济发展应由几个区域实力中心首先发展，出现“极化效应”（两极分化），然后优势区域产生“扩散效应”，促进和带动落后地区发展。赫希曼把非均衡发展看成是推动发展的宝贵动力，认为正是非均衡导致并促成发展的实现。

3. 倒“U”字形理论，是由美国经济学家威廉姆斯提出的发展理论

威廉姆斯通过对大量的发展数据进行实证分析，证明了：在国家经济发展的早期阶段，区域差距的扩大和非均衡是社会发展的必经阶段，随着经济的发展和成熟，这种差距将渐趋缩小和稳定。在他看来，正是非均衡体现了发展规律。发展是“按照主导部门带动其他部门增长，由一个行业引发另一个行业增长的方式进行的。换句话说，两个不同时点上形成的两幅静止图象所显示的平衡增长，是一些部门追随某一部门一系列不均衡进展的最终结果。如果追随部门的发展超过了它的目标（事实常常如此），将引发其他部门进一步的发展。这种跷跷板式的增长，与各业齐头并进的‘平衡增长’相比，好处是给诱导性投资决策留有充分的余地，因此使我们主要的稀有资源得到节约，即名副其实的决策”④。可见，从发展规律看，发展是一种梯度的、非均衡的过程。非均衡经济学者认为发展必然是

① ［德］艾伯特·赫希曼：《经济发展战略》，曹征海、潘照东译，经济科学出版社 1991 年版，第 7 页。

② 同上书，第 58 页。

③ 同上书，第 59 页。

④ 同上书，第 55—56 页。

非均衡的。当增长显示非均衡时，“可能表现出增长处于最佳状态的情形。在分析不平衡增长的过程中，我们总可以证明，某一点的先进会给随后的其他点带来走向增长的压力、拉力与强制力量”①。从而，形成“极化效应与淋下效应”（极化效应是由增长极演变而成的非均衡增长的体现，淋下效应是指发达的部门或地区对于不发达的部门或地区物质上和精神上的刺激和带动作用。他们都用以证明非均衡发展的理论），促进发展。理论分析显示，增长从来就是不平衡的；即便是发达资本主义国家经济发展的历史，依然显示出其增长过程的不平衡性；某一产业或部门的增长，会对其他产业或部门带来压力，并对其他产业或部门的增长产生诱导作用。由此可见，经济增长通常是由某个增长中心向其他产业或部门传递压力，压力也是动力，最终带动整个经济发展。这种非均衡的传递方式显示出发展好像一条不平衡的链条，在某个增长点（极）的压力、诱导和强制下，走向经济发展的道路。

（三）西方学者非均衡理论的批判态度和现实主义视角

如上所述，西方学者的非均衡思想研究成果主要集中于经济学领域。在经济学中，非均衡这一概念被赋予了明确的定义，它是与均衡相对而言的，是建立在对传统均衡思想批判的基础之上。古典均衡理论（瓦尔拉均衡）描述的是一种相对完美的理想状态，它因为舍弃了现实生活中的复杂性才得以存在。而与此相对应，非均衡理论却强调预期的不确定性，承认并正视现实经济生活中客观存在的复杂性，它认为现实生活中根本不存在完全信息的市场，在这种情况下，行为人的交易不可能完全是均衡的交易，非均衡现象是不可避免的。非均衡分析正是要将这些复杂性考虑在内，立意创建一套更加逼近现实生活的理论，而这套理论却不可能建立在

① ［德］艾伯特·赫希曼：《经济发展战略》，曹征海、潘照东译，经济科学出版社1991年版，第167页。

优美但空洞的均衡观上，它的思想基础是更具有说服力的非均衡观。非均衡理论认为，现实中大量存在的是不完全竞争的情况，包括垄断竞争的情况，因此，应将不完全竞争作为研究的重点。这一理论打破了几百年来统治着经济学界的均衡观。非均衡分析采用动态分析方法所研究的是实现某个均衡的过程以及均衡变动的过程，而在这些过程中所呈现出来的，正是一个个连续的非均衡状态。现代非均衡理论的代表者赫希曼、缪尔达尔等人则更多是将非均衡看成是经济发展中发展序列的差异以及由此带来的紧张和发展的不平衡性，是“偏离平衡”的一种状态。从古典到现代的相关阐述都可看出，经济学领域的非均衡重点在于确立一种现实主义的研究视角和研究方法，这种视角和方法对于政治发展的研究是有启发的。

三　本书关于非均衡的基本规定

马克思主义的相关研究表明，马克思主义经典作家对非均衡思想有着丰富而精辟的论述，渗透于哲学、经济学、政治学、社会学等理论体系之中，如《马克思恩格斯全集》、《列宁选集》等。马克思主义者的非均衡思想坚持以社会发展全局为研究对象，寻求政治经济非均衡发展的宏观规律，推进社会变革；坚持用非均衡与均衡的辩证统一的方法，研究社会主义经济、政治、文化发展的宏观决策，以促进社会主义事业快速稳定发展；坚持探索非均衡的适度性，以保持在体制变革的社会发展过程中社会主义价值目标的实现。由此可以看出，马克思所讲的非均衡侧重研究的是发展中客观存在的一种不平衡状态。它不同于矛盾和冲突，但却是矛盾产生甚至演化成冲突的根源。特别要指出的是，马克思对待非均衡、矛盾乃至冲突的态度是积极的。在他看来，由此带来的压力、危机是社会发展的动力，甚至可以使社会重返均衡。这种对待非均衡、矛盾、冲突的视角和态度对本书的研究有重要的启示。

即便分属于不同的理论体系，当代的西方经济学者把非均衡看成经济世界内在的、原生的、推动经济发展的最为本质的力量进行研究，把“偏离平衡”当作经济发展的推动力量和“蝴蝶效应”，但其实类似的观点在《资本论》中早有体现。马克思在《资本论》中论述了不同的生产部门、社会生产两大部类、各个资本集团之间的均衡和非均衡的关系，从均衡和非均衡的角度对许多经济现象进行了分析研究，并对此加以哲学阐释。从这个意义上讲，马克思所研究的经济学并不是单纯的经济学。也由此可见，关于非均衡的理论探讨，西方学者和马克思主义者因研究对象、研究视角和方法的不同，结果有所差异，但殊途同归，二者都肯定了非均衡对于发展的意义与价值。

在其他学科领域，非均衡的含义显然不同于古典经济学中的非均衡理论，如这一提法在社会学中也有涉及，但与哲学中所讲的“不平衡”状态更为接近，主要被当作失衡乃至冲突产生的根源，多以问题意识或问题逻辑的形式出现。政治学领域，研究和探讨我国经济“非均衡发展战略”提出的哲学依据、价值意义乃至政治影响者众多；也有一些学者以非均衡为视角解读社会结构、政治关系等一系列问题。但在政治理论的研究中，非均衡究竟是指什么，并无明确界定，各种论述散见于零星的表述之中。比如，通常是将非均衡看成对发展状态的一种描绘，认为非均衡与均衡、失衡共同构成事物发展的状态；另一种表述则认为非均衡体现的是发展中的差异和区别，是一种对“非等同性、非一致性”[①] 特点的描述。因此，基于政治发展层面的思考，需要在既有研究的基础上对非均衡进一步探讨和阐释。

（一）非均衡的界定

非均衡究竟是什么，又如何推动政治发展，前人的研究无疑给了我们

---

① 徐勇：《非均衡的中国政治——城市与乡村比较》，中国广播电视出版社 1992 年版，第 4 页。

很大的启发：经济学研究中的现实主义视角，马克思主义研究中对待这一命题的积极看法，社会学等其他人文科学研究中所具有的问题意识等等，都一定程度地影响着本书对这一概念的理解和应用。总的来说，在政治发展中，非均衡既是对政治发展动力体系总体特征的表述和概括，又是特定政治主体设计和主导之下政治发展过程和发展逻辑的写照和体现。主要表现在两个层面：一是指向政治发展动力体系的特征，政治发展是多种因素共同合力的结果，在这些动力因共同构建的动力体系中，总有某种要素居于核心地位，起着关键性的作用，引导和控制着其他因素共同推动着政治的发展，这种总体的特征和运行逻辑是“非均衡”；另一层面，“非均衡”则是指具体的政治实践中，政治过程因人为的选择和设计而呈现出序列性和差异性的状态和格局，并由此带来发展的连锁反应，形成发展的理想格局。具体来看：

1. 非均衡是对政治发展动力体系的总体概括和对其内在逻辑关系的表述，政治发展的动力体系本身是非均衡的

按照马克思主义的基本观点，政治发展是“合力”的结果，他把推进政治发展的“合力”具体分为根本动力、直接动力和现实动力三个方面，认为是这三个方面的合力共同推动政治发展。在西方学者的微观研究中，不同的研究视角使得政治发展的动力呈多元化的特征，这种研究方法对我国学者的影响很大。结合马克思主义的宏观视野以及西方学者的微观解读，我们可以把推动政治发展的动力概括为根本动力和现实动力两个方面，它们共同构成政治发展的动力体系。根本动力一如马克思所讲，推动政治发展的原因需到同时代的经济中去寻找、社会中去解读，也就是说两大矛盾运动不仅是推动社会发展的动力，而且也是推动政治发展的根本动力。在政治发展的过程中，这两对矛盾演化成政治与经济、社会的关系，非均衡是对它们之间的关系的形象表述，也是对这一发展规律的总体概括。政治发展的现实动力随着时代的变迁和国际国内环境的改变，国内阶

级结构的变迁以及利益格局的改变变得更加复杂。马克思曾认为政治是人类的基本活动，人民的力量是推动政治发展的现实动力，在这一观点的启发下，结合当今国际社会的现代化背景以及大多数国家都是代议制国家的事实，本书认为推动政治发展的现实动力包括三个方面：一是国际社会现代化杠杆的驱动效应；二是执政党和政府的发动与设计；三是民众自身对美好生活的追求。这三个方面构成推动一国政治发展的现实动力体系。对于推动政治发展的现实动力体系而言，非均衡也是对其总体特征的概括和对其内在逻辑关系的表述，换言之，推动政治发展的三大现实动力在推动政治发展的具体过程之中并不是均衡地在起作用的，在不同的时代、对不同的国家而言，其中起主导力量的因素是不同的。西方发达国家的政治发展、广大发展中国家的政治发展，还有其他一些特殊类型的国家的政治发展，其中的动力体系因素大致相同，但具体的作用力差异很大。总体而言，是其中的某个动力因素起着绝对主导的作用，当然，不同的历史阶段或具体环境之下，各动力本身的作用也会发生变化，但非均衡的总体特征和内在逻辑不变。

2. 从政治发展根本动力的角度出发，非均衡是一个自然的过程

作为推动政治发展的根本动力，非均衡主要体现在政治、经济、社会的内在联系和运行的宏观规律之中。梯度的、非均衡的发展是经济、社会、政治发展的共同规律。“发展必然是非均衡的”，这一观点已经在经济领域乃至社会领域的研究中基本达成共识。发展的过程中，先进会给后进以压力、拉力等强制力量，利用一者的扩展后对另一者产生的刺激因素推动发展，从这种意义上讲，发展是一种不平衡的连锁演变过程，也源于此，部分学者认为“导致偏离平衡”的结果恰恰是发展的理想格局。任何一个连续发展都是由过去的不平衡引起的，并且转而引起新的不平衡，要求进一步的发展。这是经济、社会发展的规律。政治发展是政治体系的正向变迁过程，这样一个政治体系从不发达状态走向发达状态、从传统走向

现代的变迁过程从来不能独立于社会系统之外。对于政治发展而言，非均衡也是一种自然而然的客观实在，政治发展的过程之中处处显示出非均衡的力量。按照马克思主义关于政治发展动力的基本观点，非均衡作为推动政治发展的根本动力主要体现在政治、经济、社会的内在联系和运行的宏观规律之中。正如恩格斯所说："一切社会变迁和政治变革的终极原因，不应当在人们的头脑中，在人们对永恒的真理和正义的日益增进的认识中去寻找；不应当在有关的时代的哲学中去寻找，而应当在有关时代的经济学中去寻找。"[①] 不仅如此，从宏观意义上讲，政治发展同整个社会的发展、时代的变迁联系如此紧密，社会结构和社会意识的变迁不可避免地也会对政治的发展产生影响、提出要求。在这一层面上，政治发展领域里的非均衡必然涵盖了政治系统与经济发展乃至社会变革之间的矛盾和差异。这种非均衡发展无疑是马克思所讲的推动政治发展的根本动力。换言之，社会结构的变迁、经济关系的变革不可避免地会对政治的发展产生影响、提出要求，在这一层面上，政治发展领域里的非均衡必然涵盖了政治系统与经济发展乃至社会变革之间的矛盾和差异，它们是推动政治的发展的重要动力。具体说来：

政治的发展与经济发展之间是一对非均衡关系。首先，政治从来也不能独立于一定的社会物质基础而单独存在，按照马克思主义的基本观点，政治等上层建筑是由经济基础决定的，因此要忠实地反映经济基础，就必须经常根据经济基础的发展变化进行调整，以适应发展。尤其是政治制度，是经济基础的派生物，相对于经济基础而言具有一定的滞后性。"在不同的所有制形式下，在社会生存条件上，耸立着由各种不同情感、幻想、思想方式和世界观构成的整个上层建筑。"[②] 所以任何政治上层建筑都是为适应经济基础的需要而产生，可以从当时的经济基础中找到根源，得

① 《马克思恩格斯选集》(第 3 卷)，人民出版社 1995 年版，第 617—618 页。

② 《马克思恩格斯选集》(第 1 卷)，人民出版社 1995 年版，第 611 页。

到说明。其次，上层建筑的变化发展不会凭空产生，而是由经济基础决定的。经济基础一旦改变，上层建筑必须做出反应和调整，经济基础就是这样推动并决定着上层建筑变化发展。政治与经济的关系就是对这一过程的生动体现。尤其是在现实生活中，政治的变迁与发展往往是靠经济发展和改革这种间接的力量来实现的。另外，政治上层建筑又会反作用于经济基础，政治体制构成经济体制改革和发展的外部环境，经济发展每前进一步，都会受到原有的政治体制的阻碍。同时，这种进步也会对政治体制提出要求，从而推动体制变迁、政治发展。正是由于经济发展与变革对政治体制改革及其发展的要求是从反面提出的，经济发展与政治发展同步进行或势均力敌的均衡状态往往难以达到，政治发展总是不可避免地带有滞后性的特点。这样，二者之间的非均衡发展之中就会不断地生长出推动政治发展的动力来，这种动力间接而又极其巨大。也就是说，当现有的政治体制不能够及时地回应经济改革和经济发展中提出的问题和要求，不仅经济生活会受到不同程度的破坏，而且会促使政府下决心来改变阻碍经济发展的具体制度或体制，从而使政治制度相应完善，政治发展得到不同程度的推进。

换言之，在改革的某一阶段，政治与经济的非均衡发展，具体来讲就是政治体制改革滞后于经济变革与发展，是人们不得不面对的现实问题，甚至可以说是发展的内在规律和特点。上层建筑和经济基础属于社会结构不同的部分，二者之间的不一致和差异就是政治发展与经济发展之间的非均衡。但是，上层建筑本身又有历史继承性和相对独立性。这种非均衡的存在贯穿发展过程的始终，局部性的或阶段性的矛盾也因此时有发生。这种非均衡是客观的：首先，某种政治制度初现雏形之时，可能会同既有的经济基础产生矛盾，制度的完善和发展正是在矛盾的应对与解决中得以实现的；其次，政治上层建筑反作用于经济基础时，并不是直接呼应的关系。信息的传递和作用的发挥要经过一系列的中间环节，信息反馈不及时以及作用发挥不充分等等时有发生，由此导致的与经济基础不适应、不匹配的状况也是二者之间非均衡关系的表现。此外，当经济基础悄然改变，上层建筑不能立即反映，随之变化时，平衡被打破，非均衡出现，矛盾产生。

3. 从政治发展的实际出发，非均衡便是推动政治发展的现实动力

从这一层面进行解读，非均衡包含两层意思：第一，非均衡是对政治发展现实动力体系总体特征的概括和内在逻辑关系的表述，即推动政治发展的三大现实动力在推动政治发展的具体过程之中并不是均衡地在起作用的。在不同的时代、对不同的国家而言，其中起主导力量的因素有所差别，其中特别强调动力体系中政治主体，特别是执政党及其政府对于政治发展的动力作用。第二，非均衡强调具体的政治实践中，政治过程因人为的选择和设计出而呈现序列性和差异性的状态和格局。人是天生的政治动物，人们对社会生活的所有期待，最终都会落实为对政治的期待。这种期待在现实的政治生活中、在发展中国家的政治发展中多体现为两个层面：一是执政党和政府对于政治发展目标、模式、实现路径的设计与安排；二是人民大众对美好生活的追求与向往。这两个层面一方面说明政治发展是客观与主观的统一，另一方面也表明基于社会顶层设计和底层追求的目的性与主观性，非均衡不可避免地成为政治发展最主要的特征，也是推动政治发展的现实动力。

基于人人参与政治的不可能以及不可为的特性，政治发展具体过程之中的一系列序列优选和策略选择，即这种人为选择设计的非均衡主要反映在执政党及其政府这一动力层面之中，这也从另一角度说明了这两大现实动力之间力量对比的非均衡特征，党和政府对政治的影响往往居于更加优势的地位。作为政治发展理论的主流理念中最为重要的观点，无论是自由主义的政治发展观，还是权威主义的政治发展观，都将政治发展看成是一个序列过程。在实际上亦是如此，政治发展就是一个分阶段、有步骤的序列化过程。政治承担着人们对美好社会生活的期待，这些目标期待的先后

主次决定了政治发展的序列性和非均衡特征。人们设计某种发展序列来促进政治发展，这种设计无疑是一种主观的、带有一定优选性的程序安排。这种安排和优选设定所带来的持续性后果必然表现为政治发展在内容以及过程之中的非均衡性。就是在这一过程中，非均衡又成为推动政治发展的现实动力，具体表现为：一是政治发展的目标不能同时或一次性到达，只能分清轻重缓急，有所侧重和取舍；二是目标之间存在着因果关系，目标的先后达成必然带来过程及内容的差异和不平衡，甚至引发矛盾和冲突。[①]这一过程之中，后一目标的最终实现也正是缘于这种问题逻辑，即非均衡发展引发的矛盾和冲突既是结果，又是原因；既是终点，更是起点。在这样先后序列和不平衡之中，各因素你追我赶，政治过程生生不息乃至奔腾向前。

对于后发国家，这种非均衡作为人为设计的因素十分明显。这些国家的动力体系中，党和政府多代表人民作为政治发展的主体力量，其顶层设计就是旨在通过采取一定的非均衡策略和战略从而使政治发展在从传统转向现代的过程中保持一定的压力和张力，不至于因均等而失去动力，亦不因失衡而引发衰退的发展态势。那么，这些国家在其政治发展的过程之中，这种人为设计的非均衡主要的或具体的规定性如何体现呢？还是让我们回到有关政治发展的定义和理解中去，李景鹏认为，政治发展主要包括主体结构的发展、行为方式和手段的发展、政治关系的性质和状况的发展；[②] 王沪宁进一步指出，从历史唯物主义的观点看，政治发展主要体现在价值、体制及行为三个方面。二人的见解有异曲同工之妙。从价值上讲，“政治发展意味着民主精神的弘扬和升华，意味着民主原则和民主制度的建立和普及”；从体制上看，“政治发展意味着政治活动的制度化”，“意味着民主制度的广泛实行”；从行为上说，“意味着建立一个开放的社

① 彭庆军：《政治发展进程中的政治平衡问题研究》，武汉大学出版社 2010 年版，第 10 页。
② 李景鹏：《中国政治发展理论研究纲要》，黑龙江人民出版社 2000 年版，第 22 页。

会，让民众能够了解和参与政治过程，是政治活动反映民众的要求，能够使民众的政治活动形式具有高度一致的利害关系”①。政治发展中非均衡的具体内容就是由政治发展的基本内容决定的。因此，从政治发展的定义和内涵出发，可以认为这种非均衡主要包括以下三个方面的内容：价值、体制和行为。换句话说，各国政治发展的顶层设计和序列安排在政治发展的价值、体制及行为选择中体现得特别突出。

其一，政治发展过程中的价值性非均衡。如上所述，政治发展是具有价值导向的，导向的目标即为民主。我国政治从传统向现代的转型过程之中，民主作为政治发展的价值诉求关乎政治系统的合法性。“政治合法性，关注的是政治系统是否符合基本的政治道德、法律准则以及是否满足人民的普遍意愿。”② 政治转型以来，社会主义民主政治的建立作为政治发展主要的价值诉求已为广大人民所接受，并成为评价一个政治系统的重要指标。但是，政治的发展除了民主，还需要效能，即为政治的有效性，它关注的是政治这种上层建筑是否适应经济与社会发展的需求以及能否有效促进经济与社会的发展，它主要是工具性的，但在一定意义上也具有价值性，是“指导中国政治建设和发展的价值原则”③。政治发展的过程之中，政治的有效性和合法性虽然紧密联系，强调有效的政治发展自然包含着对合法性的追求。尤其是对我国的民主政治建设而言，其实际的逻辑起点就在于创造有效的政治。总之，有效政治创造了中国有效发展，我国政治发展的路径是于有效性中积累合法性。政治的合法性和有效性在现实中体现为民主与效能的双重价值标准，它们一个为目标，一个是动力；它们既具有同一性，又是“二律背反”的，各有各自的要求和侧重。在实际的政治发展中，民主与效能之间必须保持一定的张力，在一定的发展阶段会涉及

① 王沪宁：《比较政治分析》，上海人民出版社 1987 年版，第 260 页。

② 林尚立：《建构民主——中国的理论、战略与议程》，复旦大学出版社 2012 年版，第 141 页。

③ 同上。

序列选择，两者的均衡是理想，现实中则呈现出非均衡的特征。

其二，政治发展过程中的体制性非均衡。从体制上讲，政治发展的过程主要是指政治活动的制度化，这种制度化建构集中体现为政治权力的集中抑或分立制衡。无论是发达国家还是后发国家，政治发展的过程中往往都经历过“分权”与“集权”的困境，不同的发展阶段，其选择是不一样的。尤其对于发展中国家而言，政府和权威在政治发展中的作用体现甚至左右着政治的有效性，有利于国家能力的增强，而这恰是政治发展的重要方面；权力的分化与制衡亦是政治结构分化的重要体现，是公民政治参与扩大的必要条件，因此，对于政治发展而言，分权也是必要的。权力的统分困境在现实的政治发展中体现为政治体制的选择总是在二者之间徘徊的，这种非均衡的特征也总是依据具体条件的改变随时做出调整。完善的政治不一定是有效的政治，体现在政治体制的选择上，对于后发国家而言，权威的确立，有效的政府，相对强大的中央，在特定的历史阶段有利于政治乃至社会、经济的发展。

其三，政治发展过程中的行为性非均衡。对民主最简单直接的理解即人民当家作主，现代政治的价值导向是民主政治，因而它应是大众参与的政治，这是政治领域里传统与现代最重要的区别。政治发展在行为上最普遍的表现就是政治参与的扩大化，“政治现代化最基本的方面就是要使全社会性的社团得以参政，并且还需要形成诸如政党一类的政治机构来组织这种参政，以便使人民参政能超越村落和城镇的范围”①。但政治参与的扩大又不是无限的，现代民主不仅在于政治参与水平的提高，还在于它具备相应的政治控制能力来应对这种不断扩大的参与。对后发国家而言，大众的政治参与和政府政治控制之间的非均衡性以及由此导致的矛盾是经常的，它贯穿于政治发展的始终。

---

① ［美］塞缪尔·P. 亨廷顿：《变化社会中的政治秩序》，王冠华等译，生活·读书·新知三联书店 1989 年版，第 34 页。

当然，顶层的设计与群众的力量共同构成了政治发展的现实动力，顶层设计中的非均衡性具体体现为发展的序列与优选，群众的现实需求与向往也是多层次和变化的。需求的多层次性和不可同欲性也是影响政治发展序列与选择的重要因素。无论如何，对于政治发展而言，正如徐勇教授所认为的，“世界将以一种非均衡的方式存在。非均衡是一种实际存在的状态。从政治学的意义看，非均衡性是现代政治共同体中的多样性、差异性的存在状态，是国家一体化过程中政治的具体表现形式”①。

（二）非均衡对政治发展的意义分析

非均衡在政治发展中，多被作为问题意识和问题逻辑而存在。理想的政治中，均衡、和谐是价值诉求，但实际的政治发展中，它们很难真实存在。随着人们认识的深入和对规律的把握，非均衡在经济学中已自成一派，得到广泛的认可和应用；在社会学中，作为独特的视角和方法，非均衡的价值和意义彰显。对于政治发展而言，它既是社会发展的子系统，又是一个相对独立的单位。这就决定了对政治发展规律的探求既要基于它自身的特性，亦可以从政治经济社会发展的一般规律着手，汲取、借鉴和探讨。非均衡是社会存在的方式，是经济发展的动力，对政治发展而言，非均衡的意义和价值也不容小觑。

非均衡经济学把非均衡看成是一种宝贵的发展机制，对于政治发展而言，这也是非均衡的第一要意。赫希曼在阐述自己的主张时强调：“那些强调平衡发展的人们，承认各种投资和经济活动是相互依赖的，这就作出了一个重要的贡献；但从这个见识中，他们太轻易就得出了结论，认为所有这些互相联系的活动都必须一起就位。不错，没有公路，机动车辆就派不上什么用场，而现代化公路如没有车辆也就没用了。但这不是说，我们

① 徐勇：《现代国家建构中的非均衡性和自主性分析》，《华中师范大学学报》（人文社会科学版）2003 年第 9 期。

发展运输系统唯一的甚至最好的途径，就是均等地同时扩展汽车工业和公路网。为什么不利用一者扩展后对另一者产生的刺激因素呢？换句话说，我决不想否认各种经济活动的相互联系，这正是平衡增长理论非常强调的。与它相反，我建议利用这种联系，并对把这些相互联系的活动约束在一起的结构进行深入探索。正如在原子里一样，这里也存在着许多能量，可以被用来建立经济发展中心。这些时候，这些发展中心就显得连一刻也不能分开了；而按实际情况，它们很可能从来也不会组装在一起，要不是发现了一个有顺序的解决办法，即一个不平衡增长顺序，不论是偶然的，还是靠直觉本能，或是靠理智的设计。看待不平衡增长，换句话说，意味着从细处看待动态的发展过程。"[①] 更进一步，非均衡经济学中把非均衡推动经济发展的这一过程定义为"互补性"，他们认为互补性定义描述的是这样一种情况：对商品 A 的需求增加，使 A 的生产随之增加，并引起商品 B 在现行价格水平下的需求也跟着增加。经济发展中的许多情况是某一商品供给增加，并不强迫另一商品供给同时增加，而是通过一种宽松的互补作用，在使用中缓慢诱导需求向上移动，这种现象被贴切地称为"牵引欲望"。这种欲望以及由此产生的机会对发展而言是有力和宝贵的杠杆，如果需要，应有意去创造它们，而不是消除它们。发展自身将不断地扩展互补作用范围，这个互补作用范围必须齐头并进。某一期选择的设备将成为下一期的标准设备，这是社会与文化的压力和需求的结果，这种将宽松的互补性变为严格的互补性的过程通常称为"统筹计划"。[②] 从赫希曼所定义的广义的互补性来看，在永无止境的诱导连锁演变过程中，一个国家发展的每一步骤都可以认为是前一步骤引起的。产生诱导的前提即为不均衡状况的存在。由此不难看出，赫希曼的这种经济领域的非均衡发展战略，其

---

① ［德］艾伯特·赫希曼：《经济发展战略》，曹征海、潘照东译，经济科学出版社 1991 年版，第 7 页。

② ［同上书，第 60—61 页。

起点及核心即为以一种不平衡的增长顺序来刺激和推动经济的发展，这种顺序既是经济发展的内在规律，更是人们对这种规律的把握和应用。

在政治领域，人们对于非均衡这种宝贵的动力的认识是不足的，但即便如此，这种联系还是存在着，不论是偶然的，还是靠直觉本能，或是理智的设计，这种不平衡存在并发生着作用。同经济发展一样，政治发展也是一种不平衡的连锁演变过程。发展从来都不可能一蹴而就，在无穷的相互作用中，它确是一个漫长的过程。因而，我们的目的应当是保持甚至维护这种不平衡动力的存在而不是使其消失，并以此推动政治的发展。要使政治制度不断完善，价值得到认同，参与不断扩大，要求和现实总是有差距的，这种非均衡的特征一方面取决于政治发展本身滞后性的特点，另一方面，这也是任何系统完善发展本身的特质决定的，即保持紧张、不成比例和不平衡是系统发展的动力所在。一如赫希曼所说："平衡的噩梦像永无尽头的蜘蛛网，这就是我们艰苦努力所要寻求的一种机制，它是有助于经济发展过程的无价之宝"①，"导致偏离平衡"的结果恰恰是发展的理想格局。这种宝贵的机制、理想的格局一样有利于政治发展，因为任何结构的每一连续发展都是由过去的不平衡引起的，并且转而引起新的不平衡，要求进一步发展。作为一种机制，不平衡抑或说非均衡的特征"可以使决策格外容易或具有强迫性"②。

如上所述，政治发展与经济、社会的发展之间既有共性，又有个性。非均衡这一动力机制在政治领域的现实体现为发展序列的选择与安排。发展需要在广阔的领域着手进行，由于资源有限，迫使我们在民主与效能、集权与分权、参与与控制等众多的项目目标中做出选择——这是发展问题的重要方面。因为对于发展中国家来讲，落后体现在许多不同的、相互关

① ［德］艾伯特·赫希曼：《经济发展战略》，曹征海、潘照东译，经济科学出版社 1991 年版，第 61 页。

② 同上书，第 59 页。

联的方面，不发达国家政治发展要做的重要工作很多。根据这种相互关联，我们认为齐头并进不是根本途径，均衡的目标在发展的初期遥不可及，而是确实需要一种按次序或链条式的解决方式。当然，非均衡发展亦不是任意的，对政治发展而言，优选必须是有效顺序，即必须对某方面的进步导致其他方面进步的相对力量做出评价，优先的发展因素应趋于最大程度的“诱发”。换句话说，单方面的进步是可能的，但不会持续太久，其他方面的进步必定且必须跟上来。当然，由于发展的主要困难及难易程度不同，有效顺序在不同地区、不同国家存在较大差异。

发展中国家的发展表明，经济发展中企图不切实际地去超越发展进程和进程中的困难，是缺乏面对现实的能力。政治发展的过程更为艰难和复杂，国际压力与国内现实之间，政府的设计与民主的需求之间，民主与效能、集权与分权、参与与控制等等因素之间在某一阶段、某一时期如鱼与熊掌不能兼得。只有逐步认识到发展过程的特点和规律，才会发现，非均衡造成的压力和张力，并不一定会使发展遭受挫折，而可能用来帮助它前进——这就是非均衡发展对政治发展的意义所在。

总之，政治发展中的非均衡是微观的，它甚至覆盖了政治生活的方方面面，蕴含在一切可能存在的政治关系之中；这种非均衡性更是宏观的，主要体现在政治发展的序列与优选中，体现于政治发展系统内部的重要方面的互动之中，更蕴藏在政治经济社会更加广泛的联系之中。在这个过程之中，非均衡和均衡一样，遗世独立。它们恰似系统中的优与非优，你中有我，我中有你，短暂分离而后又紧密相连。系统之优的价值固然众所周知，但系统非优的力量同样不可小觑，非均衡即是如此。辩证地认识和对待这种动力以及由它带来的活力，必然要求不能片面地追求低水平的均衡，而是客观认识非均衡对当代中国政治变革的价值与意义。总之，本书探讨的非均衡，既是政治发展的动力，又是政治发展的内在逻辑。将非均衡作为我国政治发展的动力进行思考，是本书基本的理论视角。

第二章　非均衡推动政治发展

马克思主义认为政治发展是人类政治生活必须面对的一个基本问题，而西方学术界有关“政治发展”的探讨从20世纪五六十年代诞生之日起就有其特殊的研究对象和范围，主要关注和探讨的是发展中国家政治变迁的条件、目标、途径和动力等发展规律。当然，政治为什么需要发展以及为什么能够发展即政治发展的动力根源何在，是世界各国政治发展都必须探究的问题之一。本章在已经得出的非均衡“是什么”的基础上，重点分析非均衡“为什么”能够推动政治发展这一基本问题，以形成对“非均衡是政治发展的动力和逻辑”这一命题的理论分析。

一　非均衡推动政治发展的原因分析

按照本书对于政治发展动力体系的概括，推动政治发展的动力主要包括两大方面：一是政治发展的根本动力，生产力与生产关系、经济基础与上层建筑这两对基本矛盾在现实中主要体现为对政治发展具有决定意义的经济和社会发展；二是政治发展的现实动力，主要体现为国际现代化杠杆的驱动力、国内执政党和政府的发动与设计以及民众自身对美好生活的追求。在这两个方面的动力资源中，无疑是根本动力决定了发展的性质和方向。但实际上，政治发展的经验表明，现实动力资源的状况，将直接左右甚至决定着政治发展的实际进程和具体方式。相当普遍的情况是，推动政治发展的经济因素作为根本动力往往与现实的动力因素融为一体，或者根本就体现其中，共同构成了推动一国政治发展的动力体系，它们呈现出的整体特征及推动政治发展的内在逻辑即为非均衡。在这一层面上，不是哪种具体的因素，而是这种此消彼长、你追我赶的差异性和非均衡性最终导致了政治的发展。具体说来，政治发展的过程既是受动的，又是主动的。作为一个受动的自发的发展过程，非均衡推动政治发展正是事物发展的规律性体现；作为一个主动的自觉的发展过程，以序列安排和优选而人为地制造差异性和多样性为特征的非均衡则是政治发展动力在发展过程中的生动写照。

（一）非均衡是推动政治发展的动力之源

如前文所述，从宏观角度来看，政治发展首先是一个受动的、自然而然的过程。在这一过程之中，首先，政治的发展与经济发展之间是一对非均衡关系。按照马克思主义的基本观点，政治发展不得不到当时的社会、经济中去寻找原因。但对这一观点仅仅是承认还远远不够，经济生活的变动是如何引起“蝴蝶效应”推动政治生活的变革和发展？这种变动如何表现，又如何要求？这是一个相当复杂的过程。对于后发国家来说，经济发展与政治发展常常以改革为起点，而这两个领域里的改革往往不可同时进行——经济和政治分属社会结构的不同部分，它们的革新和发展所需要和依赖的条件往往不同，而且在大致相同的发展阶段，这些条件的获得如同“鱼与熊掌”。任何国家在发展的过程中，经济环境都并不是时时有利或有助于政治的变革和发展；政治环境可能利于经济发展亦可能使经济改革更加艰难。这就是说，对一个国家而言，政治发展和经济等其他要素的发展存在一个孰先孰后的问题。社会发展过程中的基本矛盾本身就表明政治、经济不是同时同步发生的，所以必然存在差距，正是这种发展程度和状态的非均衡性才导致变革乃至革命的发生，从而推动社会向前发展。这一过程之中，作为受动的政治相应地发展变革，这是由非均衡发展产生的倒逼机制作用而产生的。也就是说，经济的领域发生变化和相应诉求必然会随着发展的深入、改革的推进反映到政治生活中去，要求政治发展和制度变革的呼声必然会出现。这一规律在我国的改革开放中体现得格外明显。改革之初，邓小平说："中国正处在特别需要集中注意力发展经济的进程中。如果追求形式上的民主，结果是既实现不了民主，经济也得不到发展，只会出现国家混乱、人心涣散的局面。"[①] 他紧抓时代的脉搏，指出"现代化建设是最大的政治"，主张紧紧扭住经济建设这个中心不动摇。但随着改革的深入、经济的发展，反映到政治领域，诉求和变革的呼声在 20 世纪 80 年代逐步高涨起来，邓小平顺应民意，适时提出要加强政治体制改革。他指出："只搞经济体制改革，不搞政治体制改革，经济体制改革也搞不通，因为首先遇到人的障碍。事情要人来做，你提倡放权，他那里收权，你有什么办法？从这个角度来讲，我们所有的改革最终能不能成功，还是决定于政治体制的改革"，"现在经济体制改革每前进一步，都深深感到政治体制改革的必要性。不改革政治体制，就不能保障经济体制改革的成果，不能使经济体制改革继续前进，就会阻碍生产力的发展，阻碍四个现代化的实现"。[②] 相对于经济的发展而言，政治发展，特别是政治制度的变革是一个滞后的部分。虽然从根本上讲，政治发展和制度变革本身也不应超前于经济发展和经济改革（当然，具体的改革措施和制度建设除外，它们确实具有某种超前性），但当政治体制的这种滞后性掣肘经济发展时，政治体制改革自然会被提上议事日程，于是政治发展产生。

---

① 《邓小平文选》（第 3 卷），人民出版社 1993 年版，第 284 页。

② 同上书，第 164 页。

另外，社会发展和政治发展之间也呈现一种非均衡的发展状态。这种非均衡类似于政治与经济之间的关系，二者之间发展时间、状态和程度的绝对一致性也是很难达到的。社会发展构成政治系统发展外在的社会环境，它首先体现的是社会结构的变迁和社会意识的改变，当社会领域发生深刻变化，社会的阶级阶层关系随之会出现新的变化，并提出相应的政治诉求。作为政治系统的外部环境，社会结构的变化发展必然引发崭新的政治诉求和研究课题，亦以“不足—诉求—满足—反馈—发展”的路径推动政治向前发展。社会发展与政治发展之间的非均衡也是客观的：首先，作为一个系统，总是先有输入，即先有社会变迁引发新的诉求，而后才有相应的新制度的产生、制定。而且在诉求被关注的相当时期内，相应的制度不可能一蹴而就，更不可能马上以完善的状况呈现，那些不完善部分会同社会结构尤其是一定的阶级阶层发生矛盾。制度的完善、政治的发展正是在这种矛盾的不断解决中实现的。其次，政治作为一个系统，外部环境的要求输入到最终的政策输出，这一过程十分复杂，众多的中间环节上的传递和转换随时可能发生与输入要求不适应、不匹配的状况，这也是非均衡的一种体现。此外，社会结构的变迁虽然是缓慢的，但它终究处在变化发展之中，当结构发生变化，新的阶层悄然出现并提出诉求，政治系统若不能及时有效做出应对，矛盾就会产生。这种非均衡的发展状况必然迫使政治系统做出改变。以我国为例，改革开放带来了社会领域的诸多变化，这些变化必然对原有的政治体系提出新的要求和挑战。具体如随着新的社会阶层相继出现，传统的“两个阶级一个阶层”等说法以及由此产生的政策措施已不再能客观地反映中国的社会现实、解决中国的现实问题。阶层意识自我显现，并相应产生参政意识以及参政需求，在这一压力的推动下，新阶层的政治定位以及其合理要求的正常满足就纳入政治议题。为适应这一变化，我们党认为，“在社会变革中出现的民营科技企业的创业人员和技术人员、受聘于外资企业的管理技术人员、个体户、私营企业主、中介组织的从业人员、自由职业人员等社会阶层，都是中国特色社会主义事业的建设者”[①]。这无疑为新社会阶层中的优秀分子入党、当选人大代表，进入现存政治体系创造了条件。这种从诉求的产生到诉求的达成的过程，也是因社会发展带来制度供需非均衡这一矛盾解决的过程，显然亦是以非均衡推动中国政治发展的过程。从这一层面上讲，社会变迁引发的新诉求和新课题是政治系统继续存在的理由，也是推动政治发展的动力。社会发展和政治发展在一定条件下互为因果，非均衡在这一过程中客观存在着。

由此可见，政治发展同整个时代社会的发展、经济的发展联系如此紧密，社会结构的变迁、经济关系的变革不可避免地也会对政治的发展产生影响、提出要求。在这一层面上，政治发展领域里的非均衡必然涵盖了政治系统与经济发展乃至社会变革之间的矛盾和差异，正是这种非均衡推动了政治的发展。

当然，政治发展中这种自然的、内在的非均衡性还体现于政治系统内形形色色的政治现象和政治发展的内容之中。从政治发展的诸多表述中大致可以看出，政治发展的基本内容主要涵盖了三个方面：政治制度化、政治文化的世俗化以及以政治参与的扩大为标志的政治主体自身的发展，它涉及的运动是多方面的。在制度与文化之间，冲突与互动贯穿始终；在政治参与与政治制度之间，参与的要求“倒逼”政治制度的完善，制度的发展又将推动政治参与的有序进行；文化的世俗化与人在政治的发展更是相互影响和联系着。这些内容作为政治发展的要素，牵一发而动全身。在政治系统内，它们之间的发展是具有差异性和不平衡的，这是一种自然而然的存在状态。如果将这一层面的发展看成是政治系统内在的、本原的动力，那么，非均衡则是推动政治发展的动力之源。

① 江泽民：《全面建设小康社会，开创中国特色社会主义事业新局面》，《中国共产党第十六次全国人民代表大会报告》，2002 年 11 月。

（二）非均衡是政治发展过程的生动写照

如上所述，政治发展是一个受动的发展过程，但同时，它又具有相当的自觉性和自主性。从这一层面上讲，政治发展是执政党和政府的顶层设计与民众需求之间合力的结果。对大多数国家尤其是发展中国家而言，这两种现实的动力之间的力量对比是非均衡的，政府的选择与设计对于政治发展的影响远远大于民众的追求对于政治生活的影响，当然二者并不是截然对立的关系，在相当多的时间，政府的设计与选择只有体现民众的需求，这种合力才会呈增长的趋势，更有利于政治发展。无论如何，对于现代社会大多数代议制国家来讲，人民对于政治生活的影响往往依靠党和政府来完成。这种状况下，政治发展的非均衡性则主要体现为党和政府选择和设计的具体策略以及由此造成的差异性发展状态，具体体现于执政党与政府对政治发展的序列优选和发展策略的选择之中，这种非均衡是发展规律的生动体现，是政治过程的生动写照。

首先，政治发展的序列观，事实上就是一种非均衡的政治发展观。党和政府对发展序列的安排和选择，正是基于对发展规律的认识和把握。亨廷顿写道，各种社会之间的主要差别在于它们在多大程度上必须同时还是依次来处理这些问题，如果是后者，那么以什么样的次序来处理这些问题？在亨廷顿的认识中，政治发展的序列具有双重含义，发达国家和发展中国家的境况完全不同：对于发达国家而言，发展的序列是于无意识中呈现出来的一种自然的行为和现象；而对于后发国家而言，发展的序列则是一种人为刻意的选择和安排，特别是执政党及其政府宏观调控和设计的结果。发展中国家的发展序列建立在一定假设的基础之上：一是政治发展目标的多样性及其不可兼得的特点。政治发展的目标从来不止一个，它表现为一个目标体系，涵盖了民主、效能、平等、自由等；但这些目标又不能同时实现，只能按照轻重缓急，有所侧重和取舍，逐次获得。二是这些发展的目标并不是孤立的，它们之间存在着某种因果联系，某一目标的优先达致是下一目标达致的先决条件。政治存在本身是为了人类更加优良和幸福的生活，因此政治发展一方面目标多元，另一方面又必须参照现实加以选择，有所取舍和侧重。这一过程也因此呈现出非均衡的特征，如民主与效能之间、参与与控制之间、权力的集中与分立之间等等，无一不显示出阶段性、序列性特征。也正是在这些轻重缓急的遴选与安排之中，政治发展为一种可控的、有序的非均衡力量推动向前，一步步朝着其既有的目标迈进。

此外，政治作为资源配置的手段和工具，必然是无法均衡的，均衡意味着“立”，但政治本身却是一个“破”的过程，人民需求层次的不断提高，国际社会现代化杠杆的驱动，无一不对政治，特别是代表人民行使权力的党和政府提出变革的要求。特别是对人民需求的满足以及由此而来的政治认同在某种程度上成为政治的价值诉求与合法性标志。合法性何以实现？在这一探索的过程之中，越来越多的认识集中于：政治的合法性可以或者应该在政治的有效性中加以积累乃至最终达成。在这一层面上，非均衡亦被当作建构认同政治、合法性政治的方式、手段来推动政治的发展。在特定的历史阶段，尤其是现代化初期，政治发展在价值、体制、行为的选择上必须也必然是非均衡的。民主与效能之间，效能优先；集权与分权之间，为了确保效能的实现，一定的权力集中是必要的；政治控制与参与之间，与价值及体制性的非均衡安排一致，控制又强于参与。这种非均衡的序列安排集中指向政治的有效性，并以这种有效性为“帕累托累进”推动政治的发展。此外，作为推动政治发展的核心力量，党和政府还常常制定实施一些战略推动发展进程。这时，非均衡也可以是一种发展战略，它旨在通过战略、战术上的倾斜改变失衡现象、促进发展。当自然的、客观的非均衡现象发展“越界”，失衡的弊端显露，政治中的人和国家作为能动的主体，必然要采取措施矫枉过正，保证非均衡作为动力机制的可控性和有序性。

当然，这不是说政治发展只能被动地去适应经济、社会发展的需要，在一定条件下，它也可能起决定作用。一如列宁所说，“一个阶级如果不从政治上正确地看问题，就不能维持它的统治，因而也就不能完成它的生产任务”①。胡锦涛同志也指出：“从根本上说，经济发展决定政治发展和文化发展，但政治发展和文化发展也会反过来对经济发展产生作用，在一定条件下还可以产生决定性作用。”② 政治与经济相比不能不占首要地位，不肯定这一点，就是忘记了马克思主义的最起码的常识，在这一层面上，甚至可以说经济与政治是互为动力的，它们你追我赶，相互推进，呈现出一种非均衡的生动、活泼的局面。

二　非均衡：政治发展动力体系的存在方式及内在逻辑

如上所述，无论是发达国家还是发展中国家，其政治发展都涵盖了自发与自觉两个方面，因此既要遵循发展的客观规律，又要发挥主观能动性，通过政治主体设计和选择共同来推动政治发展。这一层面上，政治发展并不是单一动力因素起作用的结果，政治系统内外的合力构成政治发展的动力体系，非均衡是这一动力体系的存在方式和内在逻辑。

（一）非均衡：政治发展的动力体系的存在方式

政治发展领域，非均衡是政治发展动力体系的存在方式。如前所述，综合马克思主义的基本观点以及西方学者关于政治发展动力的主要观点，

① 《列宁选集》（第4卷），人民出版社1995年版，第408页。

② 新华月报编：《十六大以来党和国家重要文献选编》（上），人民出版社2005年版，第506页。

我们认为，政治发展的动力体系集中和具体体现为国际现代化杠杆的压力、国内执政党和政府的发动和设计以及民众的需求这三个主要方面。这一动力体系本身就体现出政治发展过程的双重性特征。

首先，政治发展是一个不以人的意志为转移的极其自然的过程，在社会发展两大矛盾的根本作用下，它以差异性的、多元化的发展状态存在着，差异就是发展的动力所在。这一层面上，政治系统发展的相对滞后性以及由此带来的政治系统与外界环境中各系统持续发展形成的差距是实现政治系统持续性发展的动力源泉。在不同的发展阶段和状况下，外部系统因情况变化提出不同的政治诉求，相应地，政治系统也必须有不同的职能分工和手段加以应对。事物总是处于不断的发展变化之中，这一过程中，政治系统外部（包括国内以及国际社会）经济、社会环境的持续发展使政治系统内部各项职能的实现条件相应改变，对政治系统提出挑战。这些变化一方面说明了政治系统内外差异性的存在，而正是这种差异性决定了落后一方要通过种种努力和变革趋近外界各系统的存在状态，实现政治系统与外界环境的相对平衡！这就产生由“差异—诉求—弥补—发展”的循环，这种循环即为政治发展的过程，其中系统内外的差异及由此产生的压力和“倒逼”机制就是非均衡的存在方式和体现。

其次，政治发展又是一个能动的过程。政治设计就是人们在认识规律的基础上充分发挥主观能动性的过程。发展意味着进步，政治发展意味着人们对优良社会生活的设计、追求乃至实现的过程。在这一过程之中，国内执政党和政府的发动和设计以及广大民众对美好生活的追求构成了推动政治发展的主要力量。一如艾森斯塔特所认识的那样，精英作为社会变迁的担纲者和创始者对社会变迁起着关键作用。作为现代社会最重要的政治社会化渠道，政党不但是联结公民社会与国家的桥梁，也为公共权力的有效实施提供了组织保障。在大多数国家中，政党相对社会处于优位，在某种意义上它是作为精英的集合体而存在，执政党作为人民的代表，既代表民意，又是异于普通民主可以通过各种政治形式更好地体现民意，因而在推动政治社会化过程中作用更加集中和明确。尤其是现代国家的政治治理中，利益的分化和诉求的多元化更需要政党发挥社会整合功能，维护秩序的达成，并促进政治、经济、社会发展。实际的社会生活中，执政党与政府的选择一方面与民众的需求并不矛盾，甚至可以很好地体现民意，另一方面，政治本身的特点和人人参与政治的不可能及不必要使得这两大动力之间并不是均衡地在发挥作用。相反，非均衡是二者关系的现实体现。在推动政治发展的现实动力中，政党和政府的作用无疑是其中最为核心的和重要的力量。而在衡量政治发展的诸多指标中，衡量政治活动的价值指标是民主与效能、行为指标是参与与控制、制度指标是权力的集中与分立。这三个部分几乎涵盖了政治生活、政治关系的最主要内容。[①] 这一层面上，政治发展的内容和目标是多元的、选择是艰难的，多元化政治目标的达成注定不能齐头并进。政治设计正是在充分认识规律的基础之上为政治发展遴选目标、安排序列。民主与效能、参与与控制、集权与分权，按照社会现实发展状况提出的要求一一反馈给政治系统，并要求执政党和政府依照这些现实和反馈对发展目标和序列做出安排。这一过程反映出来的政治发展现实以及政府代表人民做出的选择必定有所取舍，以非均衡的方式存在着。这种非均衡以人们对政治发展规律的认识和把握为基础，其存在方式在现实中反映为执政党及其对发展的序列与目标做出的安排与选择。

（二）非均衡：政治发展动力体系作用的内在逻辑

我国学者陈鸿瑜认为：“政治现代化是一个不可逆转的客观过程，而政治发展则是一个预期的、价值追求的过程。从结果来看，如果说现代化是一个‘破’的过程，是对以往秩序的破坏，是一种平衡状态的打破，那

---

① 胡永佳：《试析当代中国政治发展的逻辑线索》，《政治学研究》1999 年第 1 期。

么，政治发展则是一个‘立’的过程，是一种秩序的重构和新的平衡的实现。”① 在这一客观过程中，“破”是“立”的前提和基础，是推动发展的动力。对推动政治发展的动力体系而言，非均衡是其存在样态，更是其发生作用的内在逻辑。对大多数现代国家而言，国际现代化杠杆的驱动力、国内党和政府的发动力以及民众需求的作用力作为推动政治发展的现实动力体系，是根本动力作用于政治系统的外在体现，它们共同推动了政治发展，但这三者之间并不是力量均等地在起作用，总是某一因素的力量相对突出，左右和推动着政治发展。

首先，国际现代化杠杆的驱动力与国内政治发展现实之间的非均衡。

按照马克思主义矛盾动力观的主要观点，内因是事物发展和变化的根本。虽然国际因素的影响也只能通过国家社会内部的反应和互动才能最终实现社会政治、经济的发展和变迁，但是只有将国际因素与国内因素相结合才能更好地揭示政治发展的动因。如同阿尔蒙德和小鲍威尔所说，“政治发展就是政治体制对其社会和国际环境的变化做出的反应，特别是对民族国家的构成、民族构成、政治参与和分配等的挑战做出的反应”②。换言之，对大多数现代化国家而言，国家社会内部的反应和互动是推动政治发展的主要因素，但对于一部分发展中国家而言，在现代化初始阶段，国际社会，特别是西方发达国家的影响和压力是促使其政治发展最主要的因素，这一阶段，推动其政治发展的国际因素与国内因素是非均衡的。

学界对于“国际—国内”的关系研究早期大部分立足于发展中国家与发达国家之间的关系，从经济的角度来分析二者的不平等关系，较著名的有现代化理论、依附论、相互依赖理论等。他们认为，发达国家在与发展中国家的交往是不平等的，正是由于发展中国家国际政治上的弱势地位导

---

① 陈鸿瑜：《政治发展理论》，（台北）桂冠图书股份有限公司 1995 年版，第 59 页。

② ［美］加布里埃尔·阿尔蒙德、小 G. 宾厄姆·鲍威尔：《比较政治学：体系、过程和政策》，曹沛霖等译，上海译文出版社 1987 年版，第 61 页。

致的国内经济政治受到严重的影响。20 世纪 70 年代兴起的相互依赖理论，更是随着时代的发展，把研究领域从国与国经济之间的敏感反应关系逐渐延伸到政治、军事、安全、环保等多个领域的相互依赖研究。尤其是 70 年代彼得·古勒维奇（Peter Gourevitch）的研究进一步将国内政治与国际体系联系起来，开创了“国际政治—国内政治”的研究范式，指出国际力量是影响国内政策选择的中间环节，推动了研究思路的由外向内的转型。[①]自此之后，“国际政治—国内政治”的理论范式研究广泛应用开来。派伊在他的《政治发展面面观》中也写道，政治发展的问题一方面受到国际发展的影响，另一方面也会受一个国家社会内部个人心理状态的影响，所以“国家的政治发展必然发生在对国际或者世界潮流，以及文化上都被连根拔起的民族心理反应都敏感的环节上”[②]。对于东南亚地区而言，不可忽视的还有殖民统治对其政治发展的影响，派伊在对西方殖民统治对于东南亚国家政治发展的影响指出，在实行间接统治的大多数情况下，正式的政府结构总是不足以担负引导和控制变化规模的任务，即使在后殖民时代也是如此，如荷兰对于印尼的殖民统治同样采取的就是间接统治的方法。[③] 阿尔蒙德在他的《发展中地区的政治》一书中就有关于东南亚地区政治发展的详细概述。外部环境是后发展中国家民主转型中的重要因素，亨廷顿在他的《第三波——20 世纪后期民主化浪潮》一书中，在讲述民主化浪潮的影响因素时，着重从外部国家的示范效应、天主教的传播、国际潮流对民主转型的示范效应等外部因素进行了分析。[④] 霍华德·威亚尔达也有较

---

① Peter Gourevitch, “The Second Image Reversed: The International Sources of Domestic Politics”, *International Organization*, Vol. 32, No. 4, 1978, pp. 881-912.

② ［美］卢西恩·W. 派伊：《政治发展面面观》，任晓、王元译，天津人民出版社 2009 年版，第 28 页。

③ ［美］卢西恩·W. 派伊：《东南亚政治制度》，陈元中主编，广西人民出版社 1993 年版，第 41 页。

④ ［美］塞缪尔·P. 亨廷顿：《第三波——20 世纪后期民主化浪潮》，刘军宁译，上海三联书店 1998 年版，第 78 页。

多著作是关注于第三世界新兴国家的政治发展，他试图跳出传统的发展主义的牢笼，建立出对第三世界进行经验研究的基础理论。他在《新兴国家的政治发展——第三世界还存在吗?》一书中也指出今天的新兴国家更多地受到国际市场的力量、现代交通通信、全球化、战争和冲突、国际贸易，以及复杂的对外部世界的依赖和相互依赖关系的强烈影响。①

西方国家社会历史孕育了早期的西方民主，西方国家的政治发展是一个自然的过程，而当今世界的全球化孕育和推动了当今世界的民主化进程，这就需要我们把政治发展过程中的国际因素作为重要的问题进行分析。在狭义的政治发展研究中，其研究对象是特指的，特指西方发达资本主义国家以外的发展中国家，所谓政治发展就是发展中国家对西方模式的学习、模仿乃至移植。因此，大多数发展中国家的现代化伊始，面对“先进—落后”的二元化背景，国家现代化杠杆的驱动力在政治发展中起着决定性的作用。直到现代化建设徐徐展开，西方模式与本国实际显示出巨大差异和不相适应，动力变为阻力时，其他动力要素的作用和力量才凸显出来。

其次，执政党及其政府的发动力与民众需求的内驱力之间的非均衡。

马克思主义认为人民群众创造了历史，是人民需求层次的不断提高和对美好生活的向往与追求推动了社会进步与政治发展。但现代国家，民众需求推动政治发展往往是通过政党政治实现和完成的。现代社会中，政党作为联结公民社会与国家的桥梁，是最重要的政治社会化渠道。特别是执政党，可以通过立法、行政等形式更好地代表和体现民意，从而推动政治社会化过程。艾森斯塔特在谈论政治发展的一般性概念时，认为从各个地方不同的历史背景出发，可以从两个不同的维度来理解：“第一个维度是能够有效动员各种资源的中心政治组织的增长，构建一个强大的中心制度

① ［美］霍华德·威亚尔达：《新兴国家的政治发展——第三世界还存在吗?》，刘青、牛可译，北京大学出版社2005年版，第53页。

框架，它的主要特点是强大、开放、有弹性；第二个维度是引向充分民主参与的不同群体间参与关系的增长，它的主要特点是广泛、谐同（eonsensualorentation）、有序。”① 由此可见，政治发展所涵盖的两个重要方面，一是政治体系建设，二是公民参与建设。这两个方面一方面折射出作为政治主体的人对于政治发展的意义，他们的行为构成了政治发展的主要内容；另一方面体现了艾森斯塔特所强调的“精英”作为社会变迁的担纲者和创始者的关键作用，尤其是作为“精英”的代表，执政党及其政府的活动是政治发展的主要动力。在这一层面上，作为推动政治发展的现实动力，执政党及其政府的发动力与民众需求的内驱力之间呈非均衡的态势。大多数现代国家，党及其政府的设计与选择是推动政治发展最主要的动力。

政党及其活动是政治民主化的进程中最为直接和重要的推动力量。政治生活中，具有共同政治理想、政治见解和政治目标的一部分人，按照一定的纪律和规则组织起来，形成的机构和团体就是政党。政党代表着特定的利益群体，而其中最具代表性、策略最正确，在政治实践中能够争取广泛的支持而取得领导地位的政党即为执政党。在当今社会，各国的政治多为政党政治，政党在现代政治生活中的作用和功能不言而喻，它们是推动政治发展的中坚力量。一方面，政党依托其严密的组织机构，建构起广泛高效的行政网络，积极有序地处理国家事务，使得政治参与井然有序，政治秩序稳定可靠，政治产品丰富有效。另一方面，国家政治生活的主要操作者均与政党紧密相关。对于现代国家而言，国家的政治领袖往往都从政党领袖中产生，身居要职的国家公职人员也大都是由政党推荐或由政党成员中选举产生，政党是人们参与政治生活的重要渠道。此外，政治文化的传播、政治社会化的推进离不开政党活动。政党为了自身的发展和政治理想的达成，必须寻求更加广泛的社会支持，并以此为核心开展形式多样的

① 饶义军：《多元现代性与政治发展——S. N. 艾森斯塔特政治发展理论研究》，博士学位论文，浙江大学，2009 年，第 18 页。作者就这一问题与艾森斯塔特交流得到的结论。

各项政治活动。正是在这些舆论宣传、政治实践中，政党，尤其是执政党广泛传播自己的政治价值和理念，获得社会认同并最终形成主流的政治文化，以此来巩固自己的统治。由此可见，政治发展的过程中，政党扮演着举足轻重的作用，政党通过这些活动和努力直接或间接地推动了政治发展。

作为最能代表人民利益的团体，执政党及其政府的选择和设计最终必然要与民众的需求一致，形成推动政治发展乃至社会发展的合力。但在具体的政治实践中，政党的选择和设计往往从宏观出发、大局考虑，有时也会与民众的阶段性需求产生矛盾，这时，党及其政府会广泛开展各项政治活动，通过舆论宣传、政治实践活动以获得更加广泛的社会支持，从而影响政治发展的方向和进程。如在政治价值的选择中，民主还是效能？政治制度的建构中，权力应集中还是分散？政治行为的权衡中，加强控制还是鼓励参与？等等。政党，尤其是执政党必须通盘考虑时代潮流、国际压力以及本国具体国情，综合各种情况做出选择。在这一政治发展的过程中，民众的需求是通过政党的活动得以实现的。政党对政治发展模式的选择、对政治发展方向和道路的设定直接决定了一国政治发展的现状和未来走向。尤其是在实现政治民主和政治稳定这一发展目标的过程中，政党的作用更是不可小觑。政治稳定是政治民主的前提和基础，社会转型时期，尤其是传统向现代的转换之中，问题凸显、矛盾重重，社会失衡现象时有发生，稳定的政治秩序需要强有力的政党。唯有强大的政党才有能力调节种种社会矛盾，寻求并维护秩序的达成，并以此保障和实现政治社会的民主化、法制化进程。

当然，现代政治发展的目标之一就是公民广泛的政治参与，通过参与表达政治需求，推动政治发展。但如何扩大公民有序的政治参与，是21世纪各国政治发展面临的重大课题。公民的政治参与旨在通过诉求的合法化表达等政治行为以影响政府决策，尤其希望通过影响社会价值的权威性分配维护自身的权益和利益。但政党的领导和组织是现代政治参与的重要保证，参与本身以及参与的达成往往就是以集体、派系以及政党为基础组织的。由此观之，在大多数代议制民主国家里，执政党及其政府是政治发展的动力体系中最为核心的力量。

三　非均衡的特征及原则

如上所述，本书特别思考和关注的是能否将哲学、经济学乃至社会学源远流长的非均衡传统和思想作为一种方法论或分析框架引入政治发展领域，并以此为基础探究政治发展的动力。为了加深对政治领域内非均衡的理解，我们有必要在分析非均衡推动政治发展的内在逻辑之后，进一步对这一领域中非均衡的特点以及原则进行探讨。

在先发国家几百年政治发展的历史长河中，其政治发展也并不是一蹴而就的。我国作为后发国家，政治发展的序列性和非均衡性显而易见。对于政治发展而言，非均衡是一种客观实际，更是一种人为设计和现实选择。作为设计和选择，非均衡使我国政治经济社会发生了翻天覆地的变化；作为客观实际，这种序列选择必然引发矛盾、冲突等不协调。学界和社会中因此有人认为非均衡发展有悖于社会主义政治发展的本质，不利于社会稳定和民主的实现。但是，正是在这种非均衡的基础上，在讨价还价的过程中，“从特殊利益和一般利益之间的紧张斗争中，既会产生出民主政治的动态基础，也会产生出能把多样性和灵活性塑造成为一个现代政治体的统一和力量的基本共识”①。将政治发展的非均衡性作为政治发展的动力，实际上是由政治发展规律及不同国家的具体实际所决定的，之所以出

① ［美］卢西恩·W. 派伊：《政治发展面面观》，任晓、王元译，天津人民出版 2009 年版，第 41 页。

现人们对非均衡发展的否定性认识，主要是由于对非均衡及其发展方式没有全面的认识，出现了一些认识上的误区。

（一）非均衡的特征

第一，非均衡的客观性。非均衡首先是客观存在的，均衡不常在，而非均衡常有。政治发展是一个正向变迁的历史过程，在这一过程之中，政治制度不断完善、政治文化得以普及、政治参与逐步扩大，政治中的人趋向全面而自由的发展。但是这一过程的有效持续是需要条件的：所有的要素不能同时具备，目标也不能同时达成。因此，无论是先发国家自生自发的发展过程，还是后发国家人为选择的发展过程，政治发展都带有一定的优选性，显示出参差不同的发展阶段和发展样态。这种差异性可能引发矛盾和冲突，也可能带来生机与活力，但无论如何，这种差异与非均衡贯穿于政治发展的历史长河之中。尤其是对于后发国家而言，它们一开始就面对政治发展的要求与压力。“对它们而言，政治上的首要问题就是政治制度化的发展落后于社会和经济变革。”① 也缘于此，亨廷顿认为发展中国家首要的问题不是政治民主化，而是建立政治秩序，建立有效政府。正是这种民主与效能的非均衡发展有效地避免了政治发展过程中的骚乱与衰退。李普塞特更是明确指出，经济与政治之间在发展的序列上是非均衡的，经济发展优先于政治民主。“一个国家越富裕，它准许民主的可能性就越多。从亚里士多德到现在，人们一直认为，只有在富裕社会，即生活在现实贫困线上的公民相对较少的社会，才能出现这样一种局面：大批民众理智地参与政治，培养必要的自我约束，以避免盲从不负责任煽动的呼吁。”② 总之，在西方传统的政治理论中，政治发展是一个非均衡的过程，发展的目

① ［美］塞缪尔·P. 亨廷顿：《变化社会中的政治秩序》，王冠华等译，生活·读书·新知三联书店1989年版，第4—5页。

② ［美］西摩·马丁·李普塞特：《政治人——政治的社会基础》，张绍宗译，上海人民出版社1997年版，第27页。

标有先有后，发展的内容有所取舍，发展的策略有所倾斜，总体表现出非均衡的发展特征。这种非均衡是客观存在的，更是普遍的，这种非均衡带来了政治发展的持续与生机。

第二，非均衡的有序性。非均衡亦是有序的，这种“有序”体现为法治原则。政治发展的目标是政治民主与政治稳定。非均衡虽然是一种客观现象，体现着发展规律，但政治的使命就是为了创造有序的公共生活，以满足个人和社会的共同发展。因此，政治发展中的非均衡性更多地体现着人为设计的特征。也缘于此，这种非均衡作为推动政治发展的战略优选必定以法律为其最高准则，发展过程中的多元性和差异性必须在法律的框架内才能得以实现。与非均衡的可控性对应，它的这种“有序”强调政治资源在进行非均衡配置时必须找到某种共识和前提，即“法律必须是至高无上的原则”。此外，在政治发展中，非均衡作为其动力机制一方面是发展的内在规律性决定的，另一方面，非均衡的序列安排是为政治发展的有效性服务的。从文明进步和社会发展的基本逻辑看，政治建设的首要目标是要保证政治的有效，然后在这个基础上促进政治的完善。正如古希腊的亚里士多德所说：“最良好的政体不是一般现存城邦可以实现的，优良的立法家和真实的政治家不应一心向往绝对至善的政体，他还必须注意到本邦现实条件而寻求同它相适应的最良好政体。”① 在政治发展的过程之中，政治的有效性和完善性并不能简单等同。建构有效的政治是实现完善的政治的前提和基础。当政治满足了人民对生活的基本期待，它才可能获得认可，进而达到稳定有序的良性发展状态。政治发展中人为设计的非均衡正是从政治的有效性出发，对政治发展的目标、战略进行选择，暂时地有所取舍和偏重。也就是说，作为人为设计的非均衡，是为创设有效政治而生，因而在侧重点的取舍，发展的主次序列上，安排一定是有序的，有序

① ［古希腊］亚里士多德：《政治学》，商务印书馆 1983 年版，第 176 页。

的发展才能体现设计者的初衷和目的，它是使政治发展由有效达致完善的重要基石。在这一层面上，非均衡发展与政治稳定的目标并不相悖，体现着民主政治的正当要求。

第三，非均衡的辩证性和全局性。作为推动转型时期政治发展的动力，非均衡的辩证性和全局性深刻体现出发展规律与客观实在的统一，两点论与重点论的统一，非均衡与均衡的统一，发展与稳定的统一，经济发展与社会发展全局的统一等等。首先，非均衡推动政治发展体现了发展规律与客观实在的统一。如前所述，非均衡既是“政治系统内部各要素之间发展的差异和不平衡”的外在体现，又涵盖了政治系统与经济发展乃至社会变革之间的矛盾和差异，是现实政治生活中的一种客观实在，它不以人的意志为转移。在经济领域，非均衡以及由此带来的一定程度的紧张、压力等恰恰是发展的理想格局。政治发展领域也是如此，基于对这一规律的认识，通过对政治发展诸多要素进行序列优选和安排，以人为建构的非均衡结果作为推动政治发展的宝贵的动力机制，这体现出我们对规律的认识和把握。在政治发展的具体过程和安排中，人为设计一种类似继承次序的主观程序安排，对政治发展中的诸多选项进行优选安排，是政治发展现实的要求。这种非均衡既体现出发展中客观存在的规律，又体现着对规律的把握和运用，是发展规律与客观实在的统一。其次，政治发展领域的非均衡性还体现出两点论与重点论的统一，非均衡与均衡的统一。非均衡发展首先是源于现实的，发展的现实基础和现实需求决定了发展的序列性和渐进性，也决定了不同的发展阶段必须有所侧重，不可能齐头并进。就政治发展的基本内容而言，在民主与效能，权力的分立与集中，政治参与与政治控制之间做出阶段性的选择，以重点突破带动全局发展是政治发展的基本导向。但是重点突出并不意味着顾此失彼，优先发展的序列安排是非均衡发展在政治领域的突出特点，但不是全部。对于经济、社会乃至政治的发展而言，动力机制和协调机制分属于两个不同的系统，非均衡作为政治发展的动力和逻辑，只是其中的一部分，属于动力机制的范畴。对于政治发展全局而言，解决好了动力机制的问题固然非常重要，但也只是其中的一个部分，政治的良性发展除了需要强大有效的动力机制以外，还需要平衡机制的协调作用。非均衡发展战略强调序列性、渐进性，也强调全局性、阶段性和时机性。根据发展时机发展阶段的变化，适时促进“两点”的转换。如对大多数发展中国家而言，在现代化初期，发展的序列安排以效能为重点，力图建构政治发展的经济基础和物质保证；随着建设的深入，现代化中期，则不断审视、回应大众的参与需求，将民主置于优先发展的序列。这是非均衡发展战略动态转换适应现实需求的体现，也是两点与重点辩证统一的体现。此外，这种辩证性和全局性特征还体现在发展的目标上，政治稳定也是政治发展的主要目的。非均衡作为推动政治发展的动力机制，通过一定的序列安排，突出重点，在各个目标之间造成一定的压力和张力，以此推动政治发展。但政治发展中非均衡有其固有的特点，就是有序、有效和可控，这就使得非均衡和失衡得以区分。这种状态之下的非均衡以推动政治发展为最大目标，但政治发展之所以较之政治变迁有其价值层面的含义，与政治衰退区别开来，很大程度上源于它把政治稳定与政治民主共同作为政治发展的两大目标。因此，非均衡发展在政治领域必然需要大局意识，在非均衡与均衡之间，民主与效能等诸多目标之间，根据过去的变化，时局的转换，环境的变迁，以及人民需求层次的提高加以调整。

最后，非均衡还具有可控性。政治发展的非均衡性是客观的、全局性的和长期存在的，但这并不意味着它是茫然的、混乱的和不可控制的。这里，非均衡的可控性一方面源于它的有序性，另一方面则体现为它的有限性。一般来讲，事物发展有三种状态：均衡是理想，非均衡是现实，但当非均衡越过界限，失去控制，发展状态转化，政治危机出现，是为失衡。失衡的危害是显而易见的，它可能导致政治衰退，危及民主乃至稳定。政治的存在就是为了保障人们的幸福生活，政治发展更是为此孜孜以求。因此，在政治发展过程中，政治必将通过其主体人和国家干预政治过程，通过政治设计势头保持这一系统的张力与活力，将非均衡状态控制在一定的界限以内，避免由失衡引发的政治衰退。从这个层面上讲，非均衡从来都不是无限的，甚至在一个发展阶段也不会永恒存在。作为天生的政治动物，人们对政治发展的良好期待和对政治建设的努力，必然会在这一过程中开花结果，非均衡是规律、是客观真实，更是人们追求理想的途径和手段。作为推动政治发展的途径和手段，它必须服从规则，在法律许可的范围以内活动，非均衡是有序的，因而亦是可控的。

（二）非均衡的限度及原则

当然，政治领域里的非均衡既是规律，更是人们对规律的体认和应用，因此这种非均衡既是客观的、全局性的，更是有序的和可控的。只有这样，非均衡才能保持在适度的范围以内，也只有适度的非均衡才能保证这一动力在政治发展中的持续性和有效性。非均衡的度不会自然地保持在合适的状态，它需要政治主体对良好适宜状态的把持，以及对过度状态的警惕与矫正，这就需要一方面更深刻地认识规律，另一方面增强自己运用规律的能力，尽量将非均衡控制在适度的范围。

那么，何谓适度的非均衡？非均衡在西方学者的研究中是价值无涉的，他们的研究重点在于非均衡的“经济性”。非均衡本身既是绝对的，又是辩证的。几乎所有非均衡发展理论的支持者都承认非均衡发展的负面影响。非均衡发展理论的创立者赫希曼就认为，非均衡发展是后发国家不得已而为之的权宜之计。在《经济发展战略》序言中，他着力强调均衡发展的重要性。他说：我绝不想否认均衡增长理论所强调的各种经济活动的互相联系，而且怀疑这些互相联系的活动“必须一起就位”①；同样，诺贝尔奖获得者、经济学家缪尔达尔（G. Myrdal）从二元结构理论出发，对非均衡发展的不利后果也进行过分析。他认为非均衡发展将是资本、劳动力、技术流向经济增长较快地区的“回波效应”。在非均衡发展逻辑下，如果对所引起的矛盾和问题缺乏必要的重视，偏离了适度非均衡的界限，就可能到达“不平等的顶点，也是其他各个阶段所终于要达到的阶段，直到新的变革使政府瓦解，或者使它再接近于合法的制度为止”②，最终导致动荡和倒退的现象。

当然，非均衡的可控性和对非均衡适度性的探讨和把握是环环相扣的。要将非均衡控制在一定的界限以内，就要把握政治发展中非均衡的“度”。在政治发展过程中对时机的思考实质上就是对非均衡适度性以及可控性思考的反映。马克思主义者将发展的目标定位于“人的全面而自由的发展”。从这个基点出发，马克思主义者，尤其是我们党在维护非均衡这一动力推动政治发展时，一直在探索非均衡发展的“适度性”，力求维护绝大多数人的根本利益，保证社会主义价值目标从较低层次向较高层次逐步推进。如在探索经济领域非均衡发展的适度性时，坚持社会主义初级阶段基本经济制度确立的方向；在探索国民经济内在比例关系非均衡的适度性时，坚持“以人为本，全面协调、可持续”的发展方向等等。坚定的马克思主义者，特别是小平同志，对这一问题有独到的见解，处处显示出对非均衡“度”的思考和把握。邓小平对时机的思考实质上就是对非均衡适度性思考的反映，正如他在南方谈话中针对沿海和内地的贫富差距指出：“什么时候突出地提出和解决这个问题，在什么基础上提出和解决这个问题，要研究。可以设想，在本世纪末达到小康水平的时候，就要突出地提

① ［德］艾伯特·赫希曼：《经济发展战略》，曹征海、潘照东译，经济科学出版社 1991 年版，第 7 页。

② 同上书，第 167 页。

出和解决这个问题。”① 他深刻地认识到发展中的差距是客观存在的现实问题，在所难免，但适时地加以控制而不是放任自流是政府的责任和社会主义政治发展的重要任务。伴随着改革开放的实践，邓小平关于非均衡的思考日益成熟和完善，他多次明确强调非均衡的发展战略要在党的领导下有步骤、有秩序、渐进地推进，这就是邓小平关于非均衡“适度性”思考的核心内容。具体来讲包含以下几个方面：

非均衡发展适度性首先体现于其有序性，这一有序性在具体的发展过程中体现为发展的计划性。邓小平认为非均衡的发展战略应分步骤、有计划进行，并在“两个大局”的战略构想以及“台阶式”的跃进发展战略构想中对这一观点进行了详细阐述。1987 年 8 月，他在会见意大利共产党领导人的谈话中简明地概括了“三步走”战略：“我国经济发展分三步走，本世纪走两步，达到温饱和小康，下个世纪用三十到五十年时间再走一步，达到中等发达国家的水平。”② 1988 年 10 月，又在会见肯尼亚总统莫伊时的谈话中对“两个大局”战略构想做了简要的概括：“我们的发展规划，第一步，让沿海地区先发展；第二步，沿海地区帮助内地发展，达到共同富裕。”③ 虽然，邓小平的非均衡发展战略主要侧重于对经济生活的认识和总结，但在七八十年代的中国，经济发展就是最大的政治，这一战略本身就是对非均衡动力机制的最佳阐释。在政治发展过程中，这种计划性是不言而喻的，政治发展本身处处充满着人对美好政治生活的向往和追求，这些政治理想是通过一系列的政治设计来体现进而实现的。政治目标的优选，有效顺序的抉择，政治发展的实现，在一定意义上就是计划一一变为现实。这种计划即为非均衡发展保持适度性的前提。

其次，这种适度性还体现在非均衡发展是可控的，这种可控性一方面

① 《邓小平文选》（第 3 卷），人民出版社 1993 年版，第 251 页。

② 同上。

③ 同上书，第 166 页。

是非均衡的题中之义，非均衡发展从来也不是无限的，一旦超过一定的限度，发展状态随之发生改变；这种可控性还源自它的有序性，非均衡就其本原的状态就是有先有后、有先进亦有落后，作为发展战略体现为发展的序列性、目标的优选性；也因为这种发展的序列安排，非均衡在现实中体现出渐进的特点。非均衡作为一种主观的选择和序列安排，体现在发展中往往重点突出、倾斜适度，一种发展目标的达成，进而推动和带动另一目标的发展，这个过程是渐进的，不是一步到位、一蹴而就的，因此在发展中有足够的时间和可能根据实际的发展状况和要求对选择的对象、作用范围、突发问题等等适时进行调整。

此外特别强调非均衡发展的有序和可控源于这种非均衡作为政治发展的动力是政治主体对发展规律的认识和把握，更是法治状态下的战略选择。政治就是为了保障人类的优良生活，这一发展的目标决定了发展中采用的非均衡是有限的和动态的。非均衡是法治状态下的非均衡，这是非均衡发展最为明晰的和不可逾越的限度。政治具有排他性的特点，这就决定了政治过程中的非均衡现象是客观和广泛的。非均衡所带来的紧张程度一般来说主要取决于政治体系内政治主体间利益冲突的程度，只要这种紧张不引致“政治体系崩溃”，那么，这种紧张在给政治体系造成一定压力的同时，也会为政治体系自身的不断完善提供动力。当然，这里我们思考的是什么程度的非均衡和紧张才不会引致“政治体系崩溃”，只有当作为政治发展动力的非均衡是在法律的框架内、在党的领导下有步骤、有秩序、渐进地推进，它才是可控的、有序的、有效的动力之源。这也就是非均衡作为政治发展动力机制的界限和原则。

四 小结：非均衡推动政治发展

综上所述，政治发展并非单一要素作用的结果。作为政治发展的动力体系，各要素之间是相辅相成、共同发生作用的，究其内在的运行逻辑和存在机理，则可以看出非均衡是政治发展动力体系的总体特征和存在方式。主要体现在以下几个方面：

第一，政治发展的动力系统包括根本动力和现实动力两大方面，在政治过程和政治实践中具体体现为国际现代化杠杆的驱动力、执政党及其政府的发动力以及民众需求的内驱力三个方面。非均衡是这一动力体系的存在方式和作用逻辑。

第二，就社会发展全局而言，两大基本矛盾的运动构成了政治发展的根本动力，在政治发展的具体过程中，这两对矛盾演化成政治与经济、社会的关系，非均衡是对它们之间的关系的形象表述，也是对发展规律的总体概括。作为推动政治发展的根本动力，非均衡是政治、经济、社会的内在联系和运行的宏观规律，这一规律外在体现于政治系统与其外部环境之间。政治系统与其外部环境之间的非均衡发展不仅是政治发展的重要动因，而且是社会进步的力量源泉。具体到发展中国家的政治发展，国际环境的压力，尤其是国际现代化杠杆的压力在这些国家初期现代化的过程中起着非同小可的作用，推动着这些国家的政治发展。

第三，对于推动政治发展的现实动力而言，非均衡也是对这一动力体系总体特征的概括和对其内在逻辑关系的表述。推动政治发展的三大现实动力在推动政治发展的具体过程之中并不是均衡地在起作用的，在不同的时代、对不同的国家而言，其中起主导力量的因素是不同的。与中国截然不同的西方发达国家的政治发展、类似于中国的发展中国家的政治发展，还有其他一些特殊类型的国家的政治发展，其中的动力体系因素大致相同，但具体的作用力差异很大。总体而言，是其中的某个动力因素起着绝对主导的作用，当然，不同的历史阶段或具体环境之下，各动力本身的作用也会起变化，但非均衡的总体特征和内在逻辑不变。

第四，在政治系统内部，执政党及其政府的发动力与民众需求的内驱力共同推动了政治发展，但其中党及其政府的发动与设计是推动政治发展最主要的动力，在整个推动政治发展的动力体系中具有核心地位。党和政府要根据发展规律与实际情况对发展内容进行序列安排和设计选择，以促进发展。政治发展的主要内容具体体现为效能与民主、集权与分权、控制与参与，在不同历史阶段的发展序列，它们先后有序、主次有别。这种人为的设计与选择带来的差异和互动既是压力亦是动力，推动着政治系统不断调整和完善，向前发展。

第五，非均衡作为推动政治发展的动力，是一种内生机制，其运行机理主要体现为非均衡发展带来的扩散效应和倒逼效应。非均衡的扩散效应主要体现为利用一项发展因素或者一种目标的达成对另一项发展因素或其他发展目标的激励和带动作用，并最终导致整个相互联系的发展的产生。按照赫希曼的观点，“导致偏离平衡”的结果恰恰是发展的理想格局。因为每一连续发展都是由过去的不平衡引起的，并且转而引起新的不平衡，要求进一步地发展。正是在不平衡发展的过程中，政府会产生一种“要有所作为”的紧迫感，而且由于延续政治生命的渴望，通常可以预期将会采取一系列相应的修正行为。于是社会便在不平衡增长过程中产生“诱导性”决策及行动来处理由于制度供给失衡带来的一系列问题，并因此采取“自发性”决策以求达成所谓的均衡发展，解决社会矛盾。

此外，非均衡推动政治发展的内在逻辑与非均衡本身所具有的特征紧密相连。非均衡在政治发展中既体现出客观规律性，又具有强烈的主观能动性。作为旨在推动政治发展的设计安排，它本身具有客观性、有序性、辩证性、全局性以及可控性的特征，当然还同时具有适度性、动态性的原则。正是因为非均衡具备的这些特征和原则，赋予了它强大的生命力，推动着政治向前发展。

当然，与非均衡相伴而生的必然既有发展，又有问题。大量的矛盾和问题的产生形成了特殊的政治社会生态。对制度或政策供给者而言，必须提供相应的制度或渠道使得大量制度外问题转化为制度内问题，这无疑是非均衡带来的一种倒逼机制。正是这种动力机制将使制度外的问题转化为制度内问题，并在体制内得到解决。作为一种体制现象，“倒逼”机制是对自上而下指令性规模管理手段的一种变相对抗。在非均衡的战略设计中，“倒逼”机制在政治领域意味着强劲有力而又持续不断的压力，而这种压力在非均衡有效、有序、可控的范围内迫使政治制度发生相应的变革和调整，促使其自身不断完善和发展。

第三章　当代中国政治发展的非均衡动力分析

如前所述，非均衡是政治发展动力体系的总体描述和内在逻辑，从这一层面上讲，正是非均衡推动了政治发展，它是一国政治发展的深层原因和政治过程的生动写照。对于中国而言，国际现代化杠杆的时代压力，中国共产党的领导与设计，广大人民群众对美好生活的向往与追求是推动政治发展的“三驾马车”，这一动力体系无疑是非均衡的。我国的政治发展，或者说我国的政治现代化进程是在中国共产党的领导下进行的，自上而下的改革进程意味着能够广泛代表人民利益的党在我国的政治发展过程中起着核心的和主导性的作用。当然，科学的政治发展也并不是简单的均衡或者非均衡的片面选择，而是在承认以非均衡为动力的基础上根据现实的经济社会发展状况对政治发展的价值、体制、行为的确认和调整。这是一个政府关注的过程，更是对发展规律正确认识和能动把握的过程。本章就推动当代中国政治发展的非均衡动力体系及其形成的历史必然、特征、意义、可能出现的问题及解决的路径进行梳理和分析，并在这一过程中对非均衡作为我国政治发展的动力和逻辑进行确认和阐释。

一　当代中国政治发展的非均衡动力体系

当代中国政治发展是基于这样几个基本前提展开的：一是作为“先进—落后”的赶超型现代化国家中的一员，中国这样一位现代化的后来者既有机遇，又面临挑战。既有现代化先行者的宝贵经验可供借鉴，又有被发达国家裹挟的危险长期存在，优势和劣势并存。二是追赶现代化的过程中，国家的作用是两面性的，既可能创造发展的奇迹，也可能导致发展的失败，也就是说在发展的过程中国家都是关键性的因素和根源所在。三是同国家的作用相对应，政府在推动政治发展的过程中作为核心的发动力量，必须充分考虑民众需求的内驱力，在政治的价值、制度和行为选择中根据各个发展阶段的具体情况做出安排和选择。正是这样的前提下，推动我国政治发展的动力体系表现出特有的非均衡特征和内在逻辑，同其他一些早期的发展中国家不同，西方势力和国际压力虽然一定程度上推动着我国的政治发展，但我国却始终坚持走自己的路，在中国共产党的领导下，党和政府的发动力与广大民众需求的内驱力共同作用，成为推动中国政治发展的核心要素。

（一）国际现代化杠杆的驱动：我国政治发展的外在动力

在西方语境中，政治发展本身就是发展中国家政治现代化的过程，这一概念的设立以西方政治发展的路径为依据和参照。与西方发达的资本主义国家相比，我国从辛亥革命伊始，政治发展才开始从传统走向现代，这一过程艰难曲折，是典型的“追赶型”现代化国家。这样的背景之下，同其他大多数发展中国家一样，我国的“现代化总是裹挟着对外来挑战的回应”，如吉尔伯特·罗兹曼所说，“后来者面对着一种多变的国际环境，不得不承认或被迫承认，制定出一个基本上是借鉴外国经验的大规模变革计划是重要的。要想获得成功，就必须在借鉴的同时却不去破坏适宜于实现现代化的国内条件，或者大体上能创造出这种条件"[①]。关于国际因素对国别政治的影响，国内众多学者基本达成共识，认为国际因素是影响民主化进程的重要因素之一，可以起到加速或延缓民主化进程的作用，对一些国家来说，国际因素甚至能起到决定性的作用。俞可平认为，全球化既是一种客观事实，也是一种发展趋势，无论承认与否，它都无情地影响着世界的历史进程，无疑也影响着中国的历史进程。[②] 我国的政治发展就是在这样一种追赶现代化的情景下徐徐展开的。

与这样一种追赶现代化的情景相呼应，我国的政治发展首先深受"先进—落后"的二元化国际背景的影响。"先进—落后"的二元国际情景，规定了我国经济发展中的追赶性、外源性、急剧性、全面性等特征，这些特征反映到政治生活则产生出特定的政治要求。由于我国进行现代化的起点较低，西方发达国家的"今天"就成为我国发展的"明天"。这一现实的差距决定了我国的政治经济发展进程"采借"的特征，即向先进发达国家学习，并从中采借现代性因素，以避免可能的"黑暗中的探索"，缩短发展进程；另一方面它也是一个创新的过程，这些现代化因素必须与我国的实际结合起来，才能真正推动我国的政治乃至社会发展。我国追赶型现代化的事实决定了我国的发展不是一个自然的、无意识的行为过程，而是一个学习先进、回应挑战的过程，是先进的中国人民自觉地追赶先进发达国家的大规模的历史性行为。它在先进的中国共产党的领导下，由一个由强大的中央政府启动和主导，还有广大人民基于对美好生活的向往与追求广泛参与其中。从这一层面上讲，这种外部环境的压力不过是"充当了历

---

① ［美］吉尔伯特·罗兹曼：《中国的现代化》，国家社科基金"比较现代化课题组"译，江苏人民出版社 2010 年版，第 7 页。

② 俞可平、黄卫平主编：《全球化的悖论》，中央编译出版社 1998 年版，序言。

史的不自觉的工具”，但即便如此，正是在这样一种驱动和压力下，我国展开了一场现代化的急行军，来自外部的挑战迫使政治系统做出回应并由此发展起来。这种情景还决定了我国的政治发展是在西方发达国家政治制度化和民主化程度已经达到相当水平的背景之下启动的，追赶目标和参照系统的高高在上和我国超低的起点之间存在巨大落差。这种格局使得我国的政治发展必须面对自己的先天弱势，奋起直追。体现在发展的序列选择上，政府不得不把经济发展置于相对于政治民主化而言相对优先的地位；当然，随着经济状况的好转，市场经济体制的建立，相应的政治诉求会日益高涨，反过来给政治发展造成压力

其次，国际现代化杠杆的压力，追赶现代化的紧迫任务，决定了在相当一段时期内在国际市场上的竞争力取决于强大而又高质量的理性政府。尤其是新中国成立以来，我们经济总量的大部分和庞大的国家机器是当时国民党反动统治遗留的，面对当时紧张的局势，新生的人民政权综合使用经济、政治等各种手段有效地控制了当时的混乱局面，当然，也在这一过程中逐步形成了国家与社会之间“强—弱”对比的二元结构。国家是“强国家”，占有社会的大部分资源，组织化水平远高于社会，国家权力具有很强的自主性。就是在这样的国际国内背景之下我国现代化进程正式开启，围绕着民族独立和国家富强这两大核心使命，经济现代化和政治民主化成为新时期的主要任务。这种“追赶型”的现代化模式迫于发达国家示范效应的压力，或自觉、或被迫地将现代化的各项任务同时展开。这就注定了发展过程中始终面临着期望与满足的矛盾，这种矛盾既是动力之源，又是潜在的不稳定因素。这就要求政府能有效地驾驭和控制整个发展进程，以保证现代化建设各项事业有序进行。体现在政治发展的序列选择上，大致是沿着“权威主义—民主主义”、“有效的政府—民主的政体”、“经济—政治—社会”的路径，非均衡的特征十分明显。此外，追赶型和资金技术等的外源性紧密相连，在早期现代化过程中，资源配置的任务往

往由政府承担，这就必然对政府提出要求，促使其现代化转型。当然，国际现代化杠杆的压力和驱动，决定了我国作为后发展国家的现代化进程必然是短期内的急剧变迁的过程。新旧交织、矛盾交错，旧体制的解体和新体制的建构形成极为复杂的博弈过程。危机时有发生，稳定遭遇威胁，这也要求一个强有力的政府来驾驭和控制全局和发展进程，确保发展有序、政治稳定，这本身就是一个促进和推动政治发展的过程。

最后，我国的现代化进程在国际现代化杠杆的驱动下具有全面性。发达国家现代化发展的强大效应之下，我国必然面临同时展开经济发展和政治发展进程的压力，而现实中，这两个系统的发展又很难同步。这样的状况既使得我国不得不同时展开现代化的各项任务，又使得我国在发展的过程中始终面临着期望与其不得满足之间的深刻矛盾，并因此导致失衡和失序的产生。这种状况下，政府必须在效能与民主之间，集权与分权之间，参与与控制之间依照不同的发展阶段进行选择和安排，突出重点，有所取舍，政治发展就是在这样的压力与困境中一步步前进的。

（二）党和政府的发动与设计：我国政治发展的核心动力

如上所述，国际现代化杠杆无疑是推动政治发展的重要力量。在经典的现代化理论中，注重发挥外部力量尤其是国际机构的援助来助推发展中国家的现代化发展是其中的一大特色。这种援助的客观力量固然值得关注，然而，人们在创造历史的过程中，“并不是在他们自己选定的条件下创造，而是在直接碰到的、既定的、从过去承继下来的条件下创造”①。因而对发展中国家和地区而言，推动其政治发展的关键性要素或许并不在于这些外部的力量。经典现代化理论因为在理论上过分关注那些外在的条件和援助，忽略了决定其发展的内在的本质的力量，因而在实践中成效并不

① 《马克思恩格斯选集》（第1卷），人民出版社1995年版，第585页。

理想，如拉美各国将依附论奉为圭臬，相反在实践中却陷入困境，东亚国家的兴起更是大大地质疑和讽刺了这一理论的解释力，因此依附论后来遭到了发展中国家学者的广泛批判。直到1975年联合国经济特别总会，瑞典大哥哈马斯克爵勒德财团所做题为“应该干什么”的报告中，首次并列提出“内发性发展”与“自力更生”的概念。该报告指出，“如果发展是指个人或社会在人的发展意义上谋求解放，发挥个性的话，那么，事实上这种发展必须是从各自的社会内部中创发出来”①。尤其对于后发展中国家来说，只有内部因素与外部因素相互结合才使其发展成为可能，而且这种结合在大多数情况下往往只能通过政府的有效作用才能够实现。我国作为最大的发展中国家，“先进—落后”的二元结构国际环境要求政府具有强大的能力，能够有效地驾驭和控制整个发展进程，保证各项事业有序进行；“强国家—弱社会”这种国家与社会之间的“强—弱”对比关系也在一定程度上使得党和政府在推动政治发展方面具有独特的优势，决定了我国的政治现代化呈现出自上而下的典型特征，是政府动员社会，综合使用国力，有计划地推进整个现代化进程。我国的实践再次证明：有利的外部条件固然重要，但政府及其整合国内因素对一国的现代化发展而言更为重要，党和政府的发动与设计是推动我国政治发展最为核心的动力要素。

与内源自生性现代化国家和地区不同，后发现代化国家和地区的现代化与政府之间并不是一个相互适应的过程，而是更多地表现为该国政治精英以政府为载体通过国家力量助推现代化。作为后发展国家，这一过程在我国体现为中国共产党及其政府人为地、自上而下地动员社会，推动政治发展。现代化进程中，对发展中国家来讲，“首要的问题不是自由，而是建立一个合法的公共秩序。人当然可以有秩序而无自由，但不能有自由而

① ［日］三石善吉：《传统中国的内发性发展》，余项科译，中央编译出版社1999年版，第3页。

无秩序。必须先存在权威，然后才谈得上限制权威”①。政治体制无疑是缩短发展中国家与发达国家之间巨大发展落差的工具和手段，这一过程之中，面对经济发展和政治发展的双重压力，我国在一个强有力的政府领导之下，优先启动和推进了经济发展进程；而后又以经济发展的强大绩效，即以政治体制的有效性弥补了政治合法性基础的薄弱，为民主政治的建构提供了坚实的基础与保障。这一过程既是传统与现代的结合，更是传统政治文化的涅槃重生。伴随这一过程，政治发展的障碍得以扫清，制度化的现代民主的构建在实际政治过程中得以完成。就是在这样的差异与互动之中，政治的有效性和合法性互为基础，共同构成了我国的政治发展。在这一具体的实践过程中，党和政府对发展序列全盘考虑，运筹帷幄。具体到现实的政治过程，党和政府从政治发展的价值、制度和行为出发，对民主与效能、权力的分立与集中、政治参与与控制进行目标设计与序列安排。我国的政治发展也因此更多地体现出在政府发动、领导下进行的特征。基于对我国国情的准确判断，十一届三中全会以后，中国共产党恢复了实事求是的思想路线，首先抓住“什么是社会主义，如何建设社会主义”这一根本性的问题，对我国的发展战略进行反思和探索，提出“中国最大的实际就是我国处于并将长期处于社会主义初级阶段”的科学论断，特别强调“我们必须从这个实际出发，而不能超越这个阶段”。并在此基础之上，进一步指出当前最大的政治就是进行现代化建设，把工作重心转移到经济建设上来。正是这样基于对国情的准确判断，我们在事关全局的宏观战略以及经济建设中选择了非均衡的发展战略，在政治发展方面，更是将理想与现实结合起来，中国的政治发展也由此走向现实主义，走向“常态化”发展。特别是从20世纪70年代末开始，在党的领导下，政府对一系列发展

① ［美］塞缪尔·P. 亨廷顿：《变化社会中的政治秩序》，王冠华等译，上海世纪出版集团2008年版，第6页。

目标进行设计和安排：在经济发展与政治民主之间，经济优先；在政治发展内部，为了保障经济发展，效能优于民主、权力的相对集中优于分立、政治控制强于大众参与；在各种政治关系之间，民主的制度化、参与的扩大化以及政治文化的世俗化也并不是同一时间、同等程度地进行着。这种发展战略的设计与选择一方面基于非均衡作为发展规律的客观作用，另一方面也源于我国现代化所处的“二元化”的国际背景，当然更取决于我党执政能力和执政水平的提高。

政治发展中党和政府的决定性作用是由政治发展过程的主动性决定的。政治发展是人们主动追求优良的政治生活的过程，因此这一过程势必充满着设计和选择。改革开放以来，我国的政治生活逐步地正常化，这种常态的政治在发展战略中则体现为一种现实主义的政治观。随着党的执政能力和水平的提高，我们不再盲目地抛开现实的经济基础追求低水平的均衡，而是以一种非均衡的实然状态迎接全球政治发展的挑战。党和政府对政治发展序列的设计和选择总体上也是非均衡的，这一特征具体体现于：

在经济发展与政治发展之间，经济优先。以邓小平为核心的党的第二代领导集体在对历史深刻反思的基础之上，在理想主义和现实主义之间坚定地选择和坚持了现实主义政治观。如果说中国共产党从建党的那一刻起就以挽救民族危亡、争取人民幸福为己任，但在实际的进程之中既有成功的经验，又有失败的教训的话，那么最大的教训就在于我们曾经的政治理想脱离了经济这个基础，从而成为无源之水。改革开放以来，党和政府坚守着“经济发展就是最大的政治”这一客观判断，实施非均衡的发展战略。这一方面是由发展规律和历史经验决定的，另一方面我国现代化建设面临的国际国内环境促成了这一选择。和东南亚国家一样，我国现代化建设也处于“先进—落后”的二元化环境之中，既有经济发展的需求，也有政治民主化发展的需求，但前者无疑是基础和源泉。在经济、政治、文化、社会等多元的发展目标中，同时进行、同等对待对于劫后重生的中国显然是不可能的。这种状况下，基于对国际环境和现实国情的准确判断，邓小平提出中国的社会主义建设必须从实际出发，实行“以不平衡带动发展，以发展带动不发展，最终实现平衡发展”的非均衡发展战略。从社会发展的全局来讲，一如邓小平所说：“中国正处在特别需要集中注意力发展经济的进程中。如果追求形式上的民主，结果是既实现不了民主，经济也得不到发展，只会出现国家混乱、人心涣散的局面。”① 并由此提出“现代化建设是最大的政治”，主张以经济建设为中心；具体要求“沿海地区要加快对外开放，使这个拥有两亿人口的广大地带较快地发展起来，从而带动内地更好地发展，这是一个事关大局的问题，内地要顾全这个大局。反过来，发展到一定的时候，又要求沿海拿出更多的力量来帮助内地发展，这也是大局，那时也要服从这个大局”②。在中国的现代化建设中，非均衡发展是多方面的，体现在经济发展与政治、社会发展的关系上，即为经济发展的优先性，它是所有发展的重心和中心所在；政治发展上，则突出体现在转型时期“效能与民主的非均衡发展”这一价值性共识等。当然，这一系列发展序列的安排是符合发展实际的主观设计，也正是在党的正确领导下，现代化建设才有了一个良好的开端。

在政治发展中，政治民主和政治稳定作为发展的目标从未改变，但现实的政治和理想的政治是有区别的。理想的政治中，民主是目标，是价值导向；但现实的政治中，民主的实现则是有条件的。民主关乎政治的合法性，但这种合法性只有在有效的政治中才能得到积累。十一届三中全会以来，党内大致形成了一个共识，即“现代化建设是最大的政治”，反映在政治建设中，则强调政治作为上层建筑要服务于经济基础，必须为经济发展创造宽松良好的条件，为经济建设保驾护航。换言之，现代化之初，必然是先有政治的有效性，而后才有政治的合法性。作为有效性与合法性的

---

① 《邓小平文选》（第3卷），人民出版社1993年版，第284页。

② 同上书，第287页。

体现，效能与民主之间，效能成为优先发展的序列。此外，也源于这种价值性选择，我们在政治体制及政治行为的安排与选择中，非均衡依然是非常显著的特征。从体制上讲，制度化是政治发展过程中最主要的因素之一，这种制度化建构集中体现为政治权力的集中抑或分立制衡。权力的“集分困境”是任何国家政治发展过程中都必须面对的状况，因此权力的集中或分立都有其存在的理由。这一点集中体现在发展中国家推动现代化发展的初始时期，实践证明，以权力集中为特征的威权体制不是阻碍了、反而是推动了整个经济社会的发展。一如褚建国先生提供的“经验证据”，他认为现代化发展的特定时期，权力的集中或者集权与分权的非均衡发展有利于经济的发展、社会的进步，有案例如下：“第一种是欧洲在近代化过程中，依靠集中起来的国家权力确立私有产权，打破地区壁垒，推动商业扩张；第二种是亚洲新兴国家在经济起飞过程中，一般都采取了不同性质的威权体制，如日本的55年体制、新加坡的李光耀体制、韩国的朴正熙体制、印尼的苏哈托体制等；第三种是拉丁美洲在上个世纪下半叶经济快速发展的阶段，形成了军人控制的官僚威权主义体制，智利的皮诺切特政权、秘鲁的藤森政权就是典型的例子。”① 也源于此，我国改革开放之初，也有学者提出新权威主义的观点，主张构建新型的政治权威，以权力保证效能，为经济发展保驾护航。

不过，对政治发展而言，这种集中的根本取向不是集权本身，而是效率。尤其对于发展中国家而言，权力的集中意味着政府权威和效能的取得，在发展初期它体现甚至左右着政治的有效性，这是政治发展的重要方面。转型时期，“中国正处在特别需要集中注意力发展经济的进程中”，政治发展的首要的价值指向效能，为了保证效能的实现，为积累特殊历史阶段的政治合法性，在体制的设计与安排中，非均衡的特征是明显的，那就

① 褚建国：《政治体制改革：是否滞后的标准难题》，《人民论坛》2011年第4期。

是建构有权威的政府以保证政治发展的有效性。这在特定的历史阶段无疑有利于经济、政治乃至整个社会的发展。当然，这种非均衡的特征也总是依据具体条件的改变随时做出调整，具体情况要根据政治经济社会发展的全局做宏观考虑。由价值共识到体制设计再到行为选择，政治发展过程一次次地体现出政治主体的主观能动性以及他所赋予的这一过程的主动性的一面。现代政治的价值导向是民主政治，这就决定了在政治行为的选择上其普遍的表现就是政治参与的扩大化，但政治参与的扩大又不是无限的，政治发展是一个复杂的过程，政治价值的确立，制度的制定大致为政治行为的选择圈定了范围。在社会转型期，有效政治的观念，权威政府的确立决定了政治控制与大众政治参与的水平是有差距的。有效的政府需要有效的控制和有限的参与。对后发国家而言，大众的政治参与和政府政治控制之间的非均衡性是由特定历史时期政治价值的选择以及政治制度的确立一一对应的，在这一过程之中，矛盾是经常的，它贯穿于政治发展的始终。但正是这种设计与安排使得整个政治发展过程目标鲜明、重点突出、张弛有度，然后推动着这一时期的政治繁荣和政治发展。

实践证明，非均衡是党领导和发动中国特色社会主义发展模式的总体特征和运行逻辑，这一模式的成功运行体现了党的执政能力和执政水平的提高，为改革开放后的中国经济、政治社会发展提供了强大的动力和支持，并仍是未来相当长时期内中国经济社会发展的战略选择和价值取向。从政治层面看，“十年浩劫”，我国的政治的有效性和合法性都受到破坏和质疑，要实现政治民主和政治稳定的目标，不可能一蹴而就，只能在有效性中积累合法性。因此在实际的政治发展中，效能优先成为共识，而一定程度的集中和控制又有利于效能的达成，为经济发展扫除历史障碍，而后才能以有效性为基础建构和完善社会主义民主。在这一过程中，党的正确领导和政府的有效作为是确保我国政治发展的关键和核心。

（三）广大人民对美好生活的向往与追求：我国政治发展的内在驱动力

人民群众创造历史是马克思主义唯物史观的基本观点，对于我国的政治发展而言，正是广大人民对美好生活的追求与向往开启了改革开放的大幕，开启了社会主义制度的自我完善与发展之路。正如习近平总书记指出：“在全面深化改革开放过程中，必须始终坚持党的群众路线，必须紧紧依靠人民来推进。”① 在政治发展的过程中，人民群众的期待是发展的根本方向。30 多年前，正是广大人民群众的期待使得大多数中国人民的面貌发生翻天覆地的变化，走上了小康之路；今天，随着人民物质生活的不断丰裕和满足，人们又有了新的生活目标和新的要求、新的期盼。这种不断发展的目标、要求和期盼是我国政治发展的内在驱动力。纵向上看，人民对美好生活的向往和追求在不同时期的具体内容是不一样的：新中国成立初期体现为对民族独立和国家富强的期盼；建设初期体现为对物质文化需求的期待；现代化稳定时期体现为对社会和谐的向往。当下，习近平时代的“人民主体”政治观更是以满足人民对美好生活的追求和向往为最大目标的民主政治。这种追求和向往涵盖了国家富强、政治民主、社会和谐等诸多方面。正是这些不同时期的不同追求，在中国共产党的领导下成为推动我国政治发展的重要的内在驱动力量。

首先，新中国成立初期民族独立、政权巩固是“美好生活”的第一要素，以此为核心的“政权政治”是政治发展的核心问题。表面上看“政权政治”以国为本，实则以人民生活幸福为最高价值取向。早在 1944 年，毛泽东同志就曾指出为人民的利益而工作是我们党一切工作的出发点和根本点。什么是人民的利益呢？它实际涵盖了民众在政治、经济、社会等各

---

① 中央文献研究室主编：《习近平关于党的群众路线教育实践活动论述摘编》，中央文献出版社 2014 年版，第 7 页。

方面的正当权益和基本诉求，都属于民生需求的基本范畴。从这一层面上讲，关切、满足民生需求是党和政府不容推托的基本职责。当时的中国，在国外反动势力和国内封建顽固势力的双重压迫下，外无独立、内无民主，民生状况可想而知。以毛泽东为核心的党的第一代领导集体紧扣时代发展的主题，旗帜鲜明地指出：使人民从帝国主义的奴役和封建制度的枷锁中解放出来，最终经由政治解放达到物质满足就是这一时期共产党人革命的目的和主要任务。

诚然，在人类需要的各个层次之中，物质需求是人民最基本的需求；在所有的利益选择中，经济利益是关系着亿万群众的最切身利益。要提高人民群众的民生状况，就必须解决这些基本问题。正是充分认识到这一点，革命时期的毛泽东反复强调“一切空话都是无用的，必须给人民以看得见的物质福利”[①]，唯有如此才能改善人民的生活状况、赢得人民的支持。他说，“解决群众的穿衣问题，吃饭问题，住房问题，柴米油盐问题，疾病问题，婚姻问题。总之，一切群众的实际问题，都是我们应当注意的问题。假如我们对这些问题注意了，解决了，满足了群众的需要，我们就真正成了群众生活的组织者，群众就会真正围绕在我们的周围，热烈地拥护我们”[②]。通过革命，在胜利之后，他更是充分认识到要在“在新的生产关系下面保护发展生产力”，强调“社会主义革命的目的是为了解放生产力”[③]，只有实现了生产力的解放和发展，才能为解决人民群众的实际问题创造条件，打下坚实的物质基础。

但是，经济利益必须依靠政治权益给予保障。中国近代史是一部屈辱史，也是一部探索史、抗争史。中国共产党成立前，中国是一个内无民主、外无独立的半殖民地半封建主义的国家，广大人民群众毫无自己的利

① 《毛泽东文集》（第2卷），人民出版社1993年版，第467页。

② 同上书，第137页。

③ 《毛泽东著作选读》下册，人民出版社1986年版，第717页。

益可言。帝国主义与中华民族之间、封建主义与人民大众之间的矛盾是当时社会的主要矛盾，由此决定了民族独立、国家富强是近代中国人民面临的两大历史任务。这种状况之下，有国才有家，国立才能民生，民族独立、政权巩固是国家富强、民生改善的前提和保障。正缘于此，毛泽东深刻地批判了当时党内或“左”或“右”的思想，指出中国革命要扎根于中国的实际，既不能“毕其功于一役”，更不能分二次来进行，只能且必须依照实事求是的基本原则，踏踏实实地分“两步走”：第一步，在中国共产党领导下，通过新民主主义革命实现民族独立；第二步，经由社会主义革命实现国家富强。这“两步走”源于对中国国情的深刻认识和把握，是解决当时民生问题的关键。一如毛泽东在《新民主主义的宪政》中所指出的：“中国缺少的东西固然很多，但是主要的就是少了两件东西：一件是独立，一件是民主。这两件东西少了一件，中国的事情就办不好。一面少了两件，另一面却多了两件。多了两件什么东西呢？一件是帝国主义的压迫，一件是封建主义的压迫。由于多了这两件东西，中国由一个主权独立的封建制国家变成了半殖民地半封建的国家，这一基本国情和社会性质的变化使得当时中国人民所要的东西，首要的是独立和民主，因此，我们要破坏帝国主义，要破坏封建主义。”① 由此可见，没有民族独立与人民解放，就不可能建立新的经济政治制度，也不可能解放和发展生产力，民生问题也就不可能从根本上得以解决，人民的幸福生活只能沦为空谈。新中国成立初期，毛泽东又最先意识到只有坚持走社会主义道路，就是领导和支持人民当家作主，才能维护和实现好人民群众的根本利益，这也是“全心全意为人民服务”的内在要求，这一时期他对民生问题的思考主要集中于社会主义制度是实现民生的保障。以他为代表的先进的共产党人深刻意识到在当时的中国，除了社会主义，没有别的什么道路能够使中国人民摆

① 《毛泽东选集》（第2卷），人民出版社1991年版，第731页。

脱贫困，更好地生存和发展，也唯有这条道路能够实现中华民族的崛起与复兴，巩固新生的社会主义政权就是当时最大的民生。

在中国几千年的历史中，一直处于社会最底层的广大人民群众几乎没有政治权利可言，正是新民主主义革命的伟大胜利，使中国建立了社会主义制度，以独立、自主、充满活力的崭新面貌重新屹立于世界民族之林，人民最基本的民生诉求才有了得以满足的根基和可能。中国共产党把对人民基本政治权益的保障作为人民幸福生活的主要内容。第一次从政权建立的角度关注和保障人民的基本政治利益，通过建立人民民主专政的国家政权，打破了帝国主义和封建制度的双重枷锁，让人民真正实现当家作主，获得解放与自由。从这个意义上讲，新中国成立之初，人民对美好生活的追求和向往就是民族独立、政权巩固。

其次，改革初期，经济发展、共同富裕为民心所向，是人民追求幸福生活的核心要素，以此为核心的“生产力政治”是发展的重心和中心工作。如果说改革开放前的中国政治以政权巩固为“美好生活”的核心，民族独立与政权巩固是特定历史条件下政治发展的主要内容，那么改革开放以后，随着时代主题的变迁和具体国情的改变，“美好生活”的时代内涵也悄然变化着。20 世纪 70 年代末，社会主义制度已在我国建立，国家独立、政权稳固，但问题如暗流汹涌。数十年的阶级斗争使得理想的火炬黯淡失色，如何显示社会主义的优越性，并使之在国际竞争中彰显活力？在面对社会发展这一对基本矛盾时，究竟应当站在生产关系和上层建筑的角度考虑，还是从生产力和经济基础出发进行认知？正是在这样不顾社会基本矛盾的运动规律，片面强调生产关系的变革达到极致的背景之下，邓小平认识到“一切社会变迁和政治变革的终极原因，应该到生产方式和交换方式的变更中去寻找，到相关时代的经济中去寻找”[①]，以关注和改善民生

① 《马克思恩格斯选集》（第 3 卷），人民出版社 1995 年版，第 617—618 页。

为切入点，提出“现代化建设是当前最大的政治”。这无疑给当时处于低谷的社会主义建设指明了方向，他坚定地把民生问题提高到社会主义本质的高度加以解读，并把它作为首要的政治问题提上议事日程，但民生问题如何解决？必须依靠经济的发展，“解放生产力，发展生产力”！他要求全国人民上下一心，坚定不移地进行现代化建设，指出：“这种事情，任何时候都不要受干扰，必须坚定不移地、一心一意地干下去。这就是当前最大的政治”[①]，还说：“世界上一些国家发生问题，从根本上说，都是因为经济上不去，没有饭吃，没有衣穿，工资被长期的通货膨胀抵消，生活水平下降，长期过紧日子”[②]。因此，必须以经济建设为中心，以经济的快速发展来解决“美好生活”这一现实问题，来巩固社会主义伟大事业。缘于此，这一时期政治发展的主题是为经济建设、经济腾飞保驾护航，这一时期的核心政治被誉为“生产力政治”。

当然，在邓小平时代，政治为经济保驾护航，经济发展又为政治发展提供动力与支持。为了实现其核心政治安排，他把现代化建设的“三步走”发展战略作为一个事关大局的政治目标。作为“生产力政治”的核心内容，这一战略为“人民美好生活”的实现提供了具体的方案，并使得这一政治目标的实现成为可以预见的未来。“三步走”发展战略为人民的美好生活问题的解决进行了目标设计和日程安排，即“温饱”—“小康”—“现代化”阶梯式向目标迈进。作为这一战略的总设计师，邓小平对每一步要实现的目标以及相应阶段人民生活水平应达到的标准一一制定出来：首先，把解决人民群众的温饱问题放在最为突出和显著的位置；第二步在第一步基本目标实现的基础上更进一步，使人民生活基本达到“富裕不足，温饱有余”的小康水平；接下来才是经由全面小康最终实现现代化。这是一个逐步递进、既切合实际又符合规律的发展过程。这一发展战略的

① 《邓小平文选》（第2卷），人民出版社1994年版，第276页。

② 《邓小平文选》（第3卷），人民出版社1993年版，第354页。

目的和用意由此显现：顺应民意，解决民生。在当时一穷二白的中国，前两步的实现尤为关键，没有前两步目标的达成，宏伟的现代化蓝图不过是一种空想。正是为了实现关键的前两步，邓小平制定了一系列方针政策，特别是将改革开放作为一项国策推动经济的发展。但他又指出："我们制定的目标更重要的还是第三步"，只有实现这一目标，人民的需求问题才会随着经济实力的增强而最终得到解决。这里，邓小平创造性地运用和发展了马克思主义，把现代化建设作为当前最大政治，从而找到了破解中国发展难题和民生难题的金钥匙。

由此可见，"生产力政治"表面上看是把经济建设作为所有工作的中心，实则是抓住了"什么是幸福生活"这一问题的实质和根本所在。生产力的解放、经济的发展为实现人民的幸福生活提供了坚实的物质基础，是人民对美好生活的追求和向往在特定历史时期的具体政治模式和实现形式。虽然随着时代的变迁，政治发展的内涵和外延都被赋予了新的内容，但人民的生存始终位于发展之前，这是我国政治发展追求的首要内容。邓小平时代的生产力政治坚持以经济建设解决民生问题，是符合国情、顺应民心的。"民以食为天"，经济活动是人类最基本的活动，这一时期的民生问题首先表现为经济问题，当然它也是首要的政治问题，但政治问题的解决归根到底要依赖生产力的解放、经济的发展。因此，这一时期政治发展的核心安排即要从经济角度解决政治问题、社会问题，最终解决民生问题。由此不难得出结论：邓小平时代的政治发展是以人民需求为最大的政治诉求，保障和实现人民对美好生活的向往。这种"生产力政治"，立足于社会主义初级阶段基本国情，强调发展才是硬道理，要紧紧"扭住""经济建设"这个中心，大力发展生产力，最终实现共同富裕。同时，它又以解决人民的温饱问题为切入点、以实现共同富裕为最终目标、以改革开放作为动力和手段、以"三个有利于"为标准来最终衡量和检验改革开放的是非成败。在这一发展理念的指导下，经济发展、共同富裕为民心所向，是这一时期“美好生活”的核心要素。

最后，现代化稳定时期，和谐社会是对“美好生活”的诠释和概括。人们对和谐社会的向往与追求是推动我国政治发展的重要力量。随着国际国内环境的改变，我国的现代化建设步入稳定时期，政治主题向着建构社会主义“和谐”社会迈进。何为“和谐政治”？王浦劬先生指出这一范式的思维特点在于：“不仅承认社会政治生活中公共利益的存在和实现意义，而且承认非公共性利益的存在和实现价值；不仅承认人民公共利益的实现是政治的任务，而且确认人民的不同利益的实现也是政治的内容；不仅强调社会公共利益和不同利益的实现，而且关心社会利益矛盾和政治矛盾的协商妥善处理和解决；不仅关心社会经济的效率，而且关心社会政治的公平正义，并且把这些统一于政治和谐与社会和谐。”① 这一论述明确指出现阶段政治发展的主题转换，这一转换的基础就在于人民需求的多层次及阶段性特征，更在于民生概念的时代性和全面性。如前所述，随着社会的进步与发展，人民对美好生活的定义也会相应发展，它是一个逐渐完善、丰富和与时俱进的概念。随着生存的第一需求基本满足，人民的追求和向往也从原来的物质生存需要的满足转向追求更高层次的满足。更加公正和公平的政治权利、愈加丰富的精神文化生活及更具包容和选择的社会生活等等成为广泛的追求和理想，“美好生活”的内容日益多元和全面。如果说，“政权政治”时期，民族独立、政权巩固是实现“美好生活”的前提，“生产力政治”阶段，经济发展、共同富裕是民心所向，那么现代化稳定时期的和谐政治则是基于民生需求多元、民生建设滞后的现实反思。随着现代化建设的全面展开，人民温饱问题解决以后，其他更高层面的需求也就相继一一浮现。尤其是进入现代化稳定时期，低水平的小康目标基本实现，基本的物质需求、衣食之忧已经得到解决，此时的人民对“美好生

① 王浦劬：《从阶级斗争到人民共和——我国政治学研究的逻辑转换析论》，《北京大学学报》（哲学社会科学版）2009 年第 1 期。

活”的定义则更多地集中于满足人民政治公正、社会公平等方面的更高诉求。正如一些学者所言，新时期民生问题背后关联的是社会公平和正义，凸显的是政府的公共服务提供能力和行为能力，关系到一定时期的制度安排。这一时期的“最大的政治”是要建构一个政治、经济、文化、社会、生态五位一体的和谐社会。

当下，习近平时代的“人民主体”政治观更是以满足人民对美好生活的追求和向往为最大目标，更加体现了人民群众新时期对美好生活的追求和向往成为我国现阶段政治发展的重要的内在驱动力。十八大以来，以习近平同志为核心的党中央，更是继承和发扬了我党关注和保障民生的一贯方针，并在此基础上，总结了建设中国特色社会主义共同信念，把“必须坚持人民主体地位”排在“八项基本要求”的第一位，形成了新时代的“人民主体”政治观。这种崭新的政治观以把人民群众看作推动发展的力量源泉，以满足人民对美好生活的追求和向往为最大的目标，是以人民的需求为根本价值诉求的新时期的民生政治。这种“人民主体”政治观把人民对美好生活的向往作为全党的奋斗目标。就任党的总书记以来，习近平同志曾在不同场合多次强调关注和改善民生的重要性，他把消除贫困、改善民生上升到对社会主义本质认识的高度，认为这是社会主义本质的要求。不仅提出新一届领导班子负有对民族、对人民、对党的三重责任，而且更进一步指出这些责任的实现与否，归根结底取决于人民的力量和支持。在强调“我们的党是全心全意为人民服务的政党”的同时，提出“人民对美好生活的向往，就是我们的奋斗目标”[①] 这一新时期民生建设的指导性思想。这一思想认识以“人民主体观”为精神内核，把人民的需要作为努力的方向，把人民的切身利益作为要解决的首要问题，强调要把党的领导的力量源泉和责任目标寓于人民群众一体之中。这种以满足人民对美

① 《习近平在十八届中共中央政治局常委同中外记者见面时的发言》，《人民日报》2012 年 11 月 16 日第 1 版。

好生活的追求和向往为最大目标的民生政治是坚持立党为公、执政为民的本质要求，也是社会主义制度优越性的具体体现。当前，这种思维和观念已经鲜明地成为十八大后中国共产党的执政理念和政治生活的主题。

这一新时代的民生观把解决好与人民群众密切相关的利益问题，看作是当前我国“人民主体”民生政治的核心问题和主要诉求。作为全体中国人民的梦，人民幸福是“中国梦”的落脚点和最终归宿。它的构筑和实现，不仅需要社会政治经济的不断发展，更需要对民生问题的基本保障和持续改善。关注并解决好与人民群众密切相关的利益问题，使他们的生活水平逐步得到提高，生活充满阳光、幸福和希望是衡量“中国梦”实现与否的重要标准。因此，不仅要关心、关注社会弱势群体，抓住与广大基层百姓息息相关的利益问题，从重视、保障基本的民生问题到最终改善和提高民生质量，“尽力而为，量力而行”；还要加强和创新社会管理，真正重视群众诉求，惠民生、增民享、保民安。在正确处理各种不同利益关系的过程中，重点保障低收入群体的基本生活，建立一整套与社会主义市场经济发展相适应的民生保障机制，使我国新时期民生政治的建构走上可持续发展的良性轨道。还需要注意的是，改善民生是两个方面合力的结果，它不仅是党和政府工作的方向，也是人民群众自身奋斗的目标，要引导广大群众树立通过勤劳致富、改善生活的理念，并付诸行动。

此外，“人民主体”的民生观还特别强调保障和改善民生没有终点。民生政治是我党的核心价值追求，自新中国成立以来，党对民生的关注和改善从未停止，尤其是改革开放30多年以来，我们基本解决了13亿人口的温饱问题，人民的物质文化生活日益丰富，民生状况大大改善。但是，一如总书记所说：“我们的人民热爱生活，期望有更好的教育，更稳定的工作，更满意的收入，更可靠的社会保障，更高水平的医疗卫生服务，更舒适的居住条件，更优美的环境，盼望孩子们能成长得更好、工作更好、生活得更好。”① 人民这种对美好生活的期许和追求终将落实到对政治生活的期待之中，这一过程伴随着社会的进步和时代的发展，不断发现新的问题、提出新的要求。这项工作长期而艰巨，终点连接着新的起点，永无止境，同时也就决定了我国民生政治的建构是一个不断丰富、与时俱进的过程。当前，我国的民生政治步入崭新的历史阶段，改革创新和科学发展是民生得以保障和改善的根本途径，改进干部作风是保障和改善民生的重要着力点，健全和完善相应的制度法规是民生改善的基本保障。30 多年以来的快速发展，已经使我们生活的环境和质量大为改善，但新的问题和挑战也会接踵而来，党作为人民利益的忠实代表和维护者，必须“随时随刻倾听人民的呼声、回应人民的期待，保证人民平等发展的权利，维护社会公平正义，在学有所教、劳有所得、病有所医、老有所养、住有所居上持续取得进展，不断实现好、维护好、发展好最广大人民的根本利益，使发展成果更多更公平惠及全体人民，在经济社会不断发展的基础上，朝着共同富裕方向稳步前进”。也只有保持高度清醒的政治认识，才能勇于破解难题、担当时代重任。总之，满足人民对美好生活的追求和向往，带领人民走向更加幸福的美好生活是当前首要的民生问题，也是我国当下最大的政治。

总之，新中国成立标志着中国人民第一次当家做了主人，中国的政治发展由此拉开了新的帷幕。十一届三中全会吹响了改革开放的号角，中国大地悄然改变：人民群众日益增长的物质文化需要在一定程度上得到满足，作为个体的人的价值和意义第一次被正视和关注。随着现代化建设进入稳定时期，中国社会变迁与政治发展中合法性的内容多元化发展，民生需求日益多元。当前，党和政府更是提出“人民主体”的民生观，以满足人民对美好生活的追求和向往为最大目标。中国共产党自成立的那一刻

---

① 《习近平在十八届中共中央政治局常委同中外记者见面时的发言》，《人民日报》2012 年 11 月 16 日第 1 版。

起，就以自立自强、强国富民为己任，是真正的人民的政党。新中国成立以来，党秉承“为人民服务”的宗旨，与时俱进，以人民对美好生活的追求和向往作为自己的首要价值追求，不断推动着我国的政治发展。换言之，正是在中国共产党的领导下，人民群众对美好生活的向往与追求才能真正意义上成为推动我国政治发展的实际力量。

综上，国际现代化杠杆的压力、党和政府的发动与设计，以及广大人民对美好生活的向往与追求是推动我国政治发展的现实动力体系。在这一系统中，国际压力是重要的外在动力，党和政府以及人民群众的力量是推动发展的内在动力，外因通过内因起作用。特别是对于中国这样一个世界上最大的发展中国家而言，中国共产党及其政府的领导、发动和设计对于国家的政治发展起着最为重要的关键性的作用，是这一动力体系的核心。在这一层面上，非均衡是对我国政治发展动力体系的总体概括。在推动我国政治发展的具体过程中，党和政府根据我国的国情和政治发展的实际，对政治发展中的价值、制度和行为进行了主次有序、先后有别的设计和安排。在这一层面上，非均衡是推动我国政治发展的内在逻辑。

二 非均衡推动中国政治发展的必然性分析

推动我国政治发展的动力体系和政治发展过程的具体实践都表明非均衡是推动我国政治发展的动力和逻辑。这一动力和逻辑是由我国的历史和现实决定的，具有客观必然性。

（一）以政府为核心动力推动我国政治发展的必然性分析

政府推动型现代化模式在中国的兴起，具有必然性。一方面，中国在重启现代化进程后，其模式要继承传统体制优势，政府核心作用是传统使然；另一方面，作为现代化的后来者，面临的任务复杂艰巨，政府的核心作用是后发赶超型的发展定位使然。这两个方面都决定了政府推动型现代化模式的形成与确立具有必然性。

首先，政府在发展中的核心作用是我国的传统使然。以政府推动型现代化模式选择，在我国有着深厚的历史传统和文化背景，与政府在经济社会发展中位居核心地位的中国传统密切相关。自古以来，我国的政府都在经济社会发展中居于核心的领导地位，这是我国政治文化的重要传承和主要特点，也是整个东亚儒家文化圈的共同特点。现代社会的民主化进程中，这种强势政府依然存在、正常运行并发挥着重要作用，它不仅没有成为现代化的障碍，反而为现代化发展提供了条件。实际上，对大部分社会而言，从传统走向现代的过程中，虽然一部分传统的信仰和行为范式由于不合时宜被淡忘或遗弃，但与此同时，仍有一部分信仰依然被拥护、行为范型仍然被奉行。在我国，强势政府传统及民众对强势政府的信赖与推崇就属于后者。在我国数千年的文化传统中，政府长久地于经济社会发展中起着“居北辰而众星拱之”的核心作用，以政府为核心推动型现代化模式的形成，就是这一传统的延续和发展。这种悠久的传统无疑为政府推动型现代化模式赋予了合法性根源和理论依据。现代化的发展虽然是对历史的超越，但现代化本身并不主张割裂传统。抛弃历史的做法既不符合社会的本质，更是有悖于现代化的要义，甚至导致现代化建设成为无源之水而丧失其存续的合法性。虽然这种文化的承继在现代化早期曾经强化了其展开和启动的难度，但另一方面，中华文化的强大内聚力和超强稳定性又成为“中国特色”的源头和成败的关键，在特定的历史阶段还是应对威胁的有力工具。特别是这种“大一统”的文化造就的超稳定的国民性决定了强势政府在我国的合法性。在我国，中央集权下的强势政府自古以来就具有广泛而坚实的民众基础，尤其是在现代化运行机制建立健全之前，强势政府得到了广大民众的认同和支持。

其次，我国作为后发国家赶超型的发展定位使然。现代化的角逐中，对各个后发国家和地区而言，要思考的核心问题“不是为什么某些国家长期处于落后状态，而是为什么只有很少数国家能迅速摆脱停滞状态”，政府的作用就是对这一问题进行最准确的回答。强者越强，残酷的现实和激烈的竞争环境决定了政府在发展过程中的角色和定位。其一，强有力的政府是民众信心的重要来源。现代化初始阶段，挫折和问题常有，民众对发展的信心是发展中国家赶超现代化的重要的非物质条件。对中国而言，政府是振奋民众发展信心的力量源泉。其二，在整个中国的近现代历史中，正是也只有共产党领导下的政府成功应对了西方强势现代性的裹挟，没有共产党，就没有新中国。其三，中国的现代化建设已初见成效，已然是最先进的亚洲国家之一，在全球的发展中也占有一席之地，但与西方发达国家相比，我们的现代化刚刚开始，“仍有严重的制度性问题有待解决”。这一阶段，唯有能够理性认识现代化发展规律、遵循利用现代化文明成果进行建设的党领导下的中国政府才能胜任领导中国实现赶超目标的伟大任务。赶超现代化分秒必争，时不我待。政府主导下的有序发展有利于后发优势充分发挥，开创崭新的发展格局。赢取和发挥后发优势是现代化成败的关键，对于我国而言，赢取后发优势首先要克服后发劣势，这离不开政府的主导作用。其次还要洞悉西方现代性之利弊，理性区分西方发达国家曾经的现代化过程中所有的挫折、挑战以及西方文明的前景。“现代性是一种世俗化了的圣经信仰；彼岸的圣经信仰已经彻底此岸化了。简单不过地说，不再希望天堂生活，而是凭借纯粹人类的手段在尘世上建立天堂。”[①] 这种洞悉和反省有助于我国的现代化建设跃至更高的发展阶段，但若无政府的主导，没有政府的理性区分、应对挑战，关键时刻力挽狂澜，亦有可能重蹈覆辙，被动卷入“西方的没落”。此外，在现代化建设中赢

① 贺照田：《西方现代性的曲折与展开》（上），吉林人民出版社 2010 年版，第 83 页。

取后发优势还需要在政府主导下认真吸取其他发展中国家现代化建设的经验教训。总之，发展中国家的现代化建设在相当长的历史时期内不仅不能削弱政府作用，相反应予以加强，政府主导的发展模式对于发展中国家的现代化具有决定性意义。

此外，对我国的政治发展而言，非均衡不仅是政治发展动力体系的总体描述，是在党和政府的领导下，综合国际因素和国内民众的利益需求，共同推动了我国的政治发展非均衡发展；而且还是政府主导政治发展过程的内在逻辑，我国的政治发展是基于我国现代化建设所处的具体环境和客观实际，对政治发展的若干目标做出的序列安排和优选。如同亨廷顿在《变动社会中的政治秩序》一书中所说："在一个社会里，政治参与的扩大如果出现在通过它参与才能发生的政治机构的发展之前，就会导致政治不稳定和暴力"，目标选择的序列性对后发展中国家而言是不可避免的必然选择。当然这种选择本身又会导致优质资源向优先发展的目标倾斜，进而形成先后有序、程度有别的不平衡的发展状态。这种差异状态本身又会给整个系统带来发展的张力和压力，从而迫使系统保持相对紧张的状态。从发展的意义上考量，非均衡的序列选择和安排是推动我国政治发展的内在逻辑。

非均衡作为政治发展的动力和逻辑，既是遵循客观规律的必然结果，对后发国家而言，更是一种精英选择和人为安排的结果。如上所述，我国现代化建设面临的是"先进—落后"二元化的国际环境以及"强国家—弱社会"二元化的社会结构。经济、社会发展的不平衡特征对政治发展提出了要求和挑战，这种状况之下，要在内忧外患的环境下求得生存和发展，就要求由强有力的政府驾驭和控制全局和发展进程，确保政治稳定，在此基础上进一步有序地、渐进地推进发展进程。这种对威权政体、有效政府的需求一定程度上决定了在政治体制的设计和构建中的非均衡特征。具体如在政治发展的价值性选择上，倾向于效能优于民主；这种价值优选又进一步决定了，在制度设计中，一定程度的集权更符合中国的建设和实际，需要再次强调的是这里权力集中的指向仍是效率；落实到具体的政治行为中，现代化初期，大众的政治参与就显得没有强有力的控制来得迫切。当然，非均衡作为一种设计和安排，其指向是效率和发展，这也就决定了上述特征的特定要求，效能的获得、权力的集中、一定的控制都是必要的，但又必须是有限度的，它以不能损害我们的民主体制为界限。而随着现代化建设的推进，当政治经济等具体环境发生转变，民主的呼声会越来越高，权力的监督和制约、大众有效的政治参与等一系列体制和行为的要求就被提上日程。总之，我国作为后发展中国家，追赶型的现代化历程首先强调政府的有效性，当然也需要合法性的价值认同。而我国政治的合法性必须在其有效性中加以积累，而这就决定了在我们的政治设计与安排中必须关注效能与民主、权力的集中与分立、政治控制与参与在不同阶段的不同诉求。这种非均衡发展作为我国政治发展的内在逻辑，是政府主导下的政治发展过程中客观必然与主观选择的有机统一。

（二）非均衡推动政治发展：基于新中国成立以来我国政治发展模式的回顾

中国的现代化进程被动而又屈辱，在现代化将要来临之时，其相应条件一无所有，也因此成为世界现代化运动中的“后发”部分，这决定了中国作为外生型现代化的典型很难获得与类似西方的良性均衡的发展环境，也决定了我国的政治发展中非均衡作为动力和逻辑的历史必然。

如上所述，中国的现代化建设采取的是政府主导的非均衡发展战略，这种战略是作为后发国家的中国，建立在赶超西方发达国家的雄心壮志的基础之上，在强有力的政府的领导之下对政策目标的先后发展次序进行抉择的结果。“如果说80年代如孙立平先生所言是改革的‘侵蚀’阶段，相对而言是较均衡的发展，1992年以后则因为突出了市场一元主体的作用，从而形成了市场突进的局面，因此相较于80年代而言，这种非均衡性的倾斜度加大了。”就我国的现代化而言，非均衡既是总体特征，又是战略选择，更是对规律的把握和运用。当然，政治现代化也是如此。综观新中国成立以来政治发展战略的选择，有成功，也有过失误，最大的成功在于坚持中国共产党领导之下的政治发展模式，正是这样一种非均衡的动力体系在现代化的发展浪潮中认清和坚持方向，推动着我国的政治发展；失误的根源就在于在具体的发展过程中曾经出现的对非均衡发展规律认识的偏差、对发展序列安排得不得当。改革开放以前，在经济领域实行计划经济的平均发展战略，忽视了现实与理想的差距，片面强调低水平的均衡，并以此作为建构我党执政合法性的经济基础。改革开放至今，总体上实行非均衡的重点推进发展战略，力求使生产关系与生产力发展的水平相适应，这一时期发展目标和序列的先后有别、主次有序，经济乃至政治发展都呈现出井然有序的状态。每一时期的政治都要到当时的经济过程中去寻找。因此，由经济发展战略到特定时期的政治发展，二者具有一定的相关性和相似的特征，从中也能看出非均衡推动我国政治发展的必然性。新中国成立以来的政治发展大致可以分为三个阶段，其特征和经验大致如下：

1. 1949—1978：均衡化发展模式的经验教训

1840—1949年，中国在这个“近代的现代化”过程中完全放任经济与社会的失衡并最终导致社会政治经济的大崩溃，随后进入“现代的现代化”（1949—1978）时期。在这一基础之上，新中国在建设初期一方面出于对经济计划和社会平等的偏好，另一方面也由于特定历史条件下我党执政以及新生政权合法性的需求，利用国家的强制力量和主导作用来矫枉过正，通过实施计划经济政策以及分配上的平均主义让国家直接参与到经济和社会生活的方方面面。这种均衡发展战略一方面快速建立起新中国的工业体系，但由于忽视经济社会发展的基本规律，以牺牲效率为前提，因此不能也从来没有带来过真正意义上的发展。

经济基础决定上层建筑，上层建筑又反过来服务并反作用于经济基础。新中国成立初期经济上的均衡发展带有浓厚的主观色彩，上百年连绵不断的战乱，生产力遭到巨大的破坏，生产力的低下作为客观实际与“均贫富、享大同”的理想相去甚远。这一时期的政治是为建立庞大的计划经济体系服务的，因此具有强烈而鲜明的时代特征。为了保证经济活动的计划性和分配领域的均等性，政治必须发挥其国家机器的强力作用，它必然是强大的、垄断型的，与经济领域的均衡性相对，它则是失衡的：有效能而无民主、权力相对集中而制衡甚少、政治控制严密而参与聊胜于无。一如有些学者所言，只到 1978 年十一届三中全会以后，中国政治才逐渐地“正常化”。换言之，这一特殊的历史阶段，政治发展的总体特征是“非正常”的，没有法制的制约，无序进而走向不可控制，这绝不是非均衡；权力与权利等政治关系之间不是张弛有度的合理差异，而是畸形政治；是人为的对规律的无视和破坏，经济上否认非均衡规律的同时，政治上走向癫狂——对规律的压制需要政治上的极权，这不是非均衡，而是极度的失衡。具体来讲，为了保证人为的尤其是忽视甚至践踏规律的经济上的均衡建构抑或是分配上的平均主义，政治在发展序列上的选择和安排表现为集权与分权、控制与参与以及效能与民主的极度失衡。如果说非均衡是一种宝贵的动力机制，那么它的可贵之处则在于它因差异产生张力，既是压力更是动力，而这些，都源于非均衡的有效性有一个重要前提：它必须尊重事物发展的规律，因而是有序的和可控的。

1949—1978 年均衡化发展模式是对这一时期经济发展战略的总体描述，在政治层面则体现为“动员”式政治发展的模式。如上所述，这一发展模式的实质是一种失衡政治，首先体现在权力的分配方面，集权和分权是失衡的。这一时期政治、经济、社会高度一体化，政治权力处于绝对主导地位，权力集中是绝对的，它不仅仅体现在政治领域，还体现于计划经济的铁板一块，体现在整个社会调控机制已被高度集权严重腐蚀。其次在政治控制与政治参与之间，这一时期的政治控制主要通过阶级斗争、政治强制等实施手段波及人们生活的方方面面。与这两个方面相对应，民主与效能之间的关系可想而知。

新中国成立初期，虽然中国人民在中国共产党的领导下完成了民族独立这一伟大的历史使命，建立了人民民主专政的国家政权，新中国的政治建设从此翻开了崭新的一页，但总的来讲，低水平的均衡化发展战略一方面使得中国的经济建设逐步陷入僵局，另一方面也使得我国的政治发展之路蜿蜒崎岖。经济上的均衡并没有使优良的政治生活得以实现，相反使之陷入失衡的困境，要摆脱这一困境，方法只能是矫枉过正，实现由失衡向非均衡转换。这个意义上的非均衡是我国政治实现“正常化”的必经之路和桥梁，无疑具有价值理性。对这一时期经济发展、政治发展的经验教训进行总结可知：第一，理想必须脚踏实地，这也说明均衡必须得有均衡的基础和理由。自古以来，中国人对大同社会的向往与追求矢志不渝，但忽略客观条件和现实基础，就可能事与愿违。正是源于这一点，新中国成立初期优良的政治生活不仅没有达到，反而造成政治生活的混乱。第二，均衡和非均衡分属两种不同的机制，均衡作为一种价值追求具有稳定性的特征，属于协调机制的范畴；而非均衡带来张力，造成压力，最终推动事物向前发展，具有动态的特征，属于动力机制的范畴。第三，由于分属两个不同的范畴，均衡和非均衡并不矛盾，不能厚此薄彼。非均衡作为战略选择和动力机制，本身亦具有价值理性。由“非均衡—均衡—非均衡”是事物发展的基本路径，政治发展不能除外，在这一过程之中，非均衡是推动政治发展的宝贵的动力机制。

2. 基于改革开放以来“非均衡发展模式”的经验反思

1978 年十一届三中全会的召开，开启了中国政治经济发展的新阶段。在经济发展上，非均衡发展战略全面取代新中国成立初期的均衡发展模式，并取得显著成效。相对于经济领域的改革与发展而言，政治体制的改革与发展似乎较为缓慢，但这一时期的政治发展是一场逐步积累的“静悄悄的革命”。自1978年十一届三中全会以来，中国政治发展的最大成就就在于主动抛弃了“动员”式政治发展的模式，走上了以改革促发展的“改革”式政治发展道路。这种以改革促发展的政治发展模式在很大程度上纠正了过去30年中民主过于缺乏、权力过分集中、控制过于严密的畸形发展，使中国政治发展开始走上“正常化”轨道。所谓“正常化”是指其政治发展恢复到它本来应有的道路上。当然，“正常化”并不意味着在其政治发展过程中不再会有任何困难与问题，相反，政治发展作为一个不断寻求平衡的过程实际上时时处于非均衡之中。非均衡带来的差异既是动力，亦是压力。改革开放以来，以改革促发展的“改革”式政治发展模式并没有也不会彻底改变中国政治发展不平衡的现状。从失衡走向非均衡，而不是不顾实际地实行政治上的“大跃进”，直接从失衡向均衡转换，这是我党执政水平的重大提高。中国政治发展中的非均衡性仍然存在并且不失为一种宝贵的动力机制。

首先，经济优先发展为社会主义政治发展奠定和提供了基础与动力。改革开放以来，我国确立了经济优先发展的战略，社会主义市场经济体制初步确立起来，经济领域的民主化发展提出了政治民主的基本诉求，极大地推动和促进了政治发展。在市场经济条件下，生产力的迅猛发展和信息技术的进步，在创造大量社会财富的同时，也为民主的发展提供了坚实的物质基础和技术条件。一方面，衣食住行等基本物质生活的满足和日益丰富为人们积极参与政治生活提供了可能；另一方面，数字信息技术的快速发展使得全球政治、经济、文化的一体化趋势加强，人们之间的交流与交往跨越了时间和空间，在全球化的趋势下联系日益紧密。人们比以往任何时候都更加关心社会生活和政治生活，参与意识不断增强，并试图通过参与争取对自己有利的社会政治资源。毫无疑问，正是这种经济优先发展带来的物质条件的改变促进了社会成员广泛有效的政治参与，进而促进了政治的发展。在市场经济体制的建立和完善的过程中，民主也从经济领域走向政治领域，一步步变为现实。马克思说过，交换价值的交换是一切平等和自由产生的现实基础。列宁也曾指出，滋长自由平等思想的土壤正是商品生产。市场经济是民主滋生和成长的沃土，市场经济离开民主是无法运行的。市场经济要求自由、平等；市场机制呼唤自由竞争、自由选择。随着市场经济逐步成长为人们广为接受的经济形式，平等自由思想也会广泛传播，并逐步扩展到政治思想领域，成为居于支配地位的观念体系。除此以外，市场经济体制的建立和发展还为政治发展提供了适宜的社会环境。权力的高度集中是计划经济体制最为显著的特征，企业和个人的都因此受到窒息，无论是政治还是经济活动均被打上了权力的烙印。这样的社会环境中，民主的实践往往被扭曲，甚至在一场又一场的权力斗争和群众运动中走向癫狂。这样的体制不可能为社会主义民主成长和政治发展提供健康的社会土壤。只有在市场经济体制下，经济民主化、文化世俗化、政治社会化进程大大加快，政治民主和政治发展才成为现实。

回顾改革历程甚至也不难发现：经济的高速增长与政治发展的相对滞后之间形成压力并通过危机的方式来推动政治体制做出回应、进行改革，政治体制也在经济发展的压力下不断地改革以适应经济增长和自身发展的需求。优先发展经济，当经济体制改革进行到一定阶段，政治与经济的非均衡发展阻碍到经济体制的改革与发展时，政治系统的自我完善与发展就提到了议事日程，政治发展的要求也因此凸显出来。这种经济与政治的非均衡发展在客观上形成了政治发展的动力，如 20 世纪 80 年代中期，邓小平指出："只搞经济体制改革，不搞政治体制改革，经济体制改革也搞不通，从这个角度来讲，我们所有的改革最终能不能成功，还是决定于政治体制的改革。现在经济体制改革每前进一步，都深深感到政治体制改革的必要性。不改革政治体制，就不能保障经济体制改革的成果，不能使经济体制改革继续前进，就会阻碍生产力的发展，阻碍四个现代化的实现”①，这一论断就是对这种关系的准确描述。具体来讲，一方面经济的高速增长，为政治领域的变革和发展提供了前提和基础；另一方面经济改革与政治发展互为背景，相互推动，经济改革发展每前进一步，都会相应地提出政治体制改革的要求。这种变革的压力如果得不到回应，现实的危机和社会问题就可能产生。换言之，正是二者的非均衡发展促进了民主化的进程，为社会主义政治发展提供了条件。只有市场繁荣、经济发展，民主观念才能深入人心，国家形态才能最终实现民主化。

其次，民主与效能的非均衡是这一时期政治发展的必然选择。大多后发展国家现代化的经验表明：当民族独立得以实现，国家富强的使命和任务就成为第一要务。现代化的初始阶段，经济发展是政治发展的基础和保障，它先于政治发展产生，二者之间呈现出非均衡的发展状态。民主与效能之间也因此再一次产生价值性“悖论”。经济发展要求遵循效率逻辑，而政治发展却要求民主成长。当二者产生矛盾或冲突时，发展中国家普遍的发展策略往往是遵从现实的需求，将民众的民主要求束之高阁或延期考虑。这一时期，经济发展优先于政治发展的策略和现实要求效能优先于民主。我国亦是如此，这也导致在相当时期内，我们的民主还是低度民主。从传统政治向现代政治转型的过程之中，中国必然经由“无民主—低度民主—高度民主”的政治发展之路。中国的改革是在经济发展濒临崩溃的条件下进行的，改革的首要目的便是发展经济，政治安排要为经济发展服务。正所谓“贫穷不是社会主义”、“社会主义不需要贫穷”，因此，在“效率优先、兼顾公平”的逻辑之下，改革的模式必然是非均衡的。这种非均衡的发展战略不仅促进了中国经济的快速发展，也注定了当时中国政治发展模式的非均衡特征，首当其冲就是在民主和效能之间做出了先后的

① 《邓小平文选》（第3卷），人民出版社1993年版，第164页。

序列安排与战略优选。与这一时期经济的优先发展相适应，政府效能有了很大提升。其一，与促进经济发展的目标相适应，党和政府宏观调控的能力大大加强。在计划经济体制下，表面上看政府的效能相当高，社会生产等一切安排都源自于政府计划，经济上的铁板一块看似是以政府的高效和强力为保障的，但实际上这种权力的高度集中创造的效能是十分低下的，它造成了惊人的资源浪费。计划经济体制下，生产资料不是商品，更不能自由买卖，而是由国家计划调拨。资料显示："1953 年，计划分配物资 227 种，其中统配物资 112 种，部管物资 115 种，以后逐年增加，到 1957 年，计划分配物资 532 种，其中统配物资 231 种。1958 年，实行权力下放，统配部管物资有所减少，但到 1978 年，统配、部管物资还有 689 种。"① 由于物资管理的高度集中统一，国营物资部门和国营商业管不过来，又不允许私人贩运，许多土特产只能白白烂在山上。山区、牧区有很多种土特产的产量比 1949 年减少了 70%—80%。② 以当时的五个五年计划为例，每一个五年计划都是在政府主导下进行的，这期间的每一次调整和冒进都是资源的巨大浪费和对生产力的极端破坏，计划失误使得人民群众千辛万苦创造的巨额财富付之东流。"1958 年到 1978 年 20 年间，用于基建投资 6000 亿元，其中三分之一因投资失误而浪费掉了，有三分之一没有达到设计能力。"③ 计划经济看似一种经济发展战略，实质却体现了政治发展过程中出现的偏差，以政治手段管理经济，在经济领域越俎代庖，必然带来效率的低下，伤及经济基础，进而危及民主。社会主义市场经济体制建立以后，政府由经济的直接经营者变为监管者，表面上看弱化了政府的权力，事实上提高了政府效能。其二，政府效能的提高不仅仅体现在经济领域，更突出地体现在党和政府维护社会政治稳定的能力增强。政府效

① 钟朋荣：《十年经济改革》，河南人民出版社 1990 年版，第 9—10 页。

② 薛暮桥：《中国社会主义经济问题》，人民出版社 1980 年版，第 8 页。

③ 杨继绳：《邓小平时代》（下卷），中央编译出版社 1998 年版，第 311 页。

能的提高，表面上看，和我们追求民主的理想似乎存在距离，但改革开放初期，民主与效能的孰先孰后、孰轻孰重，是一个关乎改革成败的选择。“改革也是一场革命”一语道出改革本身就是一个充满矛盾与风险的过程。中国的现代化之路有其特定的历史环境和时代特征，齐头并进、均衡发展只能是一个美好的理想和未来式的发展目标，现实中没有经济的迅速发展，稳定的政治环境就不能保持，就不可能取得改革的成功。而在这种发展的序列中，经济发展是基础，政治稳定是保证。民主作为一种优良的政治生活，对于中国这样一个曾经有着超稳定的封建结构，曾经“外无独立，内无民主”的国家，不可能一蹴而就。在众多的序列选择中，有太多需要考虑的因素。1979 年 3 月，邓小平明确指出：“为了实现四个现代化，我们必须坚持四项基本原则。如果离开四项基本原则，抽象地空谈民主，那就必然会造成极端民主化和无政府主义的严重泛滥，造成安定团结局面的彻底破坏，造成四个现代化的彻底失败，……中国将重新陷于混乱、分裂、倒退和黑暗，中国人民将失去一切希望”①，因为“没有安定的政治环境，什么事情都干不成”②。改革开放以后，中国更是经受住了 1989 年政治风波的考验，经受住了东欧剧变和苏联解体等国际重大事件的考验，为中国各项改革的顺利进行提供了稳定的政治环境。其三，政府效能的提高，也为民主的建构提供了必要的基础和条件。随着经济的发展，政治的稳定，党和政府提取、分配社会资源的能力也有所增强。特别是改革开放后，当效率提高、社会资源总量急剧增加之后，党和政府的工作重心和发展的序列安排就逐渐倾向社会公平。并且在这一过程中，政府提取、分配社会资源不再依靠传统的直接运用政治权力强制划拨的手段，而是通过税收、公共支出等现代经济、法律手段来进行，这种能力的增强不仅仅体现出政府效能的增长，还说明效能的提高也能有效地促进和提升民主。民主

① 《邓小平文选》（第 2 卷），人民出版社 1994 年版，第 176 页。

② 同上书，第 244 页。

与效能之间的非均衡发展是改革开放以来我国政治发展的路径，是实事求是的战略选择。

当然，民主与效能的非均衡发展，并不意味着民主的建构对于中国不够重要或没有发展。中国共产党自诞生之日起，就以“实现人类全面而自由的发展”为己任，其中必然包含着民主的需求。在这一目标的引领下，新中国成立以来，我国的人民民主建设取得了重大成就。十年“文革”的曲折之后，十一届三中全会中更是把健全社会主义民主和强化社会主义法制作为党的重大任务。1979 年党的理论工作务虚会议上，邓小平提出“没有民主就没有社会主义，就没有社会主义现代化”[①]，指出“努力发扬民主，是我们全党今后一个长期的坚定不移的目标”[②]。中共十一届六中全会上，将“逐步建设高度民主的社会主义政治制度”更是上升到社会主义革命的根本任务的高度，要求把民主扩展到政治生活、经济生活、文化生活和社会生活各个方面。中共十二届六中全会把“坚定不移地进行政治体制改革、发展社会主义民主”作为一个重要方面纳入到我国社会主义现代化建设的总体布局。十三大上，党在社会主义初级阶段建设有中国特色社会主义的基本路线中则涵盖了建设民主的总体目标。中共十四大、十五大都进一步强调要积极稳妥地推进政治体制改革，十六大提出要发展社会主义民主政治，建设社会主义政治文明。十七大报告中浓墨重彩地描绘了中国特色社会主义民主政治的辉煌前景，对社会主义民主政治建设和执政党建设进行了全面而具体的部署。十八大更是为我国民主政治建设描绘了蓝图。一年多来，从人民有序参与国家事务的手段不断丰富，到加强科学、民主立法，推进司法公开、公正，我国的民主政治建设取得了引人注目的成绩，政治发展进入崭新的历史阶段。[③] 实践中，更是不难看到：国家层

① 《邓小平文选》（第 2 卷），人民出版社 1994 年版，第 168 页。

② 同上书，第 167 页。

③ 郑言：《中国近二十年的政治发展》，《政治学研究》1998 年第 4 期。

面上，以人民代表大会为主的选举民主与以人民政治协商会议为主的协商民主有机地结合在一起，成为社会主义民主实践的两种主要形式；在党内，民主生活逐步正常化，党和国家领导干部终身制被废除、党和国家权力交接逐步制度化，党内民主正逐步带动社会民主；在城市，社区自治正在为广大市民民主参与公共事务提供最方便快捷的渠道；在乡村，村民自治的实践为乡村民主政治发展开拓了广阔的空间。总体来说，改革开放30多年来社会主义民主取得了较大发展。

但是，我们也不得不承认，与改革后政府效能的增长相比，社会主义民主发展仍然显得相对滞后，民主与效能之间呈非均衡的发展态势。比如，公民的民主意识仍然十分低下，大部分人对于民主仍是从传统的“民本思想”来了解掌握，以致对民主政治所强调的“主权在民”的含义并不能清楚认识；公民民主参与的范围仍十分有限，中国是一个实行多层级间接选举的国家，全体公民直接参加大规模的国家层次的选举既不现实也不可行，但现行中国公民参与的选举仍然停留在村社层次，基层民主的实践在国家层次的民主未能有推进的同时很难继续扩大；公民民主参与的效能感较低，例如全国人大代表的名额过多，三千人的议会运作，对于众多的议题、发言时间和听众范围以及听众的专业水准在客观上均受到限制，民主参与的效能感受到很大的影响；等等。

当前我国刚刚完成由不民主向低度民主的转换，距离相对成熟的民主形态还有较远距离，效能与民主的关系更多地呈现出非均衡的发展状态。相对于政府效能所取得的成绩，“从缺乏民主到低度民主，再从低度民主到高度民主，以至于高度民主本身再继续发展完善，这是民主发展的‘自然历史过程’，也是民主发展的政治逻辑”①。低度民主的发展状态是我国建构稳健的民主化战略的必经阶段，在这一阶段中，经济绩效作为经济基

① 王占阳：《中国急需发展低度民主》，《探索与争鸣》2012年第1期。

础为民主的发展提供物质支持和基础保障必须先行。经济发展的较高水平与民主发展的较低水准必然呈现出非均衡的趋势和特征，这种状况可能还会持续较长的历史时期。

总之，经济基础与政治上层建筑的辩证关系决定了改革开放30多年来，我国的民主与效能都在不断扩展，但党和政府的效能明显快于民主的扩展。当然，这种不平衡的状况主要是因为政府效能的提高直接来自于经济领域的改革而非民主参与压力。快速的经济发展要求一个高效的政府，而政府在经济方面的突出成绩足以抵消来自民主的压力。但我们必须看到的是，这种以经济绩效维护政治稳定、促进政治发展的途径也是有限度的。随着经济的发展，政府所承受的民主的压力将越来越大，现在党和政府要提高的效能不仅是其经济绩效，而且是其民主绩效。这种状况恰好是非均衡作为政治发展动力的内在要求与运行逻辑。

再次，集权与分权的非均衡有其存在的必要和可能。如前所述，民主与效能的价值“悖论”是发展中国家和地区在其政治发展中普遍会遇到的体制性“两难”。集权与分权的关系问题也是与这两者的非均衡发展息息相关的。政治发展既包括国家的发展和社会的发展两大方面，东亚及东南亚后发国家的经验告诉我们，国家的发展主要表现为国家权力和政治效能的增长，一定程度的集权是必需的。对于后发展中国家，现代化初期，民主让位于效能，权力的分立和制衡暂时让位于权力的集中是这些国家内忧外患的环境下求得生存和发展的必然要求，更是其政治发展的动力与逻辑。不同的国家和地区，在不同的发展阶段，政治体制的选择各有不同，但毋庸置疑的是现代化初期，对于民族国家，实质的民主比形式的民主更有效率。我国作为世界上最大的后发展中国家，改革开放以前国家权力的高度集中使我们在最短最紧迫的时间里完成了社会主义政治经济基本形态的初步建立和探索，并取得了举世瞩目的成绩。也在这一时期完成了政治、经济、社会高度一体化建构，政治权力处于绝对主导地位，权力集中是绝对的。它在特定的历史时期有效地保卫了国家安全，保障了初期的现代化建设。但是，随着物质基础的初步确立，“分权的时代”已经到来，面对这种高度集权的体制，我国的民主化要求有步骤地、渐进地放权分权，虽然这种渐进性的变革过程不是很快，但“能够有效地保证整个经济、政治和社会的稳定”①。中国选择的是渐进式的政治发展道路，这就意味着在相当长的时期内，集权与分权之间呈非均衡的发展态势。

当前的中国，集权与分权之间的非均衡性意味着合理有限分权成为政治发展的重心所在。集权与分权的非均衡状态与不同时期效能与民主的序列安排紧密相关。首先，从政治发展的理想目标看，当前实现理想的现实条件尚不完善。民主即便只是政治发展的众多目标之一，但无论如何，直到现在，民主仍被视为政治发展的基本目标，尽管在实现民主的道路上步履蹒跚，可它依然是我们的自主选择，因为这是“人类出自天然本性的期望”②。但是，从现实发展来看，民主是需要一系列社会经济条件做支撑的，否则就可能是空中楼阁。科恩在论述民主实现的条件时指出：“民主政治需要具备5个条件：（1）物质条件（包括民主的地理条件、民主的设施条件、民主的经济条件：平等和福利）；（2）民主的法制条件（言论、出版自由）；（3）心理条件（社会成员的宽容和公平精神、掌权者的自我克制）；（4）知识条件（运用智力解决社会问题）；（5）防卫条件（有能力防御外来的威胁和内部对参与的威胁）。”③ 而以上这些条件在我国尚不具备，除此之外，我们还处于“先进—落后”二元的国际压力之中，理想上的民主受制于政治现实的制约，因此理想只能让步于现实。也就是说，民主与效能之间的非均衡发展是理想与现实较量的结果。相应地，这种非均衡反映在体制上，就呈现出权力之间集分的非均衡特征。当然，这种非

① 林尚立：《当代中国政治形态研究》，天津人民出版社2000年版，第286页。

② 刘军宁：《民主与民主化》，商务印书馆1999年版，第41页。

③ ［美］科恩：《论民主》，商务印书馆1988年版，第59页。

均衡并非是指权力高度集中。如对非均衡的学理分析中所述，非均衡不是失衡，它是可控的、有序的，进而是有效的一种手段和动力机制。如同恩格斯在分析政治权力对经济发展的反作用时所指出的那样："在政治权力对社会独立起来并且从公仆变为主人以后，它可以朝两个方面起作用。或者按照合乎规律的经济发展的精神和方向起作用，在这种情况下，它和经济发展之间就没有任何冲突，经济发展就加速了。或者违反经济发展而起作用，在这种情况下，除去少数的例外，它照例总是在经济发展的压力下陷于崩溃。"① 这就要求经济发展的方向与政治发展的方向基本一致。现代化初期，效能关乎政治体制的合法性，于是效能优先要求权力的相对集中以保证效率、促进发展；而当经济发展到一定程度尤其是市场经济体制的建立对自由、平等、竞争提出要求并开始与原有的政治发展相冲突时，现代化取得成功最关键的因素就在于政治当局适时主动地推进政治改革，民主成为较为突出的要素，分权的需求相伴而生。但即便是这种状况，当前中国的政治发展仍处于初级阶段，这一时期，不得不承认经济的发展具有特别重要的意义，政治发展的合法性一定程度上依赖于经济发展的有效性。作为后发展中国家，二元化的国际环境和价值冲突没有根本改变，这也决定了当前我国政治发展过程中的非均衡性有其存在的必要和可能。回顾过去 30 多年的改革历程不难发现，经济和社会领域的集权程度大大降低，但政治领域的集权并没有实质性的下降。随着经济和社会领域改革的全面放开，政治层面对于民主、自由要求就会越来越强烈。1986 年，邓小平深深地感受到了这一点，他指出："我们提出改革时，就包括政治体制改革。现在经济体制改革每前进一步，都深深感到政治体制改革的必要性。不改革政治体制，就不能保障经济体制改革的成果，不能使经济体制改革继续前进，就会阻碍生产力的发展，阻碍四个现代化的实现。"② 然

① 《马克思恩格斯选集》（第 3 卷），人民出版社 1995 年版，第 526 页。
② 《邓小平文选》（第 3 卷），人民出版社 1993 年版，第 176 页。

而，在经济体制改革压力下，如何进行政治体制改革陷入了种种分歧。在经济社会出现严重动荡的情况下，政治体制改革全面收缩，直到今天，政治层面对于民主自由的呼应是有限度的，这个界限就是整个政治体系的稳定，具体来说就是不能违背四项基本原则。政治体制改革仍然是一个未完成的重任。

回顾改革开放30多年来，政治上的集权与分权仍处于非均衡的状态，从横向上看，代议机构、司法机构的权力有所增长，但仍不足以制衡行政机关日益增长的权力；从纵向上看，中央与地方的权力关系由于受政策与人事变动的影响而始终处于变动不居的博弈当中，但整体上中央仍处于绝对优势地位。具体来看，新中国成立初期所确立的政治体制步入“正常化”轨道，各级人大、政协、法院、检察院、政府等机构正常运转。由于改革的重点一直放在经济体制，从计划经济转向有计划的商品经济，再到社会主义市场经济体制的确立，是中国改革开放的焦点。随着社会主义市场经济体制的确立，对人大、司法等部门也相应提出了更高的要求。市场经济是法治经济，因此，人大的立法权、对行政部门执法的监督权、司法部门的检察审判权等都得到进一步增长。据统计，改革开放后30多年里，各级人大已通过法律、法规数千件，几乎覆盖了所有旧的和新生的社会公共事务和社会私人事务。一部《物权法》在全国人大五次讨论并引发全社会的讨论与关注为前所未有。从这个意义上讲，人大、司法机关的权力增长并不是直接来自于政治领域，而是伴随着经济体制改革而增长的。当然，这种权力的增长是有限的。而政治体制的改革主要涉及的是转变政府职能、推进干部队伍建设、加强执政党建设等方面，表面上看收缩很大，实际上却仍有扩张。此外，中国的改革是从放权让利开始的，这种放权不仅是国家对社会、政府对企业的放权，也包括中央对地方的放权。1980年，中国的财政体制进行了一次影响深远的重大改革，即实行“分灶吃饭”的财政体制，把过去中央对地方统收统支的“一灶吃饭”改为中央与地方之间划分收支、分级包干的“分灶吃饭”。这种财政体制的改革有利于调动地方积极性，打破传统的中央权力过分集中的现象，但另一个长期深远的影响却是中央政府财力下降，地方割据的兴起。这种“弱中央—强地方”的格局显然不利于现代国家的发展，因而，中央政府经过艰难地与各地方政府的协商后于 1994 年实行分税制改革，才逐步扭转这种局面。当然，联系中央与地方之间关系的不仅是财权，更重要的还有以执政党所主导的人事权、纪检监察权等，地方各级主要官员的晋升考核都掌握在党中央手中，因而，从总体上看，中央权力实质上一直处于优势地位。

必须明了，权力的集中与分立之间的非均衡并不是失衡的一边倒。它是这样一个过程：在从无民主向低度民主、再由低度民主向高度民主发展的过程之中，由失衡的极端状况向均衡的理想状态过渡的一个过程，这个过程是发展中的常态，也是一个合理的、必然的状态和过程。这一过程之中，有问题、有遗憾、有矛盾，它也不完美，但它遵循着发展的规律，代表着发展的方向。从根源上讲，政治发展过程中集权与分权的非均衡和民主与效能的非均衡一样，都是由经济与政治之间发展序列决定的。一如东亚及东南亚众多二战后新兴独立的发展中国家所显示的那样，由于缺少经济社会力量的支撑，外力支持下曾普遍建立的宪政民主政体最终不敌现实，纷纷倒台。民主对于经济发展程度尚处于传统社会的国家而言，无异于空中楼阁、水中探月。经济对于政治的基础和决定作用导致了现代化初期民主应当让位于效能，为了保证效能，分权又暂时让位于权力的相对集中。当然，不承认政治对经济的反作用就不是真正的马克思主义者——没有一定的政治发展，经济发展极具风险。因此在政治发展中，非均衡的内容和程度是变化的，随着现代化的逐步展开，非均衡虽然依然存在，但这种非均衡的程度会逐步缓慢地减弱，民主的成分和因素不断增强，权力的制约和监督体系也会不断加以完善，这也是非均衡作为政治发展的动力的内在逻辑。

最后，政治发展中价值性和体制性的非均衡必然导致行为性的非均衡，即政治控制与政治参与的非均衡（如何推动政治发展——关键是符合实际）。参与与控制是政治发展进程中政治行为的体现，为了实现民主，必须动员民众参与政治；而为了维护效能，又不得不在一定程度上控制民众的政治参与。在东南亚国家，参与与控制之间，平衡很难达到，非均衡是其主要特征，我国改革开放以后的政治也多是如此。大众参与始终是政治发展的关键要素，尽管这种参与具有不同的形式和特点。以西方发达国家为代表的先发性现代化国家，政治发展已步入良性的均衡发展阶段，但新兴的发展中国家却有着自己独特的历史与现实，它们还处在一个完全不同的世界里。如同阿尔蒙德所述："政治经济有两条必然的基本原理：(1) 要人民参政，首先必须政府具有能力。如果没有办事的方法，参与办事就毫无意义；如果没有实施决定的方法和能力，参与作出决定就没有必要。(2) 要分配，就必须先有经济的增长，要有福利就必须先有财富。如果没有产品和服务用的资料，就没有什么可以分配的。"[①] 但是时代发展的滚滚浪潮从来也不会考虑这种差异，发展中国家一旦进入了"先进—落后"二元化的发展环境，面对发展的辩证法带来的冲突，它们已然无法应对自如。遵照发展的逻辑，国家建设和经济建设要如约先行，但时间不会停下脚步，发展不容商榷，它同时迫使这些发展中国家面对和应对人们对于参政和分配的要求及期望，一刻也不做停留。[②] 最理想的路径，阿尔蒙德说，按照发展的政治逻辑先实现国家发展，再扩大人民参政。但任何一个发展中国家都不能无视民主化的浪潮，中国概莫能外。因此，在中国，政治控制与政治参与之间的非均衡发展成为政治发展过程中不得不关注和探讨的一个方面。自改革开放以来，阶级斗争让位于经济建设。过去那种

① ［美］塞缪尔·P. 亨廷顿等：《现代化：理论与历史经验的再探讨》，上海译文出版社 1993 年版，第 363 页。

② ［美］加布里埃尔·阿尔蒙德、小 G. 宾厄姆·鲍威尔：《比较政治学：体系、过程和政策》，曹沛霖等译，上海译文出版社 1987 年版，第 423 页。

通过阶级斗争、政治强制等实施政治控制的手段基本被抛弃，代之而起的主要是对关键性公共产品（新闻舆论、电视媒体等）的控制、加强执政党自身的组织建设等。伴随着经济的发展，中国的政治控制逐步趋于合理化，虽然仍有不足，但很大一部分属于社会组织和公民“私人权力”的领域已经由政府还给了社会组织和公民个人。也就是说自改革开放以来，中国国家公共权力领域有些地方在退缩，政治控制方式逐步趋于合理，政治环境也逐步宽松，但有些本属于社会及公民个人的权利仍处于国家公权力的控制之中，公民权利发展仍显不足。总之，与改革开放前相比，中国政治发展已经逐步摆脱了失衡的畸形发展模式，在社会主义民主政治建设、建立起权力监督制衡的政治体制及扩大公民政治参与等方面都取得了长足的进步，但这仅仅停留在政治发展的初始阶段，近年来信访数量的大规模增加、群体性事件的时有发生等等都充分证明公民正常的利益表达渠道仍十分缺乏，还需要做更深层次的努力。

当然，这种政治行为层面的非均衡状况如同一枚硬币的两面，有弊有利。对民主的追求要求扩大公民的政治参与，但不同的国家或许都有着属于自己的难题和“家丑”，中国这样一个独一无二的发展中的大国，政治发展的限制太多，难度太大，经济发展和政治发展的协调同步每每让人生成“望梅止渴”的错觉。民主与效能、集权与分权、控制与参与之间均衡发展仍需时日。西方的遏制和约束、国内政治体制以及价值观念的艰巨转型、政治系统的分化等等都决定了我国的政治发展将是一个漫长的过程。正是源于这种客观压力，政治体制改革即便非常迫切和必要，政治共同体的统一与稳定仍然是当下政治发展的首要目标。特别是转型时期，利益格局的脱序和道德规范的失序难免产生，各种政治主体带着不同的政治期盼和政治诉求卷入政治场所，势必造成社会政治生活的无序，因此需要一个强有力的、高效率的政府，调控政治参与的向度和限度，规范社会各阶层的政治行为，维护政府权威的合法性。在这一层面上，政治控制较强和政治参与较弱之间的非均衡态势有其存在的土壤和环境。它不是独立存在的一种状况，而是在我国政治经济发展不平衡的大环境之下，基于政治系统内价值性以及体制性非均衡压力之下必然存在的一种状况。这种状况基于现实，也势必产生压力，从而以一种“倒逼机制”的形式推动政治参与的不断扩大，最终成为政治发展中不可忽视的一部分。

3. 现阶段科学发展对“非均衡模式”的发展和完善

大多数学者都认为，科学发展观就是倡导相对均衡发展的重要理念和思想，它标志着中国社会主义建设战略指导思想的成熟。在本书看来，科学发展观的成熟和完善，并不在于它在哲学层面上展示了一个由肯定到否定再到否定之否定的辩证发展过程，不是对“均衡发展”抑或“非均衡发展”的简单综合，而是在强调发展的同时提出了协调的理念。这意味着科学发展观突破了以往相对单一的发展观念，把动力机制和平衡机制提到同等重要的高度。因此，科学发展观的“科学”不在于一些学者所认识的“重回均衡”或者是“高层次均衡”，而在于认识到：任何组织的顺利运行都包括动力与平衡这两种机制。没有动力，不能发展；没有平衡，失去稳定，也难以发展。对平衡的肯定并不必然伴随着对非均衡的否定，因为，非均衡属于发展动力的范畴。这里，对科学发展观实质的解释一方面是为了回应当今社会对非均衡动力的质疑，借科学发展观片面地质疑和否定非均衡战略曾经起过的和正在发生的作用；另一方面，可以看到科学发展观是对改革开放以来我国“非均衡发展模式”的发展与完善，是对发展规律的更深层次更高水平的认识和把握。

回顾历史，社会主义建设初期，我们实施均衡发展战略。把社会主义追求的共同富裕误解为同时富裕，在发展速度和程度上盲目追求不同地区发展水平的绝对均衡，以至于采用行政手段管理经济，在分配上搞平均主义“大锅饭”，用平均抹杀动力。虽然这在一定程度上弥合了历史造成的发展落差，但运用政治手段造成低水平的均衡抹杀非均衡发展的动力最终造成了时代之殇。正是因为片面地强调社会平衡机制，错误地否定动力机制，而导致了后来的发展滞缓。改革开放以来，随着认识水平的提高，我们采取非均衡的发展战略矫枉过正，允许一部分地区、一部分人先富起来，实际上就是强化动力机制，以动力的强劲实现先富，以动力的强弱促成非均衡，再以非均衡动力机制推动整个社会的发展。改革就是通过对物质利益的重视去解决动力衰竭问题，正是由于正确把握了非均衡这一宝贵的动力机制，30 多年来的经济社会迅猛发展。当然又不可避免地出现了新问题：发展失衡、公平缺失。科学发展观应运而生。所谓科学发展，就是既有动力，又有平衡；既有发展，又有公平。简言之，科学发展观表明了我们在社会发展运行机制上既要强化动力机制，又要健全平衡机制，还要实现两大运行机制的协调。它标志着我们党在社会发展战略指导思想上走向了成熟。

当然，科学发展观是对社会运行机制的总体概括和描述，具体到政治发展的层面，均衡和非均衡的争论亦可以休矣。我国政治发展方向，就是动力强劲与平衡和谐，动力机制和平衡机制共同协作才能解决社会发展中的问题。换言之，“在积极发挥动力作用的前提下实现平衡，在讲求效率的基础上实现平等，在调动千百万人积极性的同时保障每个人的利益和全社会的稳定”①。

三　非均衡对于当代中国政治发展的意义

如上所述，非均衡是我国政治发展的动力和逻辑，主要体现在两个层面：一方面它是我国政治发展动力体系的总体概括和特征表述，集中体现

① 李忠杰：《论社会发展的动力与平衡机制》，《中国社会科学》2007 年第 1 期。

为我国的政治发展是在中国共产党的领导下，积极应对国际现代化杠杆的外部环境压力和广大中国人民追求美好幸福生活的内在压力的结果，也是这三种力量非均衡作用的结果；另一方面非均衡是推动我国政治发展的内在逻辑，集中体现为在党和政府的发动与领导下，对政治发展的价值、制度和行为进行非均衡的设计和安排。这两个层面的非均衡在我国都呈现出序列性、渐进性、可控性和全局辩证性的特征，对当代中国政治发展具有不可小觑的价值和意义。

（一）党和政府的核心动力保证了我国政治发展的有效进行

中国共产党在我国的政治生活中发挥着重要作用，是推动我国政治发展的核心动力，它带领我国人民走上了现代国家的道路。我国社会主义民主共和国的政治形式决定了我国社会主义民主的性质，也决定了只有在中国共产党的有效领导下道路才得以通行，发展才能够实现。新中国成立以来，中国共产党根据我国的具体国情进行了卓有成效的政治建构，对政治价值、制度和行为进行先后有序、主次有别的序列安排，形成了非均衡的政治动力体系和发展格局，正是这种体系和发展格局为我国政治发展提供了有效的动力支持和制度保障。

作为我国政治生活的核心，中国共产党决定着国家与社会的总体发展，当然也决定着国家的政治发展。中国政治从传统走向现代，由专制迈向民主无一不体现出党对全局的把握和驾驭。它不仅是维护政治稳定的中流砥柱，确立了以民主化为取向的政治发展路径，更是为了实现这一目标坚定地推动着我国的政治体制改革。它在中国政治的稳定、发展和变革中，都扮演着不可替代的角色，发挥着不可或缺的作用。首先，中国共产党是中国特色社会主义制度的缔造者，是维护中国政治稳定的中流砥柱。我国的根本政治制度和具体体制等政治上层建筑都是在党的领导下创立的，是中国共产党领导着中国革命、建设、改革走向一个又一个的胜利，因此党的执政合法性与国家制度、国家政权的合法性具有同构性。中国共产党决定我国政治发展的合法性最根本的源自人民的支持和认同。中国的革命、建设和改革的历史和现实一再证明，中国共产党是代表广大人民根本利益的党，党在各个阶段工作的重点和核心是为了满足人民群众对美好生活的向往与追求。在推动我国政治发展的动力体系中，党的发动与设计和民众对美好生活的向往与追求实际上都体现出政治主体对政治发展的推动作用。在我国，这两种力量最终是合而为一的。民众在不同时期的追求和向往最终被中国共产党上升到国家的层面加以解决，真正体现了党是广大人民利益的忠实代表者，是实现我国政治发展的中流砥柱。其次，以民主化为取向的政治发展是中国共产党的奋斗目标，但人民民主的实现不是一个一蹴而就的过程。中国近现代的历史和每一发展阶段的具体国情决定了我国的民主化进程只能是一个“有序”的过程。“有序”一是强调人民民主的法制基础，民主必须与法制相统；二是强调民主化的实现是一种序列安排和选择的结果，其实现的过程实际上是政治价值、制度、行为中的非均衡抉择，它在与经济、社会和文化的多元互动中有序发展。我国的“有序”民主是中国共产党领导的中国政治发展最基本也是最有效的发展形式。

（二）注重效能为政治发展提供了物质基础

经济发展和政治发展本来分属两个领域、两个系统，但二者之间又存在着紧密的联系，任何一个方面的独善其身似乎都是难以做到的。政治发展的非均衡在宏观上可以分为两类，一种是政治系统与其他系统之间的非均衡关系，另一种是政治系统内部的各种非均衡。因此在分析非均衡动力机制对我国政治发展的作用和意义时，首先需要关注的就是第一类的非均衡关系，其中特别突出的就是解读政治的发展与经济发展之间的非均衡对于我国政治发展的意义。历史反复证明，政治发展不得不到当代的社会、经济中寻找原因。经济生活的变动无疑会推动政治发展或政治改革，政治从来也不能独立于一定的社会物质基础而单独存在，上层建筑要如实反映经济基础，就必须经常进行调整以适应经济的发展。但要了解经济发展的需求是如何对政治变动提出要求的则是一个相当复杂的过程。对于后发国家来说，由于先天条件的不足和环境的差异，其经济发展与政治发展这两个领域里的改革往往不可同时进行，而是存在一个孰先孰后的问题。经济发展基础性意义不言自明，如同李普塞特所言，经济比较发展的地区，民主也率先实现。当经济发展到一定程度，要求政治相应地发展变革，这种非均衡发展产生的倒逼机制迫使变革乃至革命发生，从而推动社会向前发展。从这一层面上讲，政治与经济之间的非均衡发展是政治发展的前提和基础。

当然，我国作为后发国家，一方面，以经济发展为中心的发展战略为政治、社会的全面发展奠定了基础；另一方面，作为后发国家，国际国内的环境与实际更要求我们在实际发展的进程中，以非均衡为基本的战略安排推动当代中国的经济发展。发展必然是非均衡的，均衡只是特例，是过渡的短暂瞬间。当增长显示非均衡时，“可能表现出增长处于最佳状态的情形。在分析不平衡增长的过程中，我们总可以证明，某一点的先进会给随后的其他点带来走向增长的压力、拉力与强制力量”①。从而，形成发展的理想格局，这种普遍性是经济发展内在规律性的真实体现，是发展中国家普遍存在的客观现实。这种不均衡的状态一方面是客观事实，另一方面也是发展过程中可以利用的条件，即根据客观状况的差异设计一种有针对性，符合实际和规律的发展战略——非均衡发展战略。正是在这一规律的作用下，改革开放以来，在政治与经济发展序列上，“现代化是最大的政治”，经济发展无疑位于比较突出的地位。改革之初，邓小平说：“中国正

① ［德］艾伯特·赫希曼：《经济发展战略》，曹征海、潘照东译，经济科学出版社 1991 年版，第 167 页。

处在特别需要集中注意力发展经济的进程中。如果追求形式上的民主，结果是既实现不了民主，经济也得不到发展，只会出现国家混乱、人心涣散的局面。”[1] 并主张以经济建设为中心，紧紧扭住这个中心不动摇，其他一切工作服从和服务于这个中心。在经济发展的序列安排上，也是区域之间、产业之间，优势先行，带动劣势，最终实现共同发展。正因如此，我国政治发展的经济基础才得以迅速地建立。也正是这种经济与政治之间的非均衡发展的序列安排为推动我国政治发展提供了坚实的基础和保证。1980 年，邓小平精辟地指出：“要承认不平衡，搞平均主义没有希望。一部分地区先富起来，国家才有余力帮助落后地区。”[2] 1986 年，他又指出：“我们坚持走社会主义道路，根本目标是实现共同富裕，然而平均发展是不可能的，过去搞平均主义，吃‘大锅饭’，实际上是共同落后，共同贫穷，我们就是吃了这个亏。”[3] 正是这一经验教训的总结，打破了平均主义的思维定式，以非均衡发展推动了我国的经济转型和经济发展，并最终推动了我国的政治发展。

总之，在政治发展与经济发展之间，政治发展本身具有相对的滞后性，甚至从战略上或从根本关系上说，政治发展和制度变革也不应超前于经济发展和经济改革；但当政治体制的这种滞后性“阻碍经济体制改革，拖经济发展的后腿”时，自然要求政治体制进行改革，政治发展随之产生。而当这种状况的出现，实际上也就意味着政治发展的经济基础已经初步形成。正是在政治与经济非均衡发展的过程之中，政治发展过程中“一场静悄悄的革命”已经悄然展开。

---

① 《邓小平文选》（第 3 卷），人民出版社 1993 年版，第 284 页。

② 中共中央文献研究室主编：《邓小平年谱（1957—1997）》，中央文献出版社 2004 年版，第 657 页。

③ 《邓小平文选》（第 3 卷），人民出版社 1993 年版，第 155 页。

（三）政治价值、制度及行为的非均衡发展推动政治转型

非均衡推动了经济转型，由计划经济向市场经济的转变为我国的政治发展奠定了坚实的基础。非均衡也推动了我国的政治转型，如果说是辛亥革命使得中国的政治由传统走向现代，那么则是改革开放以来的政治发展历程使得中国在实现政治民主和政治稳定的道路上找准了方向，并稳步前进。在这一过程中，非均衡国际国内环境以及非均衡的现实生产力状况迫使中国在现代化建设中选择了非均衡发展战略。经济与政治之间，先建立强大的社会主义经济体系，为政治发展提供有力的物质支持；上层建筑是经济基础的反映和折射，为经济基础服务，这也决定了现代化初期我国政治系统本身的非均衡特征。效能与民主的先后、集权与分权的选择、控制与参与的度量在这一时期的序列优选与安排使得我国的政治发展观由“乌托邦”式的理想状态落入凡尘，也由此步入正常化的发展轨道。

我国的政治现代化有着与西方截然不同的历史背景，政治系统与外部环境因素“二元化”发展的非均衡性是推动我国政治发展的宏观原因；国内现实的生产力因素也在很大程度上决定了在具体的道路选择中，我们不可能同步推进实现经济现代化和政治民主化，而是以效能和民主的非均衡发展作为发展的战略：政治为经济服务，现代化建设就是我国最大的政治。当然，非均衡发展绝不是失衡，不是顾此失彼。改革开放近 40 年，我国的现代化建设获得了举世瞩目的成绩，同时我国的政治现代化水平也得到很大程度的提高，从新中国成立之初的“动员型”政治模式到今天民主建设粗具雏形，这是一次伟大的飞跃。事实证明，后发性或迟发性国家在推进现代化的过程中，政治发展只能是经济发展基础之上的政治发展，经济优先的发展战略也决定了在政治系统内部的诸多要素中，尤其是民主与效能之间，在不同的历史阶段必须有所侧重与安排，这种发展的优选与序列安排是非均衡动力机制的现实体现，也是非均衡发展推动政治转型的

有效路径。在现代化发展过程中，虽然以实现政治民主化为核心目标的政治发展是其中重要的组成部分，但政治发展的地位及其方式却是由整个现代化发展战略决定的。基于经济发展与政治发展之间难以均衡的事实，政治发展序列的安排和选择上必须有所侧重和倾斜，新中国成立之初所确立的民主集中制的基本政治制度也通过自身的不断调整以更好地适应现实的经济发展需要。这种带有经济主义导向的政治发展模式虽然有过挫折，也引发了一些问题，但最终为我国现代化建设提供了强有力的政治保障。

在发展中国家，民主与效能价值悖论由来已久，经济发展要求效能优先，效能的实现又需要权力的相对集中，最终由基于建构权威和效能的双重要求而选择有力的控制。我国以及东亚、东南亚很多国家的政治发展路径就是这种非均衡性的最佳体现。但是，正是这种非均衡的序列安排推动了我国现代化初期的政治发展。总体上看，我国政治发展的序列选择同日、韩等国有很大的相似性，非均衡的特征十分明显。正是在这个过程中，效能与民主之间就分出了先后与优劣。当然，效能与民主的悖论在实际政治过程中可能出现与民主轨道的背离，但这一时期经济发展的绩效及时弥补了合法性基础的不足，甚至是在有效性中积累了政治的合法性，使得我国的政治发展得以持续。

当然，非均衡中的各要素并非一成不变，非均衡本身就是动态的和辩证的。改革开放以来 30 多年的发展，经济发展成效显著，现代化建设粗具规模，随着这种状况的出现，政治发展各要素的序列安排也会相应改变，但总体仍呈非均衡的特征。如果说在现代化初期，政治发展的重点在于建构政治的有效性，那么随着物质基础的初步积累，这一时期政治发展的重点开始转向于有效性中积累合法性。从政治价值上看，效能与民主的天平开始向民主倾斜，非均衡的程度有所降低，民主的呼声日益高涨，人民的民主素质有所提高；反映在政治制度的建构上，权力的监督与制约日益被关注，“分权的时代”已经来临；在政治行为的选择上，则体现出国家权力对社会权力的让渡，政治参与的扩大化与参与的有效性都受到不同程度的关注与落实。也就是说，现代化中期，政治发展的序列安排会随着时间、条件的转变发生调整和变化。但非均衡发展依然是推动政治发展的动力与逻辑，虽然建构民主作为政治发展的重点已经凸显，但在由有效性转向合法性建构的过程中，有效性的积累仍是不可忽视的因素。换言之，权威主义从来都不是后发展国家政治发展的目的，政治发展中非均衡的序列安排也从来都具有阶段性和动态的特征，不同阶段侧重不同的非均衡发展推动了我国的政治发展和政治转型。在可以预见的未来，突出以民主化为内核的政治合法性的建构，向着政治民主和政治稳定的目标迈进，在这一过程之中，非均衡依然有其自身的价值理性。

总之，政治发展目标的多样性及不可同欲性，以及各目标之间存在着的因果关系，决定了政治发展过程中必须有一个序列安排。政治发展的这种序列性和优选性，事实上就是一种非均衡的政治发展观。政治存在本身就是为了使人类过上更加优良的幸福生活，因此为了保证众多政治发展目标一一实现，就必须参照现实加以遴选，有所取舍和侧重。也正是在这些轻重缓急的遴选与安排之中，政治发展为一种可控的、有序的非均衡力量推动向前，一步步朝着其既有的目标迈进。

四　非均衡发展与政府关注

中国是世界上最大的发展中国家，富有活力的动力体系和符合实际的发展战略对现代化建设至关重要。实践证明，非均衡的动力体系和党领导下的非均衡发展有效地推动了我国的政治发展，并仍是未来中国相当长时期内的选择和取向。作为政治发展的动力，非均衡发展推动了中国政治由理想转为现实，使得中国的政治发展在有效性中积累着合法性，在经济发展的基础上建构了有中国特色的社会主义政治体系。不仅如此，新的历史时期，在党和政府的关注和引导下，非均衡发展序列适时转变，使得民主与民生成为新的政治诉求，推动着我国的政治发展。但是，即便是非均衡发展战略的奠基人和倡导者赫希曼等人也从来没有否认过非均衡可能带来的消极作用。非均衡本身并不等同于失衡，二者之间有着质的区别，但是非均衡内部也确实存在两个趋向，一个是均衡，另一个是失衡。当非均衡的程度趋于失衡，也会影响和阻碍经济发展，催生一系列社会问题和矛盾，最终导致政治不稳定、不和谐的格局产生。这时，政府就应当对转型时期社会关系中的主导问题及其变化趋势给予特别关注，引导社会中非均衡的趋向发生转变，使之向着均衡的趋向发展。也只有这样的政府行为才能够矫枉过正，将非均衡发展控制在适度的范围之内，成为有利于政治、经济、社会发展的可控的、有序的、有效的行为。

（一）非均衡发展与当代中国的社会问题——基于微观的考察

如前所述，我国的政治发展过程并不是协调均衡的，非均衡的政治发展主要表现为政治系统与其外部环境的非均衡，突出表现为政治与经济发展的非均衡；以及政治系统内部的非均衡，突出表现为政治的价值性、体制性和行为性的非均衡。这些非均衡的因素一方面推动了我国的政治发展，但另一方面也不可避免地引发了一些问题和矛盾。

第一，政治发展的滞后性反过来成为制约经济及社会发展的重要因素。

一如大多数学者的共识，经济发展为政治发展提供物质保证和有效性支持，甚至在某种程度上促进政治制度的发展和完善。另外，市场经济与民主政治之间又存在着负相关关系，二者之间存在着某种冲突，二者的发展并不是简单的正相关关系。如《大国的兴衰》一书的作者保罗·肯尼迪就否认民主和经济进步必然会相伴而生；法国学者雅克·阿塔利也指出，并不像流行的观念所认识的那样，市场经济和民主政体总是良性循环着共同促进人类的进步，只有法治、自由以及社会责任达成共识的国家里，市场经济和民主政体之间的良性循环才能维持并长久地运行下去。这种状况之下，就必须以政治发展来助推经济发展。就社会主义国家而言，市场经济体制的作用总是双重的，要想使它对社会主义民主政治建设的阻力降至最低，全面、深入的政治体制改革是行之有效的方法。一方面加强法治建设，另一方面还要求加强国家的宏观调控，克服市场经济体制的缺陷。既要防止权力的过分集中，又要预防无政府状态的出现。也就是说，市场经济体制与我国社会主义民主政治有着复杂的相互关系。随着现代化建设的逐步展开，要克服市场经济体制的消极因素，只有深入地进行政治体制改革，使二者在前进和发展中相辅相成，互相促进。这也意味着，随着市场经济体制在我国的建立，原有的经济先行的非均衡发展序列也应发生转变，否则就会成为阻碍发展的滞后性因素。当前，中国的新旧体制转轨的形势依然严峻：与过去经济发展优先的思维方式相比，非经济因素在影响中国未来发展方面的重要作用日益凸显，政治体制改革的相对滞后逐渐成为制约中国发展的重要因素，经济与政治的关系在新的历史时期应当有新的解读。毋庸置疑，经济的初步发展已经为政治发展提供了有力的物质保障和有效性积累，但单纯的经济发展却不能满足政治的合法性诉求。政治与经济的非均衡发展趋于失衡时，社会政治领域中的矛盾已经积累到比较严重的地步，这时，实际上政治发展的滞后性就体现出来，并可能对初步建立起来的社会主义市场经济体制构成威胁，这种体制性障碍不仅引发社会矛盾，甚至可能导致经济乃至社会体制改革再难有深入的空间。改革与发展也因此进入一个总体性变动阶段，在这一阶段，社会政治领域的体制改革成为重点，若无突破，就无发展，甚至危及社会的稳定和经济发展本身，事关改革成败。

政治发展的滞后性主要体现在它虽然具有强大的反作用，却总是在被动回应经济体制改革提出的种种要求。受到特定历史阶段经济发展状况的制约，又作为一定意义上的“集中表现”（列宁语），我国的政治体制深深地反作用于经济体制。但这种反作用又总是被动的，效果上也是有欠缺的。回顾我国1979年以来改革开放的历史进程，就会发现正是由于缺少政治体制改革和其他社会改革相配套，我国的这场新的伟大革命曾经遇到过许多非经济因素的影响，发生过激烈的冲撞，甚至一度陷入困境。在实践中，我们不难达成这样一种共识：经济体制和政治体制的内在联系，决定了我国社会主义的任何深层次和大范围内的经济体制改革，必然同时也是一场意义深远的政治体制改革，不进行政治体制改革，经济体制改革将很难深入并取得真正成功。尤其是近年来中国经济的“新常态”现象，更让我们深刻感受到政治发展滞后带来的问题和掣肘。如今随着改革的深入，经济体制改革要求政治权力对经济影响的方式不断更新。它明确要求破除政府高度集中、简单粗暴的经济管理模式，要求以政策的调控方式、经济手段的诱导方式以及法律手段的监督方式来发挥政治对经济的反作用。

在这一层面上不难看出，经济发展和经济体制改革是整个社会系统工程中的一个子系统，它必然要受到其他社会体制特别是政治体制的影响和制约。尤其是转型时期，社会进入一个总体性的变动阶段，政治发展对经济发展的影响和制约会随着经济体制改革的深入越加明显。这时，某些具体的政治体制就必须主动地适时加以调整以适应经济发展的需求，经济发展与政治发展之间的序列安排也应当适时适度改变。政府应当充分发挥其宏观调控的职能，使二者之间的非均衡程度，较之发展的初级阶段，有所减轻，甚至在均衡和失衡两种趋向之间趋于更加协调均衡的状况。也就是说在这样一个发展阶段，经济与政治之间的序列安排应当适时变化，把政治发展放在优先与重点考虑的序列。

第二，民主建设的滞后还可能导致政权遭遇合法性危机，进而影响大众的政治认同。

民主、效能与政治发展的关系自不待言，政治民主是政治发展的主要目标，而没有效能就没有政治稳定，民主的实现又会成为无源之水。在这一层面上，效能与民主一样，都是政治发展不可或缺的条件。对于后发展中国家而言，赶超现代化的背景决定了在其政治发展的过程中，民主与效能缺一不可，但先天不足的基础和残酷的现实考验又决定了在实际的发展过程中，必须面临着孰先孰后的现实抉择和序列安排。在广大发展中国家，多元文化以及民族纠纷还未得到有效处理，现代政治认同尚未建立就走向冲突。民主是承认冲突的，但仅有民主的功能从来就是有限的，它本身无力也无法有效解决这些冲突和矛盾；民主的发展要求限制甚至是控制权力和权威，但缺乏这些，发展中国家的民主机制又无法有效运转；民主本身就意味着对民意的遵从，但缺乏效能的民主无法有效处理经济及社会问题，这种民主的价值将大打折扣。民主与效能究竟孰先孰后？当然，英美等少数西方发达国家的政治实践证明，一个民主的政府也可能是一个高效的政府。但即使发达如日、韩等国，其发展的经历也似乎显示出鱼与熊掌不可兼得。对于我国而言，“一个没有政治效率或政治效能很低的现代政治体系很难实现政治稳定或至少难以实现持久的政治稳定”①。政治的有效性成为现代化初期我国政治发展的现实选择。

但是，“合法性是政治生命力的根本性、决定性因素，因为它反映了那些寻求统治（也就是说，实施权力）的人为被统治者接受和认可的程度”②。对广大发展中国家而言，新生的政权必须获得合法性的支持，这就要求既要追求效能，又需要实现民主，因为民主关乎政权的合法性，关系到大众对政权和政府及其政策的认知和评价，这是一个政治认同问题。政

① 施雪华：《政治现代化比较研究》，武汉大学出版社 2006 年版，第 567 页。

② ［美］罗伯特·杰克曼：《不需暴力的权力——民族国家的政治能力》，欧阳景根译，天津人民出版社 2005 年版，第 122 页。

府效能和经济发展绩效为政治体系输送有效性，为政治稳定创造基础，但合法性则是“政治系统使人们产生和坚持现存政治制度是社会最适宜制度之信仰的能力”[①]，没有合法性支撑，政治稳定不可能长期持久地存在。随着时代的发展，合法性基础会发生改变，在当今这个时代，“我不知道除了人民本身以外还有什么储藏社会的根本权力的宝库”[②]，也就是说，民主成了现代政府合法性的主要来源，任何拒绝民主这一基本价值的发展都不是真正的政治发展。对发展中国家而言，初期的现代化中经济发展是政治合法性的重要来源，效能优先有力地奠定了政治发展的经济基础，但现代化建设必然会对政治发展提出更高层次的诉求，民主是它明确的发展方向。

1978年以来，随着现代化建设的展开，我国的经济发展成效显著，政府效能有了很大的提高，这为我国的民主政治建设提供了条件和基础。但与改革后政府效能的增长相比，社会主义民主发展仍然显得相对滞后，集中体现在公民的民主意识仍然较低，有待提高。在我国政治由传统转向现代的过程中，民主与共和的观念深入人心，但改革开放30多年来的事实依然表明我国公民的民主意识也还停留在较低水平。这种民主意识发展的滞后在一定程度上制约了公民的政治参与，至今我国公民民主参与的范围仍十分有限。作为一个多层级间接选举的国家，虽然全体公民直接参与大规模的国家层次的选举既不现实也不可行，但现行的公民参与选举仍然停留在村社层次，已与现实不符，已经严重落后于我国经济社会的发展水平以及公民自身的政治参与需求。与这种较低层次的政治参与水平相对应，公民民主参与的效能感较低，这将直接影响到我国政治发展中合法性的积累，影响到公民对我国政治体系及政治发展的认同。即便如全国人民代表

① ［美］西摩·马丁·李普塞特：《政治人——政治的社会基础》，张绍宗译，上海人民出版社1997年版，第55页。

② 《杰斐逊选集》，商务印书馆1963年版，第60页。

大会这种较高层次的政治参与，真正意义上的有效运作也显得较为奢侈。人数较多，既是覆盖我国各阶层公民政治参与的必然要求，又必然在一定程度上造成参政水平参差不齐，最终在事实上限制代表的活动范围，降低了代表民主参与的效能感。效能感缺乏会直接影响公民参与政治的热情，进而影响政治发展本身。总体看来，改革开放 30 多年，政治发展中党和政府的效能明显快于民主的扩展。当然，这是特定历史时期的必然要求，快速的经济发展要求一个高效的政府，而在一定的时期内，政府在经济方面的突出成绩也确实足以抵消来自民主的压力。但随着现代化建设的进一步深入，这种安排的弊端也日益显现，合法性建设乏力，政治认同感不强。现实的发展状况要求以经济绩效维护政治稳定、促进政治发展的序列安排适时转变，在民主与效能的价值悖论中，政府所承受的民主的压力将越来越大，就当下的状况而言，党和政府要提高的效能不仅是其经济绩效，而且是其民主绩效，民主的诉求已被较为突出地提上日程。

第三，权力的集分困境暴露出我国政治体制的主要弊端，影响我国的政治发展。

集权和分权是任何一个国家政治发展的过程中都不可避免的选择。不同的国家、不同的地区，在其不同的发展阶段，会选择不同的政治体制。对于先发国家而言，其政治发展历程大致经历了一个集权与分权的钟摆式过程，具有一定的规律性："在其政治发展初期，往往倾向于集权；在资产阶级的政治统治确立后，为了促进自由资本主义的发展，分权成为历史的主流；当自由资本主义转向垄断资本主义时，政治体制也发生了相应转变，集权成为主导；而自西方发达国家进入后现代社会以降，合理分权又成为各国政治体制改革的最强音。"① 广大发展中国家则不同，它们的政治变迁更突出地体现为诱致性变迁，其政治体制的选择充满着矛盾和艰辛。

① 彭庆军：《政治发展进程中的政治平衡问题研究》，武汉大学出版社 2010 年版，第 145 页。

从横向结构看，是代议分权还是行政集权处于两难境地；从纵向来看，又往往陷入中央和地方一统就死、一放就乱的怪圈。薄贵利在分析这种变化规律时指出："在现代化起步阶段，中央和地方权限变化的主流趋势是中央高度集权化；在现代化稳定发展时期，分权化先后走上许多国家的政治舞台；在现代化危机时期，中央高度集权化来势凶猛，有些国家甚至走上了极端；在现代化成熟时期，中央高度集权又被中央与地方合理分权化所取代。"① 这种不同时期的体制选择即为政治发展过程中序列优选，有先有后、有主有次，总体上体现出非均衡的特征。但是，这种非均衡的发展序列既有现实的必然性，也有其自身的缺陷和弊端。

如前所述，非均衡内部有两个发展的趋向，自然的是趋于失衡，也可能在人为的干预和修正下趋于协调乃至均衡。但任何发展的趋向都是有一定的惯性，所以才有了矫枉过正。在我国的政治发展中，政治体制随发展显示出的主要弊端即权力过分集中、官僚主义和家长制等，而这些弊端产生的总病因又被归结为权力的过分集中。这种状况的出现一方面是对现代化初期主流趋势的延续，另一方面源于我国进入现代化稳定时期后新的问题和要求应运而生。权力过分集中是我国现代化初期的遗留问题，但这一现象的消除和解决却不是一个短期过程。这一现象不仅反映了权力资源配置的不合理，更反映了权力运行缺少有效的制衡，从而导致权力发生异化，权力的主人反倒沦为权力压制和支配的对象，从而与我国的体制设计的初衷不符。回顾过去 30 多年的改革历程可见，集权程度在经济和社会领域有所降低，但在政治领域并没有实质性的下降。随着经济和社会领域的自由快速发展，尤其是市场经济体制的建立与完善，这种权力集分失衡状况弊端越发明显，政治上的集权并没有实质性改变。

从横向上看，代议机构、司法机构的权力有所增长，但仍不足以制衡

① 薄贵利：《集权分权与国家兴衰》，经济科学出版社 2001 年版，第 97 页。

行政机关日益增长的权力。这种代议分权与行政集权的矛盾，如果体现为行政集权大大超过代议分权的状况，则容易导致政治体制的畸形发展。资本主义早期的德国和日本就曾经是这一状况，议会民主成为一个空架子，最终走向军国主义和扩张主义的道路。对发展中国家而言，行政集权的扩大常常损害民主政体，无论是政治发展还是经济发展，长期处于这种失衡状况的国家并不能取得令人信服的成绩。自改革开放以来，新中国成立初期所确立的政治体制步入“正常化”轨道，各级人大、政协、法院、检察院、政府等机构正常运转，人大的立法权、对行政部门执法的监督权、司法部门的检察审判权等都得到进一步增长。但这种权力的增长又是极为有限的。表面上行政部门的权力收缩，实际绝大部分增长的国家公共权力依然掌握在行政部门手中，而且相当一部分法律法规是由行政部门自行制定的。比较而言，人大权力的增长则更多地体现在立法权的增长上，在监督权上未有实质性进展等等。因此，改革开放以来，代议机构、司法机关的权力有所增长，但仍不足以制衡行政机关的权力，公权力被滥用的现象和危机时有发生，成为人所诟病的“利维坦”。这显然不利于实现政治发展的目标——政治民主，更是在实践中导致政治冷漠甚至引发认同危机，最终危及到政治稳定。

从纵向上看，中央政府与地方政府的权力划分并没有制度性的规范。权力的下放与收回都是政策性的。联系中央与地方之间关系的不仅是财权，更重要的还有以执政党所主导的人事权、纪检监察权等，地方各级主要官员的晋升考核都掌握在党中央手中。因而，从总体上看，中央权力实质上一直处于优势地位。由于缺乏制度化的权力划分，地方人事变动又十分频繁，因而中央权力与地方权力仍处于政策性的变动不居的博弈当中，但整体上中央处于绝对优势地位。一定时期，中央权力的相对集中是必要甚至必需的，它有利于实现经济发展和政治稳定，但在现代化稳定时期，整个世界已经进入“分权的时代”，民主成为当代政治发展的主题。这种状况下，中央集权不利于调动地方的积极性，也不利于广泛调动公民政治参与的热情。实施地方分权是扩大公民政治参与的需要，它有助于增强地方政府的适应性，扩大公民政治参与的范围，如林尚立所言：“公民参与的扩大，就必然意味着地方政府的决策圈要有所加强，以容纳扩大的公民参与。否则，地方政府就将无法容纳公民参与而陷入危机。”① 根据地方实际扩大地方政府权力，使其有权力灵活地开放更多的政治参与渠道，满足公民政治参与要求，无疑有助于更好地发挥地方政府的安全阀和过滤器的作用，最终有利于政治稳定与政治发展。更重要的是，将无须求得完全一致的事务更多地交给地方政府处理，中央政府可以更加专心地致力于国务。而那些在国家政务上意见尚未达成共识的人们，则可能在地方事务上取得一致。当然，也要预防从一个极端走向另一个极端，分权在结构和效能上都要保持一定的限度，过度的集权是有害的，无节制的分权也是一样。

与权力的集中或分立相对应的是对政治控制及政治参与的度的把握。首先，政治失控和参与爆炸是二者关系失衡的一个重要体现，这显然不利于政治发展。民主政治系统一旦建立，其巩固和发展都离不开有效的政治控制，一旦政治失控、参与爆炸，就会造成社会的动荡不安。对于发展中国家来讲，民族国家的建立是政治发展的第一步，这一过程中，政治动员往往成为建立国家乃至实现现代化的重要工具，但动员政治也往往是难以控制、容易失控的政治形式。随着现代化的发展，后发国家民众日益普遍地被卷入政治、参与政治，在传统与现代的交汇之间，政治控制体系的转变就显得非常重要。此外，控制过严与参与窒息也是发展中国家容易出现的问题。集权式的政治控制虽然能够暂时维持秩序，但强权下的宁静只能是短暂的。对公共权力进行规制，对公共利益进行公正的分配，公众的有

① 林尚立：《国内政府间关系》，浙江人民出版社 1998 年版，第 148 页。

效参与成为传统政治走向现代的关键性环节。具体到中国语境来说，就是政治控制必须是有限的，它不能侵犯社会的相对自主性，其目的不在于消除冲突，而是通过公共规则的制定和公共产品的提供将政治冲突保持在合理的范围之内；政治参与是必要的，但也必须是有节制的，它需要公共理性的节制，需要相应的政治领导，甚至需要一定程度的冷漠和回避。在一定意义上讲，使参与有序进行的一个前提恰好是一定程度的有限参与。

（二）非均衡发展与政府关注——基于解决路径的考察

由以上分析可知，非均衡发展是一个充满主观能动的客观过程。这一过程之中，非均衡是客观存在的，也是人为设计的，对当代中国的政治发展而言，非均衡价值犹在，仍然真实地体现着发展的规律性和我国的现实情境，不能轻易否定。但当其弊端显现、影响政治经济发展乃至社会进步时，政府作为影响和推动政治发展的主体就必须强化政府关注，通过积极调整国家宏观公共政策和发展中的序列安排，有效地控制甚至改变发展中的失衡倾向和失衡问题，引导非均衡健康发展。尤其在政治领域，由以经济建设为中心转向到在推动经济建设的同时，结合改革领域和发展内涵进行理性思考，以最终实现国家与社会的良性互动。这里，政府关注并不是否定非均衡发展，而是指政府在充分认识非均衡发展战略的价值和意义的前提下，客观认识和对待非均衡发展带来的不利影响，辩证思维、理性分析非均衡发展战略中的协调和均衡。甚至在未来较长一段时间内，中国政府需要秉持均衡与非均衡的辩证思维，在保证政治发展动力机制充满活力的基础之上，把修正非均衡发展战略所造成的一系列问题作为政治发展的重要内容。

1. 积极推动民主建设，以民主促稳定

目前我国已经进入现代化稳定时期，这一时期较现代化初期而言，社会主义经济基础已经初步形成，伴随着物质的满足和逐渐丰裕，民主建设

的物质条件已经初步具备，人们的政治诉求日益受到关注。效能优先的非均衡发展在这一时期的效用减弱，而问题显现。因此以民主为资源促进稳定与发展，是政治发展在当下的必然要求。政治民主和政治稳定是政治发展的两大目标，作为政治发展的重要目标，它们一方面是和非均衡发展联系在一起的。非均衡发展是基于效能和秩序的预期，因此在发展的序列优选上，效率优先于公平，制度化优先于民主化，秩序优先于权利。换言之，虽然众所周知，只有实现政治民主，才可能实现长治久安，民主监督的缺乏必然导致公权力的滥用而最终侵害到公民权利，这正是政治不稳定的最主要原因；但在现实的发展中，民主化的过早过快并不见得有利于政治稳定的选择。因此要实现政治发展的终极目标，政府必须对民主与效能之间的非均衡进行动态把握。现代化初期，基于二元化的国际国内环境和我国生产力发展的现实，效能之于民主必须放在优先发展的序列；但随着现代化进入稳定时期，经济社会环境已然改变，民主诉求成为汹汹民意，政治不稳态初露端倪，适时推进民主化改革，将民主置于优先发展的位置，以民主促稳定，在民主与稳定的双赢中实现政治发展应该是最为明智的选择。

2. 关注分配正义，有效性中积累合法性

非均衡推动下的发展战略在发展中具体体现为通过人为的安排和选择形成差异性，由此带来张力和压力推动发展，这种优选性的发展模式既带来了发展的活力，又客观上必然影响分配正义的实现。当然没有发展就谈不上分配的公正合理，改革开放前我国呈现的就是这样一种低水平的均衡发展模式，这种经济上低水平均衡发展必然导致社会及政治发展上的极端失衡。改革开放以来，这一模式本身无法适应现实而做出调适，通过人为的非均衡设计矫枉过正，形成倒逼机制促使治理结构改善，最终形成新的经济、政治、社会运行模式。但是，随着现代化的稳定，社会主义经济基础基本形成，非均衡，尤其是政治领域内原有非均衡要素及其序列安排已经不能适应经济发展乃至政治发展形势的变化：民主的诉求日益高涨，分权的时代已然到来，政治参与成为政府和人民的双重需要。这种状况下，国家建设和民主建设展开，分配正义提上议事日程。中国共产党积极适应这一变化，提出“全体人民共享改革开放发展成果”，体现出对分配正义的关注。这种关注转化为各种民生政策落实到现实的社会生活中，很大程度上化解了原有的非均衡安排遗留的问题，而且增强了人民对这一发展模式的认识和认同，架起了一道由有效政治通往得到广泛认同的合法政治的桥梁。

3. 合理配置公共产品，关注社会民生

我国虽已初步建立了社会主义民主制度，完成了由传统向现代的转型，但这一时期而且在未来相当一段时期内，这种民主建设仍处于低度民主的状态。要使民主建设更进一步，必须关注民生问题，它关乎广大人民群众的根本利益，事关和谐社会建设成败与改革发展稳定的大局。一如党的十七大报告中明确指出的，“必须在经济发展的基础上，更加注重社会建设，着力保障和改善民生”。以关注民生为主要的价值诉求是我国社会主义民主建设的特点和特色，也是修正非均衡发展中出现的诸多问题的主要路径。民生诉求关乎老百姓的衣食住行，也关联着他们的政治诉求。在我国的现代化初期，尤其是改革开放之前，个人的利益和诉求淹没在集体的利益与公共诉求之中；改革开放之初，非均衡的发展战略虽然一定程度上解放了公民和社会，但民主之于效能、权利之于权力、参与之于控制，仍处于相对弱势的地位，不被关注；当前我国的现代化建设已处于相对稳定时期，以均衡思维关注非均衡发展，个人与社会、公民与国家等等关系重新解读，非均衡的优选序列应当而且是时候做出改变了。甚至可以说目前民主建设的核心就在于建构社会主义的民生政治。关注民生，就要进一步完善有效的社会保障体系，发展社会事业。特别是合理配置公共产品或者提供公共服务，提高公共产品的分配能力，建构一个崭新的“非均衡发展的社会”，为现代政治发展和国家建设提供动力。

综上所述，尽管发达国家的建设逻辑表明，国家建设和经济发展必须先于政治发展，尤其是政治参与和物质分配，因为“分享权力和福利首先要有权力和福利可供分享”。但是后发国家却不得不同时面对这些任务和压力，大多数后发国家政权建立后不久，在“二元化”的国际背景下，就不得不同时面对发达国家经历的专制主义、民主化和福利三个时代需要完成的历史任务。多个发展目标如何选择，孰先孰后，矛盾重重。国家发展要求效能，社会发展呼唤民主，在经济与政治、民主与效能、权力的分立与集中、政治控制与参与之间，中国共产党领导下的现代国家的建构，主要是以非均衡发展来实现国家建设、社会整合和国家认同，这种非均衡的发展战略不仅以渐进式改革的方式推动了经济的发展，更成为新时期政治发展的动力与逻辑。当前我国仍处于社会转型时期，非均衡发展战略创造了巨大的奇迹，但随着现代化进入稳定时期，原有的非均衡要素已经渐渐偏离实际，偏离非均衡发展的方向，这一战略的有效性和有序性受到影响，发展的重心发生变化，非均衡的序列安排也必须适当调整。党和政府十六届三中全会以来的努力正是基于这样的考量，进行这种转变和调整的具体体现，试图以另一种“协调”的非均衡矫枉过正，在理论上解决经济发展和公平正义问题，在现实中解决原有的非均衡引发并波及多个领域的诸多问题。即在非均衡发展中注入均衡思维和政府关注，建构一个以社会发展为导向、以人民为趋向的服务型政府，通过人为的干预和引导来降低非均衡发展中的失衡倾向，使我国政治经济社会健康发展。

第四章　非均衡推动政治发展的国际经验分析

政治发展这一概念的产生和兴起是以西方和“非西方”的划分为基础的。大多数西方学者的共识是：政治发展是非西方国家，尤其是后发展中国家向西方学习，构建现代政治国家的过程。经过数百年的历程，西方的政治发展模式成熟、成绩斐然，新自由主义的影子看似已经在西方的影响之下遍布了世界的每个角落，事实上却似是而非。亚洲、东欧、拉美等众多的“非西方”国家和地区虽然在现代化建设初期经历了短暂的彷徨，但之后，尤其是冷战以后，世界格局和国际形势的巨大改变使得这些国家纷纷反思、审视，并在这一过程中寻求政治发展模式的“本土化”之变。这些国家的政治发展中，情况各个不同，发展的模式也多姿多彩，但相似之处显而易见，那就是：他们多重发展目标和诉求同时“压境”，鱼与熊掌却不能兼得，其中必需的抉择和权衡就是这些非西方国家政治发展的过程，也是非均衡发展推动政治转型的过程。

以地域差别为主要的参考标准，“非西方”国家和地区的政治发展路径可以分为：东亚及东南亚政治发展路径、以印度为代表的南亚发展模式、拉丁美洲的半西方模式、撒哈拉以南非洲的发展模式、伊斯兰模式、东欧民主政治的摸索模式和俄罗斯的大国重塑模式七种类型。这些发展模式在不同程度上都显示出非西方国家，尤其是后发国家政治发展之路的本土与西方之辨。本章在论证了非均衡是我国政治发展的动力和逻辑这一基本观点之后，试图进一步寻求“非均衡推动政治发展”在非西方国家政治发展中的普适性。参照前人的研究，特别选取与我国政治文化背景有诸多相似之处，但结局迥异的东亚以及东南亚的一些国家为样本，通过经验总结分析“究竟是什么推动了政治发展”这一命题，并尝试总结非均衡推动政治发展的国际经验。

一　选择分析典型及选择原因

塞缪尔·亨廷顿在1965年发表的《政治发展与政治衰败》一文中，归纳了当时政治学界关于政治发展的普遍共识：“（一）侧重于地域性的政治发展，即认为政治发展仅指亚非拉等贫穷落后国家的政治变化，不包括发达国家；（二）侧重于社会演变意义上的政治发展，即认为政治发展是在现代化进程中的政治方面和后果；（三）侧重于目的意义上的政治发展，即认为政治发展是向着某一政治体系的一个以上的目标的进展；（四）侧重于功能意义上的政治发展，即认为政治发展是向现代社会所特有的政治体系的转变。”[①] 从这一意义上讲，政治发展不是现代化的结果，而是一个有效发挥功能的现代社会的政治必需。而另一位美国学者派伊也同样指出政治发展的双重任务，一是建立和维持一个独立民族国家的过程；二是实现政治现代化，这种政治现代化以西方的现代政治形式为参照标准。因为经历了数百年漫长的磨合与发展历程，西方政治体系的确呈现出相对成熟稳定的特点和优势，体系、过程和政策三个层次功能都比较完善，政治发展显示出较高的层级和水平。因此，在研究政治发展的相关问题时，研究

① ［美］塞缪尔·P. 亨廷顿：《变革社会中的政治秩序》，王冠华等译，上海三联书店1989年版，第30—36页。

的对象是明确的，它更多地指向正处在现代化建设阶段，在由传统向现代的过渡中面临着多重问题亟待解决的发展中国家的政治现代化问题。简单说来，即特指五六十年代以来亚非拉等贫穷落后国家的政治变化，不包括西方发达国家。显然这些后发国家的政治发展不可能像西方那样经历数百年的时间缓慢而自然地走向现代化，相反，它们既要遵循所谓政治发展的“自然法则”，还要加速发展将西方式发展三阶段整合为一，同时解决历史累积、当前面对和长远发展的大多数问题。

按照本书的理论视角和分析框架，所谓推动政治发展的“自然法则”，即为非均衡发展推动政治转型，它既是对动力体系的总体概述，又是对发展逻辑的外在展示；而所谓“加速发展”、“整合为一”，更是人们在认识规律基础之上发挥主观能动性的结果，即通过发展序列的选择构建人为的非均衡以推动政治发展，这是政治发展的内在逻辑。政治发展的研究对象本身具有狭义的特征，多是“二元化”国际背景之下后发展国家政治现代化的历程和路径选择。这里选择一些国际上典型的后发国家，分析其政治发展动力及路径，通过经验分析和总结，以期为非均衡推动政治发展的学理分析和理论构设提供进一步的现实支持和经验验证。

二　日、韩等东亚国家转型时期政治发展动力的选择与经验分析

中国、日本、朝鲜、韩国以及台湾地区是东亚国家和地区的主要代表。它们共处于“儒家文化圈”，有着大致相似的文化传承，虽然各国的发展路径有很大差别，并没有单一的“亚洲模式”，但“东亚的个案提供了一个替代主流现代化范式的模式，一个反映了真正的人类成就和不可以

完全被轻视的价值观的另类"[①]。东亚国家，尤其是日、韩等国，在经济领域已跨入发达国家之列，但在政治发展上，仍属于外生型现代化的范围。与西方欧美等国的现代化不同，欧美国家的现代化主要源于自身内部现代性因素的不断成长，是一个不断演进的"自然历史过程"；而日、韩等国的现代化则是政治精英推行学习和应对国内外挑战的过程，这种外生型现代化国家政治发展的动力带有明显的非均衡特征。

（一）日韩模式中动力体系的特征分析

日、韩等东亚国家的现代化进程与中国步入现代化的进程有诸多的相似之处，也可称为"类中国"的典型。这些国家政治发展的现实动力体系大致都可以分为三个方面：西方的外部压力、国内政治精英的选择以及广大人民的呼声。这三个作用力之间并不是势均力敌的关系，对于一国的政治发展而言，不同的发展阶段，三大现实动力所起的作用有所差别，会有其中某种力量居于主导地位，总体上呈非均衡的发展态势。以国际因素为例，在民主条件较为成熟的国家，国家情景因素会在一定程度上减少政治发展的阻力；而对于民主条件尚未成熟的国家，国际情景因素往往是开启其民主化进程的最初动力。而当民主化建设开启，国际的压力及动力又必须以本国的经济、政治、文化等现实条件联系起来，民主化须与本土化链接，这时，国内政治精英的发动和选择又成为推动这些国家政治发展的核心和关键力量。以日本为例，其现代化具有典型的外生型特征，是在西方殖民者的强大外部压力下被动开启的，外来力量的压力是其现代化初期政治发展最主要的动力。又如韩国，作为东亚国家的典型，韩国光复后的政治发展最初是在美国的直接干预之下开启的，在美国的干预和压力下，现代化初期，韩国不得不选择三权分立作为其主要的民主制度框架。当然，

① ［美］霍华德·威亚尔达：《非西方发展理论——地区模式与全球趋势》，董正华等译，北京大学出版社2006年版，第37页。

民主化进程一旦开启，向西方学习必然会遭遇本土化危机。国际情景因素的主导力量逐渐消退，这是能够代表广大民众利益的政治党团登上历史舞台，成为政治发展的担纲者和主导者。这时，推动政治发展的动力体系依然呈非均衡的发展态势，非均衡的动力体系带领和推动着政治向前发展。

（二）日韩模式中非均衡动力的选择与经验分析

首先，这种非均衡体现为价值性非均衡，具体体现在民主与效能的选择上。这种选择首先是由日、韩等东亚国家政治合法性的二元结构决定的。这些国家虽然后来成为发达国家中的一员，但其现代化过程的开启却是外力的裹挟之下的结果，当然这种结果的达成带有很大的自主性和自愿的特征。因此本国的传统政治文化（价值观）与西方发达国家政治文化（价值观）这两种原本相互冲突的文化和价值观念奇妙地融合在一起，共同成为其政治合法性的重要基础，在这一层面上，与西方一元的合法性基础不同，日、韩等国的政治合法性呈现出二元结构的特征。建立在这种合法性基础之上，这些国家自上而下垂直的社会等级结构与西方移植过来的平等的民主主义结构又共同构成社会结构和政治结构之间的二元形态，并由此导致了政治制度与实际政治过程的不一致。这种不一致是导致日、韩等国政治体系价值性非均衡的社会基础和主要原因。如威亚尔达在《民主与民主化比较研究》中所说："在全球范围内，民主表面上取得了胜利，但这并未结束争论；历史并不像福山所说的那样'终结'了。……一些权威主义政权设法用够多的'民主'成分装点自己，以获得国际社会的认可，但却不足以被视为真正民主的政权。更有甚者，许多最近发生的向民主制度的转变是部分的或不彻底的，这些转变所带来的是将民主和权威主义以多种方式结合在一起的混合形式。"①

① ［美］霍华德·威亚尔达主编：《民主与民主化比较研究》，榕远译，北京大学出版社 2004 年版，第 3—4 页。

以日本为例，日本的现代化属于典型的外生型现代化，是在19世纪中叶，在西方殖民者的强大外部压力下被动开启的，外部压力成为日本现代化初期政治发展最主要的动力。这一背景之下，向西方学习，引入西方的政治价值、采借西方的政治制度成为这一时期日本政治精英的必然选择，并以此拉开了日本现代化的帷幕。这其中，东西两种完全不同的政治价值观念由冲突、碰撞到融合、重构，民主与效能的博弈在日本的政治实践中体现为西方民主价值与传统权威主义之间的较量，并在二者的此消彼长中逐步推动了政治发展，“日本式民主”最终形成。这种特殊的民主形式有其特定的内涵，是西方政治价值观日本化的结果，是价值观念重构出新的过程，及其在现实政治实践中的反映。在现代化初期，有权威主义代表的效能优先创造的经济绩效体现出政治发展的有效性，这种有效性符合了人们通常判定民主政治的一般标准：既推动了经济发展，又实现了社会稳定，因而获得了国民广泛的政治认同。而随着经济的发展，政治价值得到重构，民主的呼声越来越高，效能优先的局限性以及进而滋生的派阀、世袭、金权等政治乱象威胁到成长中的民主政治。于是2009年，战后日本因民主党在选举中一举夺魁，成为国会的绝对多数而使得日本首次实现了真正意义上的政党轮替，向两党制迈出重要的一步，也使得日本的政治发展有了新的目标方向。由此不难看出日本的政治发展模式作为“东亚模式”的代表，与其他西方发达国家的政治发展大相径庭。日本的政治现代化起步较晚，是西方主要发达国家中唯一属于追赶型的现代化国家。但作为西方发达国家的一员，日本却走出了一条完全不同于欧美国家的政治现代化发展之路。日本的这种外生型现代化发展之路，政治系统与外部环境因素的非均衡性是其政治发展的宏观原因；在具体的道路选择中，它选择的也不是同步推进经济现代化和政治民主化的发展模式，而是以效能和民主的非均衡发展作为发展的战略：这种经济主义的政治发展模式以经济为发展中的绝对主导，产业化是民主化得以实现的根基。但就在这样的战略指引下，日本的现代化建设相当成功，政治发展也相应达到较高的水平，成为外生追赶型国家现代化成功的典型代表。从日本的经验可以看出，后发性国家政治民主化必须要立足于本国的国情，政治发展只能是经济发展基础之上的政治发展，西方模式只能借鉴不能照搬。民主与效能之间，在不同的历史阶段必须有所侧重与安排，这种发展的优先与序列是非均衡动力机制的现实体现，也是日本的发展提供给我们的有益经验。不可否认，实现政治民主化是各国政治发展的核心目标，但政治发展尤其是政治民主化的地位及其实现方式是由整个现代化总体发展战略决定的。经济发展与政治发展之间的非均衡发展是二者关系的生动描述，这种非均衡产生张力和互动是一个国家现代化建设的重要动力。总体上讲，日本和许多后发外生性现代化国家一样，政治发展多是在经济发展的基础上得以实现，如战前出于“富国强兵”的需要而建立的明治宪法体制，战后出于经济发展需求不断调整形成的“五五体制”等等。这些不断调整中的经济主义的政治发展模式虽然历经失败和挫折，但最终引导日本实现了全面现代化。这也有力地证明了在经济发展的基础上实现政治发展的模式对于后发性国家的可取性，更是启迪着这些国家在建设中不气馁、不言败，遵循规律按计划有序列地应对众多的发展目标。

再如韩国，作为东亚国家的典型，韩国光复后建立的民主制度和民主框架是在美国的直接干预下完成的，然而因与历史传统和实际境况的矛盾而致使政治过程最终由三权分立滑向权威主义的轨道。这种二元化实质上就是政治发展过程中民主与效能的价值性悖论决定的。韩国也属于追赶型现代化国家，在发展初期，民主与效能如鱼与熊掌不可兼得。二者孰先孰后？“一个没有政治效率或政治效能很低的现代政治体系很难实现政治稳定或至少难以实现持久的政治稳定；一个没有政治民主或政治民主很低的现代政治体系，同样不可能实现政治稳定或至少难以实现持久的政治稳定。”[①] 在发展中国家，民主与效能价值悖论由来已久，它们往往基于效能的要求而选择权威。韩国建国初期的政治发展路径就是这种非均衡性的最佳体现。

从政治发展的动力入手考察，是非均衡发展推动了韩国的政治转型。首先，总体上看，韩国政治发展的序列选择沿着“效能—民主”的路径，经由有效的政治最终到达民主的政治的彼岸，非均衡的特征十分明显。光复建国以后，建立独立自主的经济体系和政治体制是韩国面临的两个基本任务和历史使命。但韩国展开这两个现代化的环境相当恶劣：一方面，韩国的经济和政治现代化启动的时间晚，起点低，与西方差距较大，形成二元化的国际环境；另一方面，光复后的韩国政府接管了殖民地时期的政治经济遗产，拥有强大的经济资源和国家机器，并以此严密控制了意识形态，形成了强国家与弱社会反差巨大的二元结构，国家权力具有很强的自主性。这种二元结构在国际国内环境决定下，其经济发展就具有了特定的政治要求。韩国也就是在这样的国际国内背景之下开启了以完成两大历史使命为核心的现代化进程，这种追赶型的现代化一方面有先进发达国家的发展经验作为参照和示范，后发展国家或自觉或被迫地在学习中同时展开各项任务，创新不多、采借不少；另一方面，这种全方位的示范和参照又使得后发展国家矛盾重重，期望与现实之间存在巨大落差。这种矛盾既是发展的动力，又往往成为政治不稳定和社会失衡失序的重要原因。有序发展和社会稳定的需求使得强权政府应运而生，它要求政府足够强大和有效，能够驾驭和控制整个发展进程，维持政治稳定，提供足够的公共产品以满足社会正常运行所需，保障各项事业的有序进行。总之，有效地强化中央政府的能力是后发展国家追赶现代化、缩短差距降低落差的时代需

① 施雪华：《政治现代化比较研究》，武汉大学出版社2006年版，第567页。

要。韩国政府正是充分了解和满足了这一时代需求，以政府主导的方式，成功地启动和推进了经济发展进程。当然，在这一过程之中，经济和政治同步发展的压力、理想与现实巨大落差等一系列压力始终存在。这些压力一方面成为推动韩国政治发展的动力，另一方面，这种格局使韩国的政治发展面临与发达国家完全不同的发展问题，进而使其发展进程也不同于发达国家。在发展的序列选择上，经济发展位于优先的地位，但同时，在经济发展的相当一段时期内，政治不稳定、政治组织和政治过程的制度化和程序化水平过低等因素又威胁经济发展和政治发展。这种状况相应地对政治发展提出要求，造成压力。在这个过程中，权威主义相对于民主政体，抑或说效能与民主之间就分出了先后与优劣。政治稳定的实现却是依靠对民主化的控制乃至抵制而获得，实际政治过程与民主的实现渐行渐远；但这种权威主义政治却在相当时期内得到认同并得以继续维持，究其原因就在于经济发展的绩效及时弥补了合法性基础的不足。当然，权威主义只是后发国家追赶现代化过程中特定阶段的特殊选择，它之所以与民主的本义及潮流相背却依然属于政治发展的范畴，一方面同这些国家的历史背景与现实需求相关，另一方面也与有效的政府主导下的效益与效能相关。当然，权威主义不是这些国家政治发展的目的，政治发展中非均衡的序列安排从来都具有阶段性和动态的特征。

除了效能与民主以及相伴而生的集权与分权、控制与参与的非均衡推动了日、韩等国的政治发展以外，非均衡作为推动韩国政治发展的动力，其作用的内在逻辑同样体现在政治发展内部，文化与制度、制度与参与、文化与参与之间的非均衡发展最终推动了政治发展本身。这里，选择以文化与制度之间的非均衡关系作为考察日、韩等国政治发展动力机制的切入点，可以看出这些国家儒家文化传统与移植过来的西方三权分立的民主架构之间的矛盾和不相适应是导致其由“权威主义—民主主义”政治发展路径的重要因素。以韩国为例，如果说民主与效能的非均衡价值悖论是韩国政治发展初期选择权威主义的根本原因，那么其传统政治文化与西方现代政治文明的非均衡性则是影响其政治发展的又一重要因素。以中央集权为主要内容的权威主义是韩国的主要历史经验和核心政治价值倾向。二战后，持续了半个世纪之久的日本殖民统治土崩瓦解，韩国在美国的直接干预下得到解放，但同时，西方文化特别是美国的价值体系又全方位地冲击着韩国。但是在东西文化的交流和碰撞中，以权威主义为核心的韩国政治文化并没有在异质文化的冲击下失去阵地，相反依然稳居韩国社会基本价值体系的主流。这种政治价值倾向为中央集权的政治体制的存续及其正常运行提供了有效的政治支持。作为追赶型现代化国家的代表，经济主导型的政治发展是日、韩等国的主要特征，而市场经济的发展必然催生乃至达成传统与现代的结合。当传统的政治文化涅槃重生，人们的政治价值观以及政治信仰发生相应的改变，政治发展的障碍得以扫清，政治制度的变迁于是产生，权威主义逐渐向民主主义转变，三权分立的西方式的制度构建在实际政治过程中得以完成，政治发展走上良性的发展道路。

综上所述，东亚以日本和韩国为代表的“追赶型”现代化国家，其政治发展的道路多为动态的发展过程。现代化的急剧性及其政治要求在发展初期，社会主要矛盾集中于经济发展的诉求，民主与效能之间的价值悖论所导致的序列选择中，能保证效能的权威主义是其政治发展的价值取向，政治与经济的非均衡序列安排是政治发展的动力；但在中后期，随着市场经济的发展，本国传统文化受到剧烈冲击，政治发展的价值取向日趋民主。纵观这些国家的发展，先经济后政治，先保证效能后实现民主，先建构权威主义的有效政府，后实现权力分立的民主政治，这种非均衡的发展序列最终实现了在有效性中积累合法性，推动了国家的政治发展。当然，推动政治发展的因素是复杂和多元的，但当我们观察问题的视角回到元叙事的宏观层面，可以发现：政治发展，尤其是后发展国家的政治发展与其说是受动的过程，不如关注其主动性。在这些国家追赶现代化的过程中，非均衡发展是对其政治发展动力表征和实质的概括性表述，它不仅体现出人们对政治发展规律的认识，还在更高层次上通过发展序列的安排和设计体现出对规律的运用和把握。

三　东南亚国家转型时期非均衡动力的作用及效应——以新加坡为分析样本

除了以日、韩为代表的东亚追赶型现代化国家以外，以新加坡为代表的东南亚发展模式也值得关注。东南亚位于太平洋与印度洋之间，包括11个国家（越南、老挝、柬埔寨、缅甸、泰国、马来西亚、新加坡、印度尼西亚、菲律宾、文莱和东帝汶）。同大多数东亚国家一样，第二次世界大战结束后，东南亚国家也在“西方化”与“本土化”之争中不断探索，以期走出符合自身实际的发展之路。东南亚和东亚有着大致相同的文化背景，其现代化过程中的政治发展有着诸多相似之处。以新加坡为考察样本，其非均衡动力体系的作用和效应可做如下分析。

（一）新加坡模式中动力体系的特征分析

二战之后，政治上获得独立的东南亚国家普遍效仿西方采用了议会民主制度。新加坡就是在这些背景之下于1946年脱离英联邦，首次成为一个主权独立的政治国家，与马来西亚其余部分划分开来。从此，新加坡的制宪进程明显加快，战后初期组党活动频繁产生。从1954年新加坡人民行动党成立一直持续到这一时期60年代，国际情景因素，或者说西方国家的示范与压力成为这一时期新加坡政治发展的核心要素，但各个政党经常受到内部组织分裂与派系斗争的困扰。因为脱离了新加坡的发展实际，再先进的政治制度也会成为无源之水，失去存在的根基：战后初期，新加坡政党政治动荡不安，随意的组合、分裂、重新联盟和解散使得政治体制脆弱不堪；选举活动熙熙攘攘、热闹非凡却廉价幼稚，甚至成为扰民行为。

直到1959年的大选中，人民行动党以54%的得票，以绝对优势上台执政，人民行动党政府逐步建立起以李光耀为核心的、以优先发展经济为出发点反对西方议会民主制的、有明确的现代化取向的权威统治。从这时起一直持续到80年代，新加坡完成了由“西方化”向“本土化”的过渡，从完全的移植和效仿西方的民主政治体制调整成为政府权力高度集中的威权主义政治体制。此时，国际情景因素对新加坡政治发展的影响和推动作用逐步弱化，执政党及其政府对社会的控制加强，在强大的政府的领导下建立了以经济发展为导向的发展战略，执政党的发动和领导在推动本国政治发展的动力体系中居于核心和领导地位。但正是这样一种看似不民主的政治发展取向使得新加坡这个东南亚岛国在极短的时间里顺利完成了现代化的初始过渡。短短的30多年中，新加坡因为选择了适合本国实际的政治发展模式，创造出有利于经济社会发展的崭新政治生态，一跃成为亚洲乃至世界先进的现代化国家。新加坡的经济发展很大程度上得益于其独特的政党竞争体制，正是其政治的有效运作，即有效政治带来了有效发展，最终取得了广大民众的支持和认可。

在这一发展过程中，国际因素、执政党及其政府的发动和领导以及人民的需求和认同共同构成了新加坡政治发展的动力体系。无论是战后初期的国际因素主导，还是19世纪50年代末60年代初到80年代党的发动和领导居于核心地位，推动新加坡政治发展的动力体系始终是非均衡的，非均衡是其政治发展动力体系的总体特征和核心要素。

（二）新加坡模式中非均衡动力的作用及效应分析

新加坡政治转型大致可分为两个阶段：一是19世纪50年代末60年代初到80年代，这些国家在民主与效能之间选择效能优先，大多完成了从效仿的西方议会民主制向威权主义政治体制的调整与过渡，建立了以经济发展为导向的、以军人和准军人为领导核心的、对政党和社会团体严加控制的、政府权力高度集中的威权主义政治体制；二是20世纪80年代至今，这些东南亚国家在经济腾飞的基础上实现了由效能优先向民主优先的转变，民主成为其政府合法性的重要诉求。其显著标志是政治体制向适合新形势下经济、社会发展需求的方向调整和过渡，内容包括军人相继退出政治权力的中心，由新的文人政府取代；政党制度获得完善和发展，从而选举由具有较少竞争或没有竞争开始过渡到具有较多的竞争；立法机构的作用得到加强，通过修改宪法，加强立法机构对行政权力的制约，出现了由行政集权向分权制衡方向发展的趋势；国家对社会的控制减弱，民众和利益集团的政治参与由沉寂变得活跃。总体来说，以民主与效能、集权与分权以及控制与参与之间的非均衡推动政治发展是东南亚国家政治发展的根本动力与内在逻辑。

首先，民主与效能的非均衡发展是东南亚国家实事求是的现实选择，亦是其政治发展的动力以及政治转型的现实路径。与西方相比，东南亚地区的现代化建设具有先天弱势，政治发展程度相对滞后。现代化之初，西方发达国家的示范作用促使大部分亚洲后发展国家同时面临各种现代化目标同时到来的压力，体现在政治发展上，政府能力有待提高、人民参政的诉求日益高涨、分配领域的改革势在必行等等如约而至，但受到经济等条件的制约，这些目标不可能同时达成，更不可能一蹴而就。面对这样的困境，强政府以及强政府主导之下经济的发展往往成为现代化过程中的首要选择，民主问题相反被暂时搁置。新加坡作为东南亚经济最为发达、政治最稳定、社会最和谐的国家，究其原因还在于有一个人民本位的强大政府而且政府能够在不同的发展阶段合理安排政治发展的序列目标，民主和效能之间的非均衡关系得到适时的转换。在政治发展的第一阶段，新加坡作为新独立的小国，国际国内环境不容乐观，李光耀代表的人民党是以优先发展经济为出发点反对西方议会民主制、构建本国威权主义政治体制的，经济发展的巨大成就主要就是在威权主义政治时期获得的，这成为这种政治体制现代性的一个有力证明；而当经济发展、社会稳定之后，他又适时推动改革，以本国特色的民主建构为序列优选。也正是这种适时转换，使得新加坡建立了最适合发展实际的政治体制，这种做法既迎合了民众参政的呼声和诉求，也为新加坡政府赢得了较高的声誉和国际国内的一致认可。

除了新加坡以外，相当多的东南亚国家的政治变革和社会转型的实践都表明，民主政体的建构是有条件的，民主也不见得是最有效的，只有适合发展实际的政治体制才是最有效的政治体制。西方议会民主制度看似先进，但由于严重脱离战后初期东南亚国家发展实际，而具有致命缺陷，并没有给这些国家带来有效发展。1968 年，缪尔达尔对这些国家进行考察时指出，虽然“从一开始，信奉政治民主就被南亚各国领导人普遍接受”，但问题在于“享有普选权的充分民主只有在经济发展的高级阶段才能成功地进行实验，那时，已达到较高的生活水平和识字率，存在相当高度的平等机会”①。它从一个侧面反映出西方的民主制度并不是普世的经验，一样会遭遇水土不服的问题。反而是看似最不民主的威权主义政治体制对东南亚各国的经济发展起到了巨大的推动和促进作用，并因此为它们的政治发展提供了经济基础和物质保障。根据亚洲银行的数据，1965—1990 年即威权主义统治期间，新加坡人均 GDP 年增长率为 6.7%，ASEAN-4（马来西亚、印度尼西亚、菲律宾、泰国）为 3.8%。② 这种增长无疑证明了只有符合本国发展实际的政治形式才能更好地促进发展，才是最好的体制。换句话说，现代化进程中的经济发展与政治发展的关系，集中体现为效能和民

① ［瑞典］冈纳·缪尔达尔：《亚洲的戏剧——对一些国家贫困问题的研究》，［美］塞斯·金缩写，方福前译，北京经济学院出版社 1992 年版，第 107—109 页。

② 亚洲开发银行：《崛起的亚洲：变化与挑战》，中国金融出版社 1997 年版，第 2 页。

主孰先孰后的关系，罗斯托认为，在现代化初始阶段，经济的发展和进步是现代化过程中的重中之重。经济问题是首要问题，它的解决与否直接关系到其他各个领域发展的成败。但是，“经济因素在社会发展中的决定性作用，是随着经济权力脱离社会权力和政治权力并逐渐凌驾于其上而日益显露出来的”①。东南亚经济的发展必然会对政治权威主义提出挑战，也正是在这一过程之中，会有越来越多的人受到民主的启蒙和培养，提出自由平等的诉求。在这一基础之上，在国家的战略安排上，效能与民主的关系必须适时转换，民主之于效能，于是在东南亚国家政治发展的第二阶段，成为序列安排中的优选。纵观整个发展过程，不难看出，对于发展而言，非均衡是其内在的动力与逻辑，这种内在逻辑体现在政治发展的方方面面，尤其是各要素之间，序列的安排和目标的优选是非均衡发展动力机制的外在表现。

其次，体制性非均衡，集中体现为集权与分权的非均衡，也是推动东南亚政治发展和社会变革的重要因素。集权与分权的关系问题是发展中国家和地区在其政治发展中普遍会遇到的体制性“两难”。当然，二者的非均衡性也是由民主效能的价值“悖论”决定的。一般认为，政治发展既包括国家的发展，也包括社会的发展。国家的发展主要表现为国家权力和政治效能的增长，因此一定程度的集权是必需的。而社会的发展则主要表现为公民权利与自由民主的扩大，这一层面上权力的分立与制衡也不可或缺。纵观东南亚各国的政治发展历程，大体上都经历了一个集权与分权的钟摆式过程，这一过程总体呈非均衡的特征。既体现出对一个民族国家而言，“集权是国家的本质、国家的生命基础”②，亦体现出“集权招人厌恶，如今是分权的时代”③。在其现代化初期，往往倾向于集权；在经济发

① 罗荣渠：《现代化新论》，北京大学出版社 1993 年版，第 69 页。

② 《马克思恩格斯全集》（第 4 卷），人民出版社 1982 年版，第 396 页。

③ 王绍光：《分权的底限》，中国计划出版社 1997 年版，第 1 页。

展、政治稳定以后，合理有限分权又成为政治发展的重心所在。集权与分权的非均衡状态与不同时期效能与民主的序列安排紧密相关。新加坡独立初期，要在内忧外患的环境下求得生存和发展，就必须建立起威权政体，以强大的行政权力、铁腕式的强人统治和强劲的内政外交政策来加强对社会的控制，把整个国家凝聚为一个团结的整体，加速各民族融合的速度，促进新加坡民族的形成，也只有在此基础上才能维护国家的安全利益。此外，浓厚的儒家文化也是促使新加坡选择威权政体的重要因素。儒家文化的核心就是贤人政治、精英治国等，反映到民众心理上就是“渴望得到权威的保护，以免相互倾轧和财富被剥夺，这就使他们把一元的绝对权威的领导看成是‘自然的’现象”①；也缘于此，新加坡的政权结构总体体现出自身典型的威权政治的集权特征。尤其是从政党制度来看，新加坡是典型的“一党独大”制，人民行动党处于绝对优势地位，允许多个政党存在，除共产党外，其他一切政党均享有与人民行动党内相同的合法地位。但与此同时，却又严格限制其他政党的生存空间，使它们既能合法的、有活力的存在，同时又不会影响人民行动党的支配地位。同时，为了在政治上占据主动，人民行动党除了加强自身建设，还严格控制舆论，控制工会等社会团体。但这并不是说新加坡党的权力是无限的，可以随意滥用。相反，这个被普遍认为民主严重缺乏的国度里，政治权力从源头上失去了“任性”的理由——选举总是如约而至，它按照法律规定定期举行，并在实际中决定了人民行动党执政地位的保留与否，正缘于此，人民行动党执政的合法性得到广泛的认同。因为新加坡的权威主义政治不仅符合新加坡的实际国情，而且有发展取向，在这种取向的引领下，政治精英代表民众参与政治和治理国家。政策关系民生，政府廉洁效率。而“效率，也就是制度运行是否能够推进对社会和多数民众的福祉来说更具实际意义的政治

①　张蕴岭：《亚洲现代化透视》，社会科学文献出版社2001年版，第262页。

稳定、经济发展、社会和谐等目标，却是李光耀等人心目中高于民主的原则性目标”①。也就是说，在新加坡，不仅是人民决定了人民党的执政地位，也是人民在政府的政策取向中成为具有决定性意义的核心要素。人民党及其政府在政策制定和执行的过程中充分尊重民意、关心民生，这是获得广泛支持和认同的主要原因。这种实践表明，对一个国家的政治发展而言，集权和分权的优劣是辩证的，在不同的阶段有不同的选择。不同的国家和地区，在不同的发展阶段，政治体制的选择各有不同，但毋庸置疑的是现代化初期，对于民族国家，实质的民主比形式的民主更有效率。

20 世纪 80 年代末以后，东南亚政治发展进入第二个阶段，随着第一阶段经济基础的初步奠定，国内形势大大好转：经济繁荣、社会稳定，这一情形之下，政治民主化被许多国家提上议程，开始进入由传统政治向现代民主政治变迁的历史进程。新加坡当然也置身于这场民主化浪潮之中，虽然它没有像其他国家一样完全仿效西方建立起以权力的制衡为核心的民主政治架构，但是随着效能作用的显现，社会稳定的巩固，在新加坡的政治发展取向中，效能优先逐步让位于民主优先，相应地，分权的时代到来，新加坡开始有计划地对旧的权威政治进行民主化方向的改革。例如，对国会运行机制进行了较大的改革，更能体现多元种族的特点和民主化倾向；反对党生存空间和政治参与渠道得到扩展和拓宽；领导人也通过选区实现顺利更替；等等。总之，二战以后，东南亚政治发展的过程中曾出现过民主制与威权主义政治的“西方”与“本土”之辨。经验常常告诉我们前者是民主的、先进的、现代的，因而应当学习的；后者是独裁的、落后的、传统的，因此应被抛弃的。但政治实践却不是我们想象的，看似最不民主的国家迅速腾飞，而移植和建构了西方所谓民主政体的国家却效率低下。因此，集权和分权的关系一如效能和民主的安排，不能脱离一个国家

① 赵自勇：《民主与效率：对新加坡政治制度的重估》，载李文主编《东亚：宪政与民主》，中国社会科学出版社 2005 年版，第 107 页。

或地区的实际单独存在。

此外，参与与控制是政治发展进程中政治行为的体现，为了实现民主，必须动员民众参与政治；而为了维护效能，又不得不在一定程度上控制民众的政治参与。在东南亚国家，参与与控制之间，平衡很难达到，非均衡是其主要特征。相当一部分学者认为，在“东亚价值”为核心的威权主义治理下，新加坡公民拥有相当自由的私人领域，但却被普遍剥夺了公共领域的积极自由，这种剥夺甚至更确切地说是一种自觉的放弃。这显然是对新加坡政治的一种误读。新加坡虽然实施一党优势制度，总体上讲仍是一种威权主义政治，但因为其具有发展取向而获得了人民的认可和支持。换言之，即便是新加坡选举的公正性遭受质疑，但人民行动党的连续当选也绝非事出偶然、完全强奸民意。人民愿意通过选票赋予这个政党以统治的合法性，愿意在党的领导下通过合法的方式参与政治，根本原因在于在政党竞争中，是这个党而不是其他的哪个更能代表他们的利益，更能通过发展带给人民福祉。正因为深谙这一道理，李光耀在 2001 年谈到这一问题时，自信地申明：“如果行动党违背了同人民缔结的信约，没有在 60 年代领导人民走出绝望的深渊，并进入前所未有的增长与发展的时代，早就被踢出局了。”[①] 这就充分说明了不是民众放弃了他们的选择和公共权力，相反正是他们的选择保证了自己的利益和幸福生活。而同是威权主义政治，如苏哈托统治晚期的印尼，由于其程度较低的发展取向，由于当权者对民众的漠视和权利的剥夺，致使政治参与不得已以非法的形式表现出来，最终也必然导致其独裁统治的全盘覆灭。

西方殖民主义在历史发展的进程中具有双重使命：“一个是破坏的使命，即消灭旧的亚洲式的社会；另一个是重建的使命，即在亚洲为西方式的社会奠定物质基础。”[②] 但重建的使命只能由各个国家依据本国的实际独

① 《李光耀回忆录：经济腾飞路》，外文出版社 2001 年版，第 118 页。

② 《马克思恩格斯选集》（第 1 卷），人民出版社 1995 年版，第 768 页。

立完成，没有现成的模式可以照搬。殖民化不自觉地充当了历史的工具，开启了东南亚国家的现代化，却从来没有也不能够给这些国家最终带来现代化。战后东南亚国家的政治发展之路体现的正是这种自主性的艰难选择，其成功之处恰在于面对外力的压迫和诱惑，不屈服、不照搬，走出了一条属于自己的现代化之路。东南亚国家的发展模式是动态的和非均衡的，先有威权主义的政治体制保障经济发展，而当这种体制由经济发展的动力变为阻力时，在强有力政府的领导之下适时地展开政治转型；这种转型从20世纪80年代开始至今，积极地推动了东南亚国家的经济腾飞，但仍然在接受时间的检验。这种根据自身发展规律形成的新经验和新模式也证明，正是非均衡发展推动了东南亚主要国家的两次政治转型。

四 小结：国内外非均衡推动政治发展的共性和基本经验

中国同日本、韩国共属于东亚国家，而以新加坡为代表的东南亚国家以及日、韩等东亚国家又和我国同属于“儒家文化圈”，更主要的是这些国家的现代化进程都可以以二战后为历史起点，但在现代化的进程中，日本、韩国和新加坡都已步入世界发达国家的行列。政治发展方面，我们和这些国家既具有文化的相似性、起点的相似性，又具有现实的差异性，甚至在某些方面，我国已远远落后于这些曾经具有相似历史记忆的国家。于是，选取这些国家以及我国的政治发展实际为分析样本，探寻它们在政治发展动力机制方面的共性和普遍特征，对我国的政治发展不无裨益。

首先，中国和东亚及东南亚主要国家的政治发展有惊人的相似之处，都采用了循环式发展的基本路径。对东亚及东南亚诸国，民主化是历史过程，可分为四个阶段：国家及国民性的统一、整合阶段；确立中央政府的权威阶段；政治组织和政治过程的制度化、程序化阶段；公民普遍参与阶段。对于日本、韩国、新加坡等相对发达的资本主义国家而言，虽然也属于外生追赶型的现代化国家，但他们的民主化已然进入第四阶段，完成了由低度民主向较高级阶段的转换。中国的现代化进程初期的探索阶段挫折较多，耗时较长，在改革开放后才有了突飞猛进的发展。随着社会主义经济的建立和巩固，社会结构、国家与社会关系等方面发生了重大变化，政治发展进程稳步前进，民主化、制度化建设取得了重大进展。但由于其逻辑起点和基本政治理念等诸多方面的差异，我国的政治发展尚处于第二阶段向第三阶段过渡之中。但无论日、韩等国还是中国，循环现象已经呈现甚至在有的国家还表现得相当明显。

其次，在建构政治现代化的基础方面，中国与东亚及东南亚诸国有一点也极为相似，就是这些国家的政治合法性基础大都呈现出二元化状态。一方面，儒家传统文化中的权威主义价值倾向和新中国成立初期复杂的国际国内环境，为以权力集中为显著特点的政治权威主义的存续提供了基础和空间，并在现代化初期发挥了积极的作用。但同时，西方民主主义价值体系的传入又对本国的权威主义政治传统和价值体系产生了巨大的冲击，并共同构成了这些国家政治合法性基础的二元化格局。这种特殊的国际情景和政治冲击对中国也同样存在，因此我国也同样具备了外生“追赶型”现代化所特有的经济特征及其特定的政治要求。这种合法性基础的二元化状态一方面缘于文化变迁的相对滞后性，另一方面也使得政治发展内部文化与制度、文化与大众政治参与之间呈非均衡趋势，给政治系统带来压力和动力。

此外，与这些国家相似，中国政治现代化的国内社会环境也是国家与社会之间“强—弱”对比的二元结构。与西方资本主义正确的生成方式不同，中国的社会主义新政权是中国共产党带领全国人民浴血奋战取得的，党与政权具有同构性，在中国没有任何政治力量在组织能力、历史贡献等方面能与之相比。此外，中国共产党是中国最广泛利益及群体的忠实代表，在革命、建设和改革的漫长历史过程中取得了最广泛的政治认同。因此，中国共产党一方面代表国家和人民占有了绝大部分经济、政治、文化资源，另一方面又建立了严密而庞大的组织系统，覆盖和渗透于整个社会。这样的历史与现实之下，我国的国家与社会关系之间力量对比鲜明的二元结构得以形成。当然随着改革开放的逐步深入，经济、社会结构产生巨变，国家与社会之间以及由此决定和影响的一系列社会、政治关系也相应发生变化。政治发展进程因此步入了组织化、制度化、程序化阶段，民主化进程取得了长足进步和重大进展。

基于这些共性，结合东亚及东南亚主要国家政治发展的经验以及我国政治发展的现实状况，对这些国家政治发展动力机制进行宏观综合考察，可以发现如下启示：

第一，后发展国家的现代化是短期内急剧的变革过程，主要是受外因诱导发生的生产方式和社会形态的传导型巨变的历史过程。它要求后发展国家在较短的时期内追赶发达国家的脚步，尽快由相对落后的农业文明走向先进的工业文明。这一过程中的所有变化都是具有革命性、突破性的质的变化。这种革命性的变革过程要求在短期内完成，因此必然伴随着解体、整合乃至重构，贯穿着这个社会经济结构、政治结构、文化结构等等的剧烈变迁，是一个激烈的矛盾运动过程。这一过程之中，社会发展各个部分的非均衡运动广泛存在着，从内到外对社会的发展起着推动作用，它以压力的形式存在，实际上却是宝贵的动力。体现在政治发展中，非均衡对于后发展国家的政治现代化来讲，既是对规律的体认，亦是不得不做出的选择。在这个过程之中，经济发展、政治民主、分配正义等要素同时提上日程，但不可能同时展开，必然导致一系列的非均衡发展，各要素新旧交织并进行着极为复杂的博弈，政治发展目标必须有先有后，进行优选。这是非均衡发展动力的外在体现，也是后发展国家政治发展的客观环境和现实条件。

第二，在政治发展的目标序列中，上述国家不约而同地首先在经济与政治、效能与民主之间做出了相同选择：那就是在不同发展阶段有所侧重。经济与政治共同进步、效能与民主均衡发展是理想，现实对于追赶型现代化国家来讲，悖论始终存在。在这个过程中，能否确保政治稳定是经济发展成功与否的关键，这也是东亚及东南亚各国在战后初期大多选择以发展为取向的政治威权主义的重要原因和主要考量。从历史经验看，经济发展是政治稳定的坚实基础，把经济发展放在优先的位置是这些国家实现政治稳定的前提和保障。这一目标的实现在发展之初也必然要求民主与效能的非均衡发展，没有效能就没有发展，民主就是无源之水，它的实现就无从保证。正是在经济发展的过程中，政治的有效性才得以建立，早期的合法性危机才得以弥补和度过。后发展国家面临政治发展和经济发展的双重任务，政治体制是行之有效的工具和目标达成的关键。这种状况下，各国必须正视本国实际以及与西方的客观差距，权衡经济发展与政治发展的关系和序列选择，这种考量艰难却至关重要。如韩国的发展和腾飞就得益于这一点，在强大政府的领导下以强制手段暂时忽略和排除社会的民主化要求，优先启动经济发展进程。于非均衡的安排中建构政治发展的经济基础，并以经济发展的成就证明政治体制的有效性，也就最终弥补了政治合法性，获得人民的广泛支持。再比如，新加坡的李光耀政权明确提出效率的重要性，以政府的强力消除经济发展中的一切杂音，最终也以巨大的经济成功弥补政治合法性基础的薄弱，于稳定中推动了政治发展。而当经济发展、条件转换，原来作为首要诉求的选择将退居其次，民主的诉求成为各个政权优先考虑的因素。如在发展的第二阶段，新加坡的威权政治中添入了更多民主的内容，进行了一系列政治体制改革，分权的范围扩大，人们政治参与的热情和机会也更多。换言之，正是这种动态的非均衡发展进行遴选、创造条件，继而一方带动另一方，在倒逼机制的作用下推动政治发展。

第三，以上所选取的国家都属于“儒家文化圈”，其政治发展都不同于西方的内生内发，而是外生性、追赶型现代化。因此，这些国家的政治合法性基础多是二元的，本国的和西方的、传统的和现代的两种价值取向共同存在并起作用是这些国家政治发展的文化背景。这种背景之下，政治文化与制度选择之间总是很难达到协调一致，而多以非均衡的状况出现。传统社会的制度规范属于慢变因素，在经济社会的快速变迁中这种变化过于缓慢而产生“文化堕距”，它是导致现代化的重要的文化因素。在这一层面上，外生追赶型现代化国家的政治发展也突出地表现在政治制度变迁方面，尤其是以制度采借为基本形式的强制性制度变迁。也就是说相对于政治制度而言，文化属于慢变因素，并因此与制度之间形成文化堕距，制度建设领先于政治价值的变迁。在这一过程中，差距越来越大，原有的价值体系遭受冲击，压力转化为动力，政治文化尤其是价值选择相应发生改变。其实归根到底，政治发展也可以被看成是一种价值选择，正是在政治价值观念的变迁和指引下，政治模式、行为、制度才会不断进步、形成发展。外生追赶型现代化国家的早期现代化过程中，向西方学习的过程，尤其是国家制度采借过程本身就是一种价值观念的融合和变迁；当然，这种异质性的价值观念只有实现“本土化”，才会具有强大的生命力，对本国的政治发展产生重大影响。因此，后发展国家的政治发展过程亦可以被看成政治价值整合、重构的过程。在这一过程之中，文化与制度差异与不一致既推动了制度建设亦推动了文化发展，也即二者的非均衡发展最终推动着政治发展。

第四，后发追赶型国家的现代化，尤其是政治现代化需要一个强大的政府驾驭和控制全局。执政党及其政府的发动和领导是这些国家政治发展动力体系中的核心和关键，直接关系到政治的稳定，社会的安定，发展进程的有序有效。发展的过程漫长而艰难，政治稳定常常受到威胁，唯有强大而理性的政府才能确保政治稳定，并以此作为经济社会有效发展的基础和保障。特别是后发展国家，它们的现代化往往是一个自上而下的过程，是在政府的动员和设计安排下，有计划地循序渐进的发展过程。这一过程中，政府直接介入并主导经济活动和社会发展进程，计划是这一进程中的主要手段和特征。这也必然要求和导致一定程度的集权，但同时，权力的集中又必须是有限度的，它以不能损害一定的民主体制为界限。而当这些国家的政治经济文化状况发生转变，分权作为民主体制的要求就被提上日程。从上述国家政治发展的过程中都可以看到权力的集中与分立在不同的发展阶段效用有所差别，二者的关系并不是平均与制衡那么简单。对于后发展国家，其外生性的追赶型的现代化历程既强调政府的有效性，当然也需要合法性的价值认同。日、韩、新加坡等国的发展经历都在一定程度上证明：对后发展中国家来讲，政治的合法性必须在其有效性中加以积累，而这就可能导致权力的集中与分立、政治控制与参与在不同阶段的不同诉求，这种非均衡发展是后发展中国家政治发展的动力和逻辑。

当然，也需要注意的是，西方主流理论认为发展中国家陷入了“发展的逻辑”与“发展的政治”的悖论。发展逻辑表明，国家建设和经济建设必须先于政治参与和物质分配；但发展中的现实却远不能如此：在达到这种能力之前，发展中国家提前进入了“先进—落后”的国家环境之中，即“在这个国际社会中，参政和福利是突出的政治问题。因此，尽管发展的逻辑意味着国家建设和经济建设要先期而行，但发展的政治却迫使第三世界国家同时面临人们对于参政和分配的要求和期望”①。当然，对发展中国家而言，这些目标不可同欲性众所周知，已达成共识，阿尔蒙德也因此提出了“政治、经济发展基本原理”：参政之前，政府必须先有能力；分配之前，经济必须先有增长。亨廷顿的政治秩序观也与此不无关联，他把政治秩序混乱产生的原因归结于为实现现代性所进行的努力。各种欲望和期

① ［美］加布里埃尔·A. 阿尔蒙德、小 G. 宾厄姆·鲍威尔：《比较政治学：体系、过程和政策》，曹沛霖等译，上海译文出版社 1987 年版，第 422—423 页。

待随着现代化的展开扑面而来，“然而，过渡型社会满足这些新渴望的能力的增进比这些渴望本身的增进要缓慢得多。结果便在渴望和指望之间，需要的形成和需要的满足之间，或者说在渴望程度和生活水平之间造成差距。这一差距就造成社会颓丧和不满”[①]。这种矛盾之下，若没有强大的政府，缺乏有效的政治系统，政治参与的诉求和实践只能导致暴力和不稳定。因此发展中国家的政治发展的核心是通过政治“制度化”的实现建构政治秩序。但是，亨廷顿也是矛盾的，因为仅仅是秩序的建立根本无法解决发展中国家的发展困境。问题重重累积：经济发展撕裂了社会，社会又撕裂了国家，国家最终撕裂了现代化。政治秩序之外，我们还需要关注什么？“失衡”的存在与发现引起了人们的兴趣。如前所述，非均衡作为发展中国家政治发展的动力和逻辑，必须是有序的、有限的和可控的。对于发展中国家，经济发展势在必行，当经济和效能的先行已经创造条件，负效应开始显现，那么发展的序列、优选的项目也应该相应改变。换言之，政治发展能否跟进去实现经济利益和社会权益的有机整合，则是非均衡发展动力机制中不可忽视的一个重要问题。

总之，通过对东亚及东南亚各国以及我国新中国成立以来政治发展经验的梳理，大致可以看出非均衡在政治发展过程中的意义和作用。作为一种宝贵的动力机制，非均衡在经济、社会、政治领域有相同之处。尤其是我国科学发展观的提出，更使我们意识到：非均衡和均衡一样，都是社会运行过程中不可或缺的一种力量。政治发展是理想与现实相结合的过程，人们对优良的政治生活的向往处处闪烁着均衡的理想之光，但现实总是不以人的意识为转移，相对于均衡的“应然性”，非均衡反映的是一种客观的实然状态。它既是自然而然的，又是人为建构的，甚至可以说，它就是人们追求、实现均衡的一种方式。对发展中国家而言，非均衡不仅仅是蕴

---

① ［美］塞缪尔·P. 亨廷顿：《变化社会中的政治秩序》，王冠华等译，上海译文出版社 1991 年版，第 44 页。

藏在发展过程中的客观规律，在对认识和把握规律的过程中，非均衡往往演化成工具或手段，成为推动发展的动力之源。当然，随着对规律的认识和把握，人们也日益清晰地认识到非均衡作为推动政治发展的动力机制，实际上是存在着一定的界域和诉求的，这是避免非均衡走向失衡的基础和保障。作为人为设计的非均衡，时机的选择、因地制宜、法治的约束以及发展过程中速度、力度、可承受的程度“三度”合一等等都是具体的、不可忽略的因素。对于政治发展而言，民主与效能的序列安排，权力的集中与分立，政治行为中的控制与参与之间都应当因时机、地域、文化背景的差异而适时调整。这其中，非均衡的有序性和有效性是最为关键的要素和衡量标准。

第五章　政治发展中非均衡的价值分析及路径选择

研究任何理论问题都应首先确认研究主题的价值和意义：为什么研究以及此项研究有何价值、意义，这是理论研究的逻辑序列。本书已从理论与现实两个层面入手，初步阐释了非均衡视域下“政治变迁与发展何以产生，又何以持续”的缘由，通过对“非均衡的学理解读”、“非均衡动力机制的理论构设”、“非均衡动力机制的经验分析”以及“当代中国政治发展的非均衡动力机制”这几部分的分析和论述，也大致得出了“非均衡是当代中国政治发展的历史与逻辑、是推动中国政治发展的深层动力和内在诉求”这一基本结论。在这一分析框架下，非均衡在我国政治发展中的工具理性已显露无遗。作为推动我国政治发展的动力机制，非均衡战略以及由此推进的渐进式改革首先当然是以求真为导向，它是一种事实判断，也正是如此，因其对目标达成、对时效性的追求而被视为发展的手段和工具。但是人们对目标达成之追求与对固有价值承诺之追求之间并不必然对立，过于纯粹的价值理性或工具理性几乎不会存在。非均衡作为政治发展的动力既有目的性，又合规律性，因此必然存在并具有相对强烈的价值理性。在特定的发展阶段，这种非均衡本身就具有价值的意蕴和内涵。作为全书的最后一个部分，本章一方面要追问政治发展中非均衡的价值意蕴，当然更主要的是要找寻通过非均衡推动政治发展这一路径的合理性与现实性，即通过非均衡发展，在有效性中积累合法性，这才是我国建构大国政治发展的实践与路径。

一　非均衡在政治发展中的价值理性分析

非均衡发展推动中国政治转型，在这一过程中，非均衡既是发展规律的内在机理，又是发展过程中的现实选择。作为发展规律的内在逻辑，它具有不可逆转的特征；作为现实的映射，它又体现为阶段性的手段和策略。基于这两个方面，非均衡战略无疑是基于事实的判断，属于工具理性的范畴，但在发展的过程中，这一战略本身也体现了求善的目标指向，具有价值理性的特征。总体而言，在发展的过程中，没有纯粹的工具理性或者价值理性的存在，非均衡发展本身就是这种统一的体现。

（一）对工具理性与价值理性的认识

对于工具理性和价值理性的区分和认识，主要来自于马克斯·韦伯。这是一对现代化理论研究中的概念，后来在社会学科的研究中成为一种理论事实并承担着重要的解释和载体功能。在韦伯那里，价值理性指向“应然状态”的价值关系，是对事情“应是什么”的观念预设，体现着人们把自己的认知能力用于对终极价值目标的追寻。用韦伯自己的话讲，价值理性是“由于某些伦理的、美学的、宗教的或其他行为方式有意识的信念所决定的行动，它并不取决于它的成功的前景”①。正因为如此，在价值理性的导引下，只要社会行为符合价值合理性，人们一般不考虑行为的手段和后果，甚至会放弃那些可以有效地实现目标，但可能会损害固有价值的工

① ［德］马克斯·韦伯：《社会科学方法论》，杨富斌译，华夏出版社 1999 年版，第 87 页。

具和手段。与之相对应，工具理性指向“实然状态”的现存事实，是对事情“是什么”的客观描述，体现着人们对认识客体的现状、属性、因果关系和客观可能性的如实反映。韦伯认为“当目的、手段及其附属物都被理性地加以考虑和权衡时，行动在工具上意义上就是理性的”①，按照韦伯的说法，与价值理性追求价值判断不同，工具理性的主旨在于事实判断，是人们为了某种既定的目标的实现，理性地创造、选择和使用工具以达到目的的过程。价值理性和工具理性是人类所有的认识活动都必须具有的内蕴，是考察分析社会历史现象的基本认识方法。

虽然价值理性和工具理性共同存在于人类所有的认识活动中，但它们首先是相互分离的。这种分离一方面表现为上述概念的截然不同，另一方面表现在这两种理性之间存在着一定的矛盾和张力。这种分离首先体现在工具理性表达着事物“是怎样”的状态，价值理性则表达“应当怎样”的判断，二者之间是疏离的、相异的，表述的内容分属两个不同的层次。工具理性和价值理性之间在世界的实然状态与应然状态之间，在“是”与“应当”之间，甚至表现出一种相互排斥的矛盾关系。正如休谟所说：“理性的作用在于发现真或伪”②，但“道德规则并不是我们理性的结论”③，因为“道德上的善恶区别并不是理性的产物。理性是完全不活动的，永不能成为像良心或道德感那样，一个活动原则的源泉”④。按照休谟的说法，两种理性之间不是等价的关系，价值判断上的“应当”不能等同于事实上的“可能”或“能够”。其次，工具性与价值性在实际中往往是对立的。只问有效性，而不问合理性的工具理性从实用原则出发考虑，目的的意义和价值在其视野之外，因此具有一定的局限性；但同样的，执着于对意义与价值追求的价值理性也因缺乏对客观事实和现实功用的关注而不够完

① ［德］马克斯·韦伯：《社会科学方法论》，杨富斌译，华夏出版社 1999 年版，第 87 页。

② ［英］休谟：《人性论》（下册），商务印书馆 1980 年版，第 498 页。

③ 同上书，第 497 页。

④ 同上书，第 498—499 页。

美、流于虚幻。它们都在各自的轨道内单线发展，从而导致认识的单一化和片面性。

虽然价值理性和工具理性在内容和取向上截然不同，甚至是分离和冲突的，但如韦伯本人的提醒，这两个概念或者说两种不同的认知方法又是紧密联系的。价值合理性意味着工具的非理性，反之亦然。但事实上，工具理性和价值理性在现实选择中不可能非此即彼，截然分离。对人类而言，具有合理性的工具和手段也应当包含理想和意义的成分，工具理性并非完全不考虑价值，而只是更加注重现实可行的优先性，其次才考虑价值关照。如同韦伯所言，“在相互竞争和冲突的目的和后果之间作出决定，又可以是以价值合乎理性为取向的：这时，行为只有在其手段上是目的合乎理性的”①。一个以目标的达成为基本诉求，一个追求固有价值的承诺，二者因为不在同一个层面对话，因此不具有可比性，更不能以此判断孰优孰劣。事实是：单一而纯粹的价值理性抑或工具理性在现实生活中是不存在的。价值理性借助工具理性达成目标，工具理性因其价值倾向为不同目的的人们选择，二者之间总是呈对立统一的辩证关系。首先，价值理性是工具理性的前提和动力。人们的各种实践和行为的选择从来也不是偶然的，任何一个目标的选择和设定都会或明确或隐蔽地受到一定价值理性的驱使，抑或说它本身就包含着一定的价值前提和价值动力。并在这种前提和动力之下进行各种权衡和工具选择，没有价值理性指导的工具理性是无本之木，根本不可能开花结果。正因为如此，在现实生活中，人们在进行工具选择时固然注重工具的有效性，却往往会受到道德的约束和固有价值理念的制约。当然也会出现优先考虑“合目的性”的行为，而出现背离价值的道德倾向。这种离开了价值理性的工具理性是盲目的、可怕的。其次，工具理性是实现价值理性的基本依托。价值固然具有崇高的意义，但

① ［德］马克斯·韦伯：《社会科学方法论》，杨富斌译，华夏出版社1999年版，第88页。

离开一定的工具理性，理想和意义只能流于空谈。只有通过合理的行为、工具选择，人们才能将信守的价值、承诺和理想变为现实。离开了工具理性的现实支持，理想是空洞无力的，是终将凋零的“无果之花”。对人类自身的发展而言，最终的理想若要变为现实，必须依赖阶段性的目标的实现，而每一个细小目标的达成都离不开一定工具理性的存在，只有依托工具理性的不断开拓，人生的终极意义及目标才能最终实现。当然，二者必然最终统一于人类的社会实践。谢勒的观点是对其最后的注释，他说：“每次理性认识活动之前，都有一个评价的情感活动。因为只有注意到对象的价值，对象才表现为值得研究和有意义的东西。”① 在人的实践活动中，价值理性解决“做什么”的问题，而工具理性解决“如何做”的问题。二者的存在各有价值，并互为根据，也只有在相互的支持和统一中才能促成每一个新世界的产生。

（二）非均衡的价值理性分析

非均衡作为政治发展的动力和逻辑，在现实的政治生活中体现为具体的制度安排和序列优选。一方面，这种序列安排基于实然状态的现存事实，着重考虑的是这种安排和选择对于推动发展的可能性和实效性。从这一层面看，这种非均衡把效能作为实际安排和选择中考量的首要因素，并为此致力于提供达到目的的手段、程序、规则和制度，关注并试图解决既定理想和目的“如何可能”以及“怎样实现”的问题，因而具有明显的工具理性。在这一层面上，我国政治发展中非均衡的设计和安排无疑具有工具理性的特征及意义，属于“术”的层面。

如前所述，价值理性与工具理性不同，它关注的中心议题是目标“为什么”的价值关怀，与手段相比，更加强调目的的抉择。显然，价值理性

---

① 转引自［德］F. 拉普：《技术哲学导论》，刘武等译，辽宁科学技术出版社 1986 年版，第 8 页。

和工具理性是截然不同的两种概念，非均衡发展战略也因其明显的工具理性的特征似乎与价值的抉择相去甚远。但如前所述，价值理性和工具理性相互区别却又无法断然分离，二者的辩证关系一定程度上映射出对非均衡价值判断的复杂性。政治发展的目标无外乎政治民主与政治稳定，这种目标本身就体现出理想与现实的两个层面的追求与统一。尤其是随着我国现代化建设的展开，政治民主体现出人们对“道”的层面的追求与向往。但即便是民主本身也是价值理性与工具理性的统一，民主政治既是一种关乎价值的理想和选择，又是一种社会治理的体制或方式。从民主这一概念的发展来看，从古希腊的经典定义“人民的统治”到科恩的“逻辑民主”和“现实民主”再到萨托利的“规定性定义”和“描述性定义”、达尔的“理想民主”和“多元民主”、熊彼特的“实质民主”和“精英民主”以及马克思的作为“类概念的民主”和“阶级民主”等，无不具有以上两方面的含义。非均衡作为后发国家政治发展的动力与逻辑，虽然在具体的序列安排中处处体现着工具理性的设计与安排，优先指向实然状态的现存事实，特别强调这种安排和选择对于推动政治发展乃至社会全局发展的可能性和实效性。但毋庸置疑的是这种发展不是无目的、无诉求的发展，政治发展中的有效性诉求是基于合法性的积累，是为了最终达到政治民主与稳定的目标。由此看来，非均衡发展虽然将发展的可能性和有效性置于首位，但并非不问目标的合理性。恰好相反，在政治发展的过程中，这种非均衡序列安排的最终目标却是以有效性积累促进合法性的达成。也源于此，政治发展中非均衡的序列安排并非一成不变的，非均衡是动态的，随着现代化进程的推进，效能与民主、集权与分权、控制与参与等等要素的先后序列随时间、地点、条件的变化而相应调整，以保证非均衡始终是有效的、有序的和可控的，从而保证了政治发展的方向。

政治发展中的非均衡特征一方面体现出发展的规律性，一方面体现出发展中人作为主体的主观能动性，它既是一个受动的过程，更是一个主动的过程。在追求政治稳定与政治民主的过程中，非均衡作为发展战略，必须关注运作的手段，注重选择目标达成的方式和方法，建构相应的程序、制度及机制等，这种以效能为核心的选择正是工具理性追求的主旨；但这种非均衡带来的有效的政治发展，或者说这一发展战略所创设的政治有效性，不仅仅是工具性的，它也是价值性的。以非均衡发展建构有效的政治是指导中国政治建设和发展的价值原则，用有效的政治来保障政治对经济和社会发展的有效作用，这其中自然包含着对合法性的追求。尤其是这种对有效政治的追求不仅指向政治稳定，还关注民主政治的价值诉求，在强调行动合理性的同时亦强调目的的价值合理性，而这些内容无一不是价值理性的旨趣所在。非均衡战略从确立之初就是为了最终实现政治民主与政治稳定，作为推动政治发展的手段和策略，非均衡战略中价值理性和工具理性不同的内容和特点正好迎合了政治发展中两个不同层面的追求。也就是说，非均衡不仅仅具备工具理性的特征，如果仅仅关注政治发展中的效能，仅仅强调为了获得效能而建构权威政府、进行强有力的政治控制而丧失追求民主的目标和方向，非均衡的政治发展则可能成为无源之水。政治发展对于稳定和民主的双重目标蕴含并体现了非均衡在推动政治发展的过程中所必须具备的价值理性和工具理性的双重含义。以非均衡促进政治民主的实现作为政治发展的目标，这是我国民主政治建设中的价值理性，它从根本上解决了我国政治发展的价值正当性问题；以非均衡作为推动我国政治发展的战略和手段，立足中国国情，具体探索如何实现我国的政治发展，则是我国政治发展中的工具理性，它解决了中国推动政治发展，实现社会主义民主政治的现实途径问题。价值理性是以非均衡发展推动我国政治转型时必须坚持的指导思想和方向目标，工具理性是以这一战略推动并最终实现中国特色社会主义民主必须具备的技术手段和现实条件。换言之，价值理性是非均衡发展的实质内容，工具理性是非均衡动力的实现形式，非均衡发展推动政治转型是我国政治发展过程中工具理性和价值理性的辩证统一。

二　我国政治发展的动力与路径选择：非均衡发展创设有效政治

如上所述，非均衡作为推动我国政治发展的动力与逻辑，体现为价值理性与工具理性的辩证统一，其目标是为了实现政治民主与政治稳定，这两大目标贯穿于政治发展的始终。现代化初期，二元化的国际背景和国内现实决定了我国政治发展的序列安排，经济与政治、效能与民主以及由此决定的制度和行为选择都不得不以建构"有效的政治"为核心。这一时期非均衡推动政治转型在经济社会发展全局上体现为"以经济建设为中心"，在政治价值的取向上则强调效能优先，建构有效政治以推动政治发展。随着现代化的展开，"分权的时代"已然到来，人们对民主的渴望和呼唤成为一国政治稳定的重要因素，非均衡战略的内容必须相应调整和改变。发展初期有效性的积累，为社会主义民主政治的实现提供了基础和保障。但现代化对政治发展的需求除了建构有效的权威体系以创造秩序以外，还需要发展有效的民主体系以保障权力的合法性。如李普塞特所言，政治发展的目标是民主与稳定的统一，政治系统的有效性与合法性共同构成了稳定的基石。但在实际的政治过程中，政治的有效性与合法性之间存在着张力，尤其是现代化初期，效能的达成有赖于权威的保障，权威与民主间本身存在着内在的张力，当权威的需求强于对民主的需求时，民主的发展就相对滞后了。因此，现代化之初，到底是建构"有效的"政治还是"合法的"政治，抑或是二者的结合，这是后发国家必须面临的道路选择，我国也是如此。改革开放 30 多年的现代化发展表明：后发国家的政治发展之路只能是在有效性中积累合法性，最终实现政治发展的目标，这也正是我国政治发展中非均衡动力机制的价值指向。

（一）政治发展的路径分析：有效性与合法性

后发国家一开始由传统迈向现代，就面临的是内外交困的“二元化”环境，国际差距、国内现实都迫使人们提出这样的问题：落后国家如何稳妥地由传统走向现代化？发展的基本前提究竟是先有民主的国家还是先有有效的国家？到底是政治效能优先，还是政治民主优先？无论是东亚以及东南亚已经成功进入现代化的日、韩、新加坡等国，还是诸如我国之类的正在进行现代化建设的后发国家，最后形成的主流答案是：现代化伊始，效能优于民主，有效的国家是民主的国家实现的前提和基础！对于现代化建设和经济持续发展来说，有效的国家意味着“能够有效地供给经济与社会转型、发展所需要的制度资源”①，也就是说有效的国家首先是指政治发展的有效性，政治发展能够为经济乃至社会发展提供智力支持。一如亨廷顿所言：“各国之间最重要的政治分野，不在于它们政府的形式，而在于它们政府的有效程度。有的国家政通人和，具有合法性、组织性、有效性和稳定性，另一些国家在政治上则缺乏这些素质；这两类国家之间的差异比民主国家和独裁国家之间的差异更大。”② 这也就意味着，现代化过程中的政治发展是以有效性为根本起点的，政治的有效性是政治民主化目标达成的基础和前提。有效的政治才能带来政治的发展，它既是发展的任务，又是发展的条件，更是人们对政治发展的期待，人们对社会生活的所有期待最后都将落实为人民对优良的政治生活的期待。换言之，政治体系是否能够为经济与社会发展创造条件是任何政治体系本身稳定与有效运行的基本条件之一，我们通常把它称为政治的有效性。有效性指向实际的政绩，主要是指作用。这是政治发展的主要路径之一。此外，“政治体系的特性

---

① 林尚立：《有效性中积累合法性：中国政治发展的路径选择》，《复旦学报》（社会科学版）2009 年第 2 期。

② ［美］塞缪尔·P. 亨廷顿：《变化社会中的政治秩序》，王冠平等译，生活·读书·新知三联书店 1992 年版，第 1 页。

与作为是否能够得到绝大多数民众的认同，从而被人们视为应该接受并自觉服从的权力与制度"①，是政治发展的另一条重要的路径，我们通常把它称为政治的合法性。按照李普塞特的观点，合法性即"群体按照政治制度的价值观念是否符合他们的价值观念来确定该制度是合法的或非法的"②，它确定发展的价值。因此，政治发展必须把民主化的终极目标与全面提升政治体系的有效性和合法性有机结合起来。在政治发展的路径选择中，既要关注政治有效性，在建构能够带来有效发展的有效政治中促进民主化；又要重视政治合法性建设，在创造能够满足民众的民主需求的政治体系中促进民主化。

当然，政治的有效性和合法性并不是截然分开的，对政治发展来说，序列有先后、优选有不同，因此整体上，政治发展中的各要素呈非均衡的趋势和特征。但这种非均衡是动态的、变化的、有序的和可控的。这种有序性和可控性从政治发展的路径上考量，则体现为不论从哪种路径出发，政治发展都必须同时、综合考虑政治体系的有效性和合法性，甚至可以说，有效性本身也是为了最终维护和实现政治的合法性，所不同的是在累积有效性与合法性的策略安排上要根据现实的发展变化有所侧重。也就是说，政治发展不能自我孤立，而必须在经济与社会发展的现实中、在特有的时代条件和历史使命中做出回应和选择。无论是日、韩等国成功的现代化实践，还是我国以及其他后发国家正在进行的现代化建设，都表明，民主和稳定是政治发展的双重目标，只有稳定的政治才可能最终实现民主的政治，为民主而民主往往会付出巨大的代价。当政治发展只能带来民主的狂欢，而不能带来切实的物质满足与利益维护时，民主化的努力可能在瞬间化为乌有。许多后发国家在民主化进程中所遇到的挫折和失败就充分证

① 林尚立：《有效性中积累合法性：中国政治发展的路径选择》，《复旦学报》（社会科学版）2009年第2期。

② ［美］西摩·马丁·李普塞特：《政治人——政治的社会基础》，张绍宗译，商务印书馆1993年版，第53页。

明了这一观点。

总之，与政治发展的目的相联系，政治发展的路径大致可分为有效性与合法性。具体来讲，基于有效性要求，政治发展只能在政治有效性累积的过程中完成，以有效性促进合法性建设，最终达成二者的统一和互动；从合法性角度出发，则需要“通过制度的转型、社会的开放以及纯粹市场体制的确立所形成的民主格局来形成新的进步与发展，以政治民主带动社会民主与市场民主，进而全面迈入现代化”①。究竟哪一种路径更加有利于政治发展，各国具体的现代化建设中并没有也无法形成统一的标准，但是在国家建设中关于合法性和有效性的统一性问题已经达成了共识。特别是对于后发国家来讲，现代化建设中，发展的序列不可避免，齐头并进绝无可能。非均衡既是发展的外在特征，又是其运行的内在逻辑。发展中国家的政治发展确实要为现代化发展创造有效的秩序供给，而且这种秩序供给最终体现的也必然应当是一个民主的秩序。但秩序的根本使命在于为发展创造条件，而不是消解非均衡。非均衡作为政治发展的动力与发展本身并不相悖。

（二）我国政治发展的路径选择：非均衡发展创设有效政治

如上所述，有效性与合法性是政治发展的两种路径。这两种路径之间既有区别又相互联系，并且实际的政治过程中体现出两种完全不同的政治发展路径。中国选择的是从政治有效性出发形成的政治发展路径。如林尚立先生所说：“中国的政治发展是从创造政治有效性出发的，并在保持政治对经济与社会发展有效作用的过程中，逐步深化和扩大民主化，不断累积政治的合法性，以保证政权的稳定和国家的整体进步。”② 因此，如何创

① 林尚立：《有效性中积累合法性：中国政治发展的路径选择》，《复旦学报》（社会科学版）2009 年第 2 期。

② 同上。

设有效政治，就成为我国政治发展的前提和关键。

第一，非均衡发展创设有效政治是由我国现代化建设过程中面临的现实背景和国情决定的。如前所述，非均衡已经成为当代中国政治经济社会发展的主要特征，集中体现在四个方面：一是体现在经济、政治和社会发展全局；二是集中体现于经济领域；三是体现为区域的非均衡发展；四是体现在政治领域。就我国的现代化而言，非均衡既是总体特征，又是战略选择，更是对规律的把握和运用。集中在政治领域，我国现代化建设面临的严峻挑战和巨大差距决定了这种“赶超型”的现代化之路必须要有有效的政治为经济、社会发展提供有力的政治保障和智力支持。以非均衡发展创设有效政治首先就是在这一背景之下出现的选择。

我国改革开放的展开是当时内忧外患共同作用的结果。一方面，“先进—落后”二元化的国际国内背景是这一时期非均衡战略选择的宏观原因。当时我国的经济基础异常薄弱，生产力水平极度的不平衡，相反，世界上其他国家，尤其是资本主义国家却纷纷完成现代化，甚至即将进入后现代，这种明确的追赶目标或参照系给我国增添了许多压力。经济的有效发展无疑成为重中之重。另一方面，必须尊重这样一个事实，即我国的改革开放作为一场新的革命，是在政治体系基本失效的状况下展开的。虽然新中国成立以后，我国已经建立了独立自主的经济体系以及独立的统一的政治体制，但这一时期经济上片面追求低水平均衡的同时，政治上却相应走向失衡和癫狂。中国 30 多年的发展就是针对这种状况，以变失效的政治为有效政治为行动起点，渐进的非均衡改革开放就是针对这一系列乱象做出的调整和革新。在 1978 年 12 月 13 日召开的中央工作会议上，邓小平提出的以民主为前提解放思想，促进改革，以民主的制度化和法律化，保障改革，推动发展的思想，成为中国改革发展的基本战略贯穿改革发展 30 年的全过程。但是这里的民主是具有特别规定性的民主，其直接指向是经济民主，通过利益格局的调整，调动人民现代化建设的积极性和创造性，不是为了民主而民主，而是为了发展而民主。中国正是通过这种探索和实践，通过有效政治创造有效发展，建构着中国特色的转型发展之路。这种发展战略体现在经济发展的序列上，有先后、有侧重，即非均衡的经济发展模式，以先富带动后富，最终实现共同富裕；在政治上，相应地选择以经济为绝对主导的经济主义政治发展模式。为保障经济发展，在政治价值的导向上，效能优先；体制选择上，权力相对集中；相应的政治行为上，强控制、弱参与持续了相当时期。也就是说，在宏观层面，选择以经济为绝对主导的经济主义政治发展模式，先有经济发展，后有民主化的实现。具体来说，我国选择的不是同步推进经济现代化和政治民主化的发展模式，而是以效能和民主的非均衡发展作为发展的战略。

当然，这一模式的选择是艰难的，是现实残酷教训的结果，也是国际经验的总结。新中国成立以来社会主义探索时期的曲折以及十年浩劫误入歧途的经历无一不告诉我们，离开经济基础高谈上层建筑的建设是枉然的，危害也不言自明。结合日、韩、新加坡等追赶型国家现代化的历史经验，我们发现：后发性或迟发性国家在推进本国政治发展的进程中，立足于本国的国情不得不放在第一要义，任何国家的发展模式若不能与本国实际相结合则只能是空中楼阁，流于形式。更加重要的是，后发性或迟发性国家在推进现代化的过程中，政治发展只能是经济发展基础之上的政治发展。民主与效能之间，在不同的历史阶段必须有所侧重与安排，这种发展的优先与序列是非均衡动力机制的现实体现，也是东亚及东南亚各成功完成现代化的诸国以经济为绝对主导的经济主义政治发展模式提供给我们的有益启示。从历史发展的一般规律来看，非均衡发展是经济发展与政治发展之间关系的生动描述。只有为经济发展保驾护航，能够保证经济有效发展的政治才是有效政治，也只有有效政治才可能改善人民生活、满足人的需求，进而得到民众的支持和认可，成为合法的政治。也就是说，现代化发展的时间长河中，政治发展的地位及其方式是由整个现代化发展战略决定的，它的目标当然是政治稳定和政治发展，但这一目标的达成首先得依赖于政治的有效性。

总之，我国作为“追赶型”现代化国家，现代化急剧展开。发展初期，社会主要矛盾集中于经济发展的诉求，民主与效能之间的价值悖论导致在序列选择中，能保证效能的权威主义是其政治发展的价值取向，政治与经济的非均衡序列安排是政治发展的动力。换言之，有效的政治带来有效的经济，有效的经济发展创造实际政绩，政治的有效性从经济的发展、民生的改善中获取到现实的合法性资源。而这种有效的政治正是非均衡动力机制创造的活力与现实奇迹。当然，随着现代化的展开，非均衡的价值悖论以及趋向都会有所转变。但综合追赶型现代化国家的国际国内经验，可以看出：先经济后政治，先保证效能然后逐步实现民主，先建构权威主义的有效政府，后实现权力分立的民主政治，这种非均衡的发展序列最终创设了有效政治，继而实现了在有效性中积累合法性，推动国家的政治发展。当然，这是历史的选择，也是现实的抉择。

第二，我国的发展实践证明，非均衡发展创设了我国的有效政治，并因此最终推动政治转型。首先，建构有效政治是我国政治体制改革的实际指向。如前所述，政治有效性强调政治的作用，指向实际的政绩，是任何政治体系有效运行的基本条件之一。从这一观点出发可以发现，我国改革开放伊始提出的社会主义民主建设，不是单纯和孤立的民主发展，而是从政治的有效性出发，特别指向经济民主。其现实的目标性十分明确，即通过政治体制改革为经济发展扫除障碍。正是在这样的原则下，我国政治发展的目标之一——对民主的价值追求必然要融入到当代的现实使命之中。也就是说如何创设有效政治成为政治体制改革的关键。使政治领域的改革和安排不仅有利于政治系统自身的完善与发展，最终达到稳定与民主的理想状态，而且能够切切实实推动经济社会的发展与进步，这是改革开放以来我国政治发展的主题。非均衡的序列安排与选择不仅是我国改革开放中促进经济腾飞的战略选择，对于政治发展而言，以发展序列的慎重优选造成生动活泼、在压力中获取动力的战略安排实际上就是非均衡作为发展的动力机制在政治领域内的体现。

其次，非均衡创设有效政治，主要体现在社会发展的宏观层面以及政治系统内各要素发展序列的微观层面。在社会发展全局的安排与掌控之中，目标明确、重点突出、先后有序，具体体现为以经济建设为主导的经济主义的政治发展。这种安排和选择，一方面源于我们对发展规律的认识和把握，对经济与政治之间辩证关系的深刻认识决定了我国的政治改革必须与经济改革形成互动合力；另一方面源于对历史的反思和现实的考量，十年“文革”之后，如何使国家从无序转为有效、从封闭走向开放、从停滞走向发展是我国改革开放面临的基本任务。我国在建设中曾经经历的挫折和经验都表明只有生产力得到发展，政治发展才能成为可能，民主才可能最终实现。基于这样的路径选择，经济发展与政治发展之间，经济优先。而为了为经济建设保驾护航，创造有效的经济与社会发展，政治体制必须做出深刻的变革，也就是说，政治与经济之间的非均衡发展既是经济发展的前提，又相应成为政治发展的动力，二者之间是一种相互创生的关系。这种政治体制的“深刻变革”具体来说，即在政治价值的选择上，效能先于民主；在政治体制的选择上，一定程度的权力集中优于权力的分立；体现在政治行为上，则是政治控制强于政治参与。如果单纯从政治的价值性原则考虑，这种选择和安排不见得是最优良的政治，但对于当时的中国来讲，这无疑是最有效的政治，也因而使得我国的这种政治发展具有了价值性的内涵。就中国的实践而言，正是这种非均衡的政治发展创设了有效政治，这种政治的有效性集中体现在中国 30 多年改革开放的实践之中。源于效能优先的价值选择，我们在政治体制及政治行为的安排与选择中面对和克服了权力的“集分困境”。对我国的政治发展而言，这种集中的根本取向不是集权本身，而是效率。众所周知，对于发展中国家而言，权力的集中意味着政府权威和效能的取得，在发展初期它体现甚至左右着政治的有效性，这是政治发展的重要方面。因此，当“中国正处在特别需要集中注意力发展经济的进程中”，政治发展的首要的价值指向效能，为了保证效能的实现，为积累特殊历史阶段的政治合法性，在体制的设计与安排中，必须建构有权威的政府以保证政治发展有效性。相应地，这种有效政治的观念、权威政府的确立也决定了我国政治控制与大众政治参与的水平是有差距的——有效的政府需要有效的控制和有限的参与。正是这种非均衡的设计与安排使得我国改革开放以来整个政治发展过程目标鲜明、重点突出、张弛有度，最终必然推动着这一时期的政治繁荣和政治发展。实践证明，非均衡的发展模式既遵从了发展的客观规律，又是立足我国实际做出的现实选择，因此在实际的政治发展中，效能优先成为共识，而一定程度的集中和控制又有利于效能的达成，为经济发展扫除历史障碍，这种以有效性为基础建构和完善社会主义民主的道路成为我国政治发展的现实选择。

当然，非均衡作为推动政治发展的一种设计和安排，其指向是效率和发展。效能的获得，权力的集中，一定的控制都是必要的，但又必须是有限度的，它以不能损害我们的民主体制为界限。这也要求非均衡要随实际状况的改变相应调整，随着经济目标的实现，现代化程度的提高，发展的序列安排中效能的位置可能又需要让位于民主的发展，这是一个复杂的过程。总之，我国后发追赶型现代化的特征决定了发展中必须首先强调政府的有效性，当然也需要合法性的价值认同。在这一过程中，非均衡发展既是张力，也是压力，更是动力，我们应当把非均衡作为政治发展的动力机制，在有序的、有效的、可控的非均衡发展之中，创设出充满活力的有效政治。因此，基于政治要为经济与社会有效发展服务的原则，政治变革和发展在努力前行的时候，不仅要注重系统发展的动力和活力，还要最大限度地化解发展的过程中可能带来的风险与危机。即以非均衡发展推动政治转型的同时，必须充分发挥政府的职能和作用，以恰当的政府关注化解可能出现的种种偏差和问题，否则，政治发展也可能因为某些失序、失衡的状态反而使经济与社会发展陷入危机。尤其是当改革初见成效之后，关于政治发展中非均衡的序列安排就相应地要做出调整，如 1992 年我国全面迈向社会主义市场经济体制；几年之后，1997 年我党又提出了依法治国的新方略。这种快速的政治变迁再次体现了非均衡动力机制在现实变迁中的动态特征。

（三）非均衡发展推动政治转型：在有效性中积累合法性

如上所述，在创设有效政治的过程中实现经济社会的全面发展，进而满足人民对民主的价值追求，在有效性中积累政治的合法性，这是我国政治发展的现实路径。按照这一思路，单纯地讲中国政治发展的路径是以非均衡创设有效政治还是不够完整的表述，有效政治创造有效发展，最根本的还是要通过政治有效性的积累最终获取政治的合法性。

一如亚里士多德所说："最良好的政体不是一般现存城邦所可实现的，优良的立法家和真实的政治家不应一心向往绝对至善的政体，他还必须注意到本邦现实条件而寻求同它相适应的最良好政体。"[①] 这也从另一个侧面说明，有效的政治不一定是完善的政治，政治的合法性与有效性之间如同理想与现实的关系一样，总给人留有遗憾。对于政治发展来讲，政治合法性规定了有效性的内容和方向，有效性的实现又为合法性的获得提供了途径和可能性。特别是在后发展国家，有效性的实现与否对于政治发展的实现具有决定性意义。在后发展国家，政治体制是缩短差距的重要工具和手段，面对经济和政治同步发展的压力，这些后发展国家政治合法性基础的薄弱必须通过政治体制的有效性加以弥补。虽然政治体制与合法性基础并

① ［古希腊］亚里士多德：《政治学》，商务印书馆 1983 年版，第 326 页。

不总是一致，但对于绝大多数国家的政治发展来讲，政治合法性的获得是政治体系长期稳定的基石。对于政治发展而言，有效性与合法性缺一不可。甚至可以说唯其有所取向，有效的政治才会被人们长期所接受和认可。因此，从后发国家政治发展的基本逻辑看，政治建设的首要目标是要保证政治的有效，然后在这个基础上积累合法性，最终促进政治的完善与发展。也正是如此，中国改革开放从重建有效政治出发，最终必然要落实到对合法政治的追求上来，在有效性中积累合法性，以获取大众对现有政治体系的认可和支持。如前所述，我国改革开放的实践证明有效政治创造了我国经济社会的有效发展；30 多年经济政治社会的剧烈变迁也再一次以事实论证了非均衡动力机制的工具理性和价值理性，即这一发展巨大的现实推动力以及对于中国现代化建设的伟大意义。宏观层面的经济主义导向，微观层面的政治系统各发展要素的序列选择和安排使得我国的政治发展在现代化起步阶段——指向实际的政绩，即它创造经济与社会发展的能力与效度。这种有效政治正是能力与效度的统一，在这种非均衡创设的巨大动力下，我国政治领域内的改革围绕着创设有效政治、在社会主义政治制度自我完善和发展的框架内展开，这一框架的核心是人民当家作主、依法治国和党的领导的有机统一。在强调党的领导和我国现存的基本政治制度的合理性的前提下，正视这些制度运行中存在的具体体制、机制以及功能配置上的不合理与不完善。改革就是以制度建设为重点和核心，不断完善和巩固国家的政治制度以促进经济社会的全面进步和发展。

有效政治还应体现出政治体系保障和推动经济与社会发展的能力，在有效地推进经济与社会发展中积累合法性，这是政治体系作用发挥的核心。我国的改革开放是一场非均衡的、渐进式的崭新的革命，它围绕着创造有效的发展而展开。在具体的改革中，非均衡战略安排着发展的序列，决定着改革的重心，对整个过程和方向运筹帷幄。一方面，经济主义，更确切地说大力发展生产的强大决心推动整个国家经济面貌和人民生活水平的改善；另一方面，经济发展的压力反过来又成为政治发展的动力，迫使政治系统发生变革。与宏观层面的非均衡发展序列相适应，政治系统内，政治价值、制度以及行为都以非均衡的态势和特征而存在。非均衡创造了有效的政治，有效的政治又促成了有效的发展。事实证明，改革开放 30 多年来的发展成效直接关系到国家的进步与民众的幸福，深刻地影响了民众对党和国家的信心以及对社会主义制度的信念，也深刻地影响了整个世界对中国的认知和判断。

总的来说，非均衡使得中国成为世界上 30 多年来发展最好的国家之一，其战略价值和历史功绩不容低估。对中国的政治发展而言，作为政治发展的动力，非均衡发展使得中国政治由理想转为现实，在有效性中积累着合法性，在经济发展的基础上建构了有中国特色的社会主义政治体系。当然，非均衡发展可能带来或导致的消极作用从来也无法忽视和否认。当非均衡的程度趋于失衡，会导致一系列的社会问题和矛盾产生，并进而影响到政治的合法性。但非均衡可能导致的风险和危机本身也具有双重的作用，对一个有效的政治体系来说，这种风险和危机既是挑战也是机遇。对于我国而言，党和政府在预防、应对乃至驾驭这种风险之中，执政能力不断提高，并在应对和处置危机的过程中赢得政治认同和支持。党领导下的改革是渐进性的改革，这一过程有序、有效和可控。特别强调将改革的力度、发展的速度和社会的可接受程度“三度”统一起来，创造安定有序的发展环境。正是在这样的原则下，非均衡动力体系下的渐进式改革即便有风险，但其内在机理不允许制造危机，加之中国共产党执政能力的不断加强和提高，我国的政治体系在有效应对和抵御风险和危机中获得了巩固和发展，其合法性也因此获得了有效的累积。

如上所述，有效政治创造有效发展，合法性也因此积累起来，并在实践中实现二者的有机统一。但归根到底，立足点只有一个：在现代化建设的过程中，政治发展要随时准备为经济和社会发展提供助力。经济与社会发展是一个不断变化的运动过程，基于这一点，党领导之下非均衡安排应是动态的、有效的和可控的，根据不断变化的客观实际，发展的序列优选也必须适时调整。也唯有如此，我国的政治体系才能与经济社会发展的要求相适应，才能充分体现政治上层建筑能动而巨大的反作用，也才能从根本上促成政治完善。因此在实际的政治过程中，非均衡的安排和选择必须兼顾政治体系的有效性建设和合法性累积，在效能优先中蕴含合法性的价值追求，更要在有效性建设中完成合法性的积累。当政治体系积极追求并有效实现政治效能时，合法性才能随之累积和获得成长——这就是政治发展的现实逻辑。中国 30 多年改革开放和现代化建设的成就证明，“有效政治创造有效发展，合法性在有效性中得到积累”这一政治发展的路径选择是正确的，我国正是在这一路径实践中实现了政治发展。

（四）非均衡发展推动政治转型体现了工具理性与价值理性的统一

在本章的第一部分，已经对工具理性与价值理性的辩证关系稍做解释，但在现实生活中，人们的思想和行为常常被实证主义和经验主义所左右，集中关注非均衡的工具理性，因此导致发展过程中非此即彼的极端现象，好像强调政治发展的价值理性就必须放弃对效能的追求，而强调政治效能又必然意味着放弃对意义的追问。事实上，工具理性和价值理性之间应当从二律背反走向辩证统一。非均衡推进我国的政治发展和民主政治建设，正是建立在价值理性和工具理性协同作用的基础之上。因为非均衡发展推动政治转型，创设了有效政治，在政治的有效性增长中积累了合法性资源，这种政治发展之路就是我国改革开放 30 多年来的伟大实践。这一过程中，政治有效性与合法性共同构成评价我国政治系统的标准，它们衡量着政治系统是否具备多种功能，既能满足推动经济与社会发展的政治需求，也能提供基本的道德、法规，得到民众的认可。从这一层面出发，不能再断然得出结论：“有效性主要是工具性的，而合法性是评价性的。”相反，我国政治发展中对效能的关注和追求“不是工具性的，而是价值性的，是指导中国政治建设和发展的价值原则，强调用有效的政治发展来保障政治对经济和社会发展的有效作用，因而，其中自然也包含着对合法性的追求”①。作为推动中国政治发展的动力和逻辑，非均衡创设有效政治，推动有效发展。这一动力体系的核心是在党的领导下，通过对政治价值、制度和行为的整体设计和安排以维系和提升政治体系对经济社会的有效推动，最终在社会发展全局中实现中国的政治发展。如林尚立先生所言：“这种政治有效性所关注的显然不仅仅是政治系统的功能本身，而且在很大程度上关注于政治发展适应和促进经济与社会发展的合理程度和有效程度，因而，追求的是整个政治形态及其所决定的政治生活在国家现实成长中的价值与意义。”② 这里，我国政治发展的有效性中自然包含着合法性的诉求，有效性和合法性统一于我国政治发展的始终。

总之，政治发展是有效性建设与合法性积累的统一。我国作为后发国家，其政治发展有着其特殊的历史条件和发展规律，这一过程中，以非均衡动力机制推动我国的政治发展既是时代的要求，又是发展规律的现实体现。非均衡发展创设了我国的有效政治，有效政治又反过来增强了人们对现存政治体系和政治制度的认同和信心，积累和提高了我国政治的合法性。从这一层面出发，非均衡作为推动政治发展的动力机制和战略选择就不再局限于工具理性的范畴，也相应具有了价值理性的意义。作为指导我国政治建设和发展的价值原则，非均衡不仅仅是工具性的，也因其包含着对合法性的追求而具有了价值意义。

① 林尚立：《有效性中积累合法性：中国政治发展的路径选择》，《复旦学报》（社会科学版）2009年第2期。

② 同上。

三　我国政治发展非均衡模式的选择与优化分析

当前我国正处于十分复杂的历史阶段，一方面社会转型尚未完成，另一方面现代化进入全面发展的相对稳定时期，这一阶段发展的状况以及未来的走向在很大程度上取决于政治发展模式的选择。非均衡动力体系推动着我国的政治发展和社会进步，党领导下的非均衡发展战略创造了和正在创造着巨大的奇迹。随着现代化进入稳定时期，社会经济条件发生改变，原有的非均衡序列和安排逐渐失去了存续的社会经济基础，渐渐偏离实际、偏离了发展的价值取向，这就要求非均衡序列安排中的相关要素必须适当调整，以保证发展的有效性和价值理性。尤其在政治价值层面，民主与效能之间，多年的非均衡发展，我国的政治已经被证明是有效的政治，正是这种有效性使我国的政治体系和政治建设在复杂的国际国内环境中经受住考验，取得了举世瞩目的成绩，得到国际国内的广泛认同，为我国政治发展积累出宝贵的合法性基础。但是，不同的历史阶段，不同的现实条件下，合法性要求有着不同的内涵。党和政府十六届三中全会以来的努力正是基于这样的考量，进行这种转变和调整的具体体现，试图以另一种“协调”的非均衡矫枉过正，在理论上解决经济发展和公平正义问题，在现实中解决原有的非均衡引发并波及多个领域的诸多问题。即进入现代国家建设时期，通过社会性的、治理结构的变革，建构一个以社会发展为导向、以人民为趋向的服务型民生政府。换言之，在非均衡发展中通过政府关注，积极调整国家宏观公共政策和发展中的序列安排，民主与效能之间，逐步过渡到注重民主建设的新的历史阶段。并在这一过程中，以民生建设促进民主发展，并以这种崭新的价值性非均衡安排有效地控制甚至改变发展中的失衡倾向和失衡问题。也就是说，我国政治建设以及合法性积累的发展路径开始由以经济建设为中心转向在推动经济建设的同时，更加关注民生建设，建构以关注民生为基本诉求的民主政治，在民生政治的建构中以实现我国政治发展的最终目标，这也是非均衡动力机制在新时期推动我国政治发展的崭新命题和优化选择。

（一）民生政治：基本政治价值诉求基于“合法性”的逻辑演进

我国政治发展的总体路径是以政治有效性建设推动和积累政治合法性，二者本身就呈现出非均衡的特征。在党的领导下，新时期的经济发展和社会变革一一反映在政治领域，原有的非均衡设计和优选必须相应做出调整，合法性是这次调整的核心和关键。作为现代政治分析的一个关键术语，人们对合法性的实质认识基本上达成了共识，即普遍认为其实质是要说明某一政治事物何以存在又如何持久的问题。它是人们内心的一种态度，这种态度认为“政府的统治是合法的和公正的”。“谁认同”、“认同什么”、“为什么认同”以及“认同到什么程度”等几个相互关联的问题体现了合法性的本质特征，也告诉我们：合法性在一定意义上带有较强的主观色彩，因而不可能一成不变。随着时代的发展，合法性要素日益多元，其影响因素亦会随时代的变迁相应改变，政治系统要满足其合法性的增长需求，其首要政治价值追求必须进行逻辑转换，适应时代要求。首要政治价值追求决定着政治体系的走向及其合法性的状况。现代化初期，我国在相当长时期内经济建设是最大的政治，随着现代化进入稳定时期，人民的物质生活条件有了很大的改善，经济民主的不断提升使得政治民主成为现代的最强音，这一诉求的满足与否也成为当下我国政治合法性的核心内容和关键要素。体现在实际的政治生活中，以民生关注为价值诉求的民生政治，是跟随时代变迁的脚步，为满足当前公众的合法性需求而实现的首要政治价值追求之变。当然，这种政治价值的变迁过程从合法性的视角加以审视，可以发现，它与无论是西方启蒙运动以来解放政治、后现代中出现的生活政治均有共同之处，都是基于时代需求的合法性之变。

首先，西方启蒙运动之后出现的解放政治是一种基于合法性增长的政治。启蒙运动以来的整个西方社会，一直把解放作为自己最神圣的使命，以解放为目的的解放政治因此成为现代政治的主题与核心。什么是解放政治？吉登斯对此曾有较为全面的解析，他说："我把解放政治定义为一种力图将个体和群体从其生活机遇有不良影响的束缚中解放出来的一种观点。解放政治包含了两个主要的因素，一个是力图打破过去的枷锁，因而也是一种面向未来的改造态度，另一个是力图克服某些个人或群体支配另一些个人或群体的非合法性统治。"① 从解放政治产生的背景来看，解放政治的产生基于文艺复兴运动以来，人们对以往宗教神学统治的不满以及对启蒙理性的向往与追求。这种急于摆脱束缚和向往与追求使"解放"成为共识，解放政治因而获得其合法性，成为启蒙运动以来整个西方的政治核心。中世纪的西方处于宗教蒙昧主义与信仰主义的统治之下，神权高于一切，凡与圣经或神学推崇的学说相悖的观点都被斥为异端邪说，哲学、科学都成为"神学的婢女"，科学与整个社会发展极其缓慢，基本上处于停滞状态。这种状态之下的人只不过是神在地球上的奴仆，没有任何权力可言。文艺复兴时期，启蒙思想家们把理性从逻辑、认识论领域引申到政治领域，认为理性是人的本质、权力、特权，也即是人权，并用它来反封建、反宗教，在猛烈批判专制统治的同时，要求打破封建神学的桎梏，使人们从中得到解放。正是在这一时代背景之下，解放政治应运而生，以文艺复兴和启蒙运动为代表，将"解传统"和"解宗教的教条"作为时代的大旗和运动的主题。文艺复兴提倡"人性"，旨在摆脱天主教神学的束缚，强调追求现世的幸福；启蒙运动则进一步高举"理性"的旗帜，旨在反对专制主义、教权主义和封建特权，追求政治解放。他们对科学持绝对乐观

① ［英］安东尼·吉登斯：《现代性与自我认同》，赵旭东等译，生活·读书·新知三联书店1998年版，第248页。

的态度，相信理性是绝对有效和万能的，“科学技术和社会生活乃至人的发展都应遵循理性的法则来运行”①。认为唯有理性能够帮助人们摆脱束缚、获得解放，也唯有理性能够帮助人类最终走向幸福与和谐。在这一层面上，解放政治这样实现人类解放：取得对自然的控制权，“因为要摆脱宗教习俗的束缚，只能诉诸于人对自然的驾驭能力”②。当然，人类社会也的确因此迈入一个崭新的发展阶段：挣脱了宗教的束缚，摆脱了自然的奴役，战胜了各式各样的偶然和不确定，解放政治首次使人类成为自己的主人。解放政治因此获得了广泛的共识，成为人们“内心的一种态度”，在相当漫长的岁月获得了人们的信仰与忠诚，成为启蒙理性以来整个西方社会的政治核心。

从解放政治的本质内容上看，解放政治即要通过解构传统、自然、权力的束缚来建构一个自由平等的新世界，这一内容构成了其从启蒙时期到现代社会核心政治合法性的渊源与内涵。如上所述，解放首先意味着使人从宗教蒙昧和自然控制中得到解放，不仅如此，解放还意味着从种种背离自由与平等的社会制度和社会关系中得到解放。这一观点从吉登斯对解放政治的界定中可以得到验证，他明确指出，“解放政治包含了两个主要的因素，……另一个是力图克服某些个人或群体支配另一些个人或群体的非合法性统治”③，什么是非合法性统治？在当时的欧洲，封建专制制度是影响人获得自由和平等的重要因素，这种制度之下，一些个人或群体凌驾于其他人之上，权力的枷锁束缚和限制着人们对良好生活的追求，要真正实现人的自由、平等，最终达成人的解放，唯有推翻这种不合理的政治制度。在这一层面上，解放政治经由资产阶级革命，通过建立资产阶级共和国将实现人类解放的内在逻辑由抽象到具体，由理论变为现实，并通过制

① ［德］康德：《道德形而上学原理》，苗力田译，上海人民出版社 2002 年版，第 52 页。

② 同上。

③ ［英］安东尼·吉登斯：《现代性与自我认同》，赵旭东等译，生活·读书·新知三联书店 1998 年版，第 248 页。

度建设保证和实现了人的解放，实现了人类历史上“第一次”的跨越。但解放政治之所以成为现代政治的核心，在漫长的历史时期获得人们的信仰与忠诚，不仅仅源于其在革命时期的辉煌，更是因为解放政治定义中所包含的第二个主要因素，它以消除非合法性统治为己任，其核心命题是自由、平等、正义以及权利，关注的是人最基本的生存权与发展权。并由此，将其关注的范围延伸至消灭剥削和压迫、将不平等控制在合理的范围，并竭力使个体从这些不合理的枷锁中解放出来，重获自由和新生；当然，解构权力束缚的同时也必然会产生相应的义务，它们共同构成了解放政治在当代的具体内容。以此为追求的政治系统也更是满足了一定时期合法性增长的需求，成为西方社会的政治传统和广泛共识。

当然，以上阐述都可以归结为解放政治的任务和目的均体现出它的历史合理性和现实合法性。解放政治，顾名思义，即以解放为目的的政治。具体地说，一是从传统和自然中解放出来，打破传统、宗教与自然对人的枷锁和束缚；二是从人对人的奴役中解放出来，消灭剥削与压迫，打破权力、制度对人的枷锁和束缚；最终使人成为支配自然与社会的主人。它的这一“由政治解放最终达到人的解放”的核心任务和目的感召着一代又一代人为了解放和自由团结起来。由此可见，解放政治的产生、发展自始至终都体现出它是一种基于合法性增长的政治。正是缘于对摆脱种种束缚，终由政治解放达到人的解放的渴望与追求，解放政治的理念与内容深入人心、契合民意，最终获得了人们从理念到政权的认同与忠诚，在一定时期内维护了政治稳定乃至社会稳定。

其次，随着全球化和解传统时代的到来，解放政治的核心理念已不能解释社会生活中出现的新变化，生活政治成为一种新的认同政治的构想。如前所述，解放政治因其追求解放与自由的价值诉求成为西方启蒙运动以来的核心政治，但时代变幻、风起云涌，面对新的问题转向，解放政治因其自身的内在矛盾以及局限性已显得应对乏力，难于解释社会生活中出现的新变化。而这，恰是时代变迁伴随而来的新的合法性要素。如何满足公众的合法性需求，确立新时代的政治主题？吉登斯顺势提出生活政治的主张，指出："今天，政治取向调整的总方向是，应对我们所讨论的社会生活环境的变动。这就是从解放政治向生活政治的转变。"[①] 什么是生活政治呢？在《现代性与自我认同》一书中，他写道："生活政治关涉的是来自于后传统背景下，在自我实现的过程中所引发的政治问题，在那里全球化的影响深深地侵入到自我的反思性投射中，反过来自我实现的过程又会影响到全球化的策略。"[②] 在他看来，作为术语的"生活政治"也许并不完美，但解放政治在新的时代背景下由于其合法性滞后已不能满足核心政治的需求，人们是否可以通过这一术语来表达当代政治的变革？那么，生活政治又如何体现基于合法性需求带来的政治变革呢？

全球化和解传统时代的到来是生活政治兴起的时代背景，时代的变迁对核心政治的合法性内容提出了更高的要求。一如吉登斯所说："生活政治的逐渐突出是全球化和解传统化共同作用的结果。"[③] 传统社会，人们处于自然与权力的双重奴役之下，以解放为目的的解放政治一经提出很快获得了大众的认同并达成共识，虽然这一"解放"更侧重于宏观意义上的解放，是一种外在的、制度层面的解放，但长期处于奴役之下，正是解放的这一宏观意蕴体现了当时的合法性需求，获得了最广泛的政治认同。而在解传统社会，"一种个体自我的、情感的、内在的和微观层面的解放"[④] 需求应运而生，解放政治在原来语境下的优点在现代却以难以克服的缺点的面貌充分显现，在当时作为合法性重要来源的宏观意蕴在现代及后现代恰

① ［英］安东尼·吉登斯：《失控的世界——全球化如何重塑我们的生活》，赵红云译，江西人民出版社2001年版，第115页。

② ［英］安东尼·吉登斯：《现代性与自我认同》，赵旭东等译，生活·读书·新知三联书店1998年版，第249页。

③ ［英］安东尼·吉登斯：《超越左与右——激进政治的未来》，李惠斌、杨雪冬译，社会科学文献出版社2000年版，第259页。

④ 许丽萍：《吉登斯生活政治范式研究》，博士学位论文，浙江大学，2005年，第34页。

恰成为解放政治的软肋：由于侧重与关注的不同，它无法解决一些生活领域中出现的新问题，而这些所谓的脱离宏观叙事的微观世界恰好称为解传统时代政治合法性的增长点和重要内容。如吉登斯所说："生活政治不是一种生活机会的政治，而是一种生活决定的政治。随着传统和自然的终结，它也逐渐浮现出来。在许多解传统的社会生活领域中，必须作出新的决定。这些决定几乎总是政治性的，并具有伦理或价值尺度。然而关键的是，生活政治问题不能按照解放政治的标准解决。"① 此外，解放政治在追求宏观解放的背景下更多关注的是个体的自由和自主行为的能力和权利，忽视了人们的责任和义务，对如何实现社会团结更是无能为力。而后者正是后现代社会问题产生的主要原因，也是新时期政治合法性的重要来源。这一关注的转移体现出核心政治因合法性增长而演进的历史逻辑，而这一演进正是时代变迁所赋予的，生活政治也因其关注的特殊主题在新的历史时期崭露头角。

此外，生活政治的提出缘于解放政治的衰落，而这种衰落恰是缘于解放政治在解放道路上存在着诸多问题，问题和悖论引发质疑，影响了共识的达成，因而伤害了其核心理念的合法性。客观来讲，建立在启蒙理性基础上的解放政治能够在相当长的历史时期成为西方社会的核心政治，一方面缘于其体现时代精神，高举自由、平等、解放的正义大旗，另一方面则依赖其在该领域的卓著功绩：依靠知识理性，使人从自然的奴役中解放出来；与此同时，使传统以及宗教在这里却步。也就是说，历经几个世纪的斗争，解放政治使人类从蒙昧走向理性，实现了政治解放，其历史功绩毋庸置疑。然而，随着各国现代化历程的展开，越来越多的人开始质疑和反思现代化的后果：在利润的驱动下，资本主义发展的历史演绎出一部资源争夺史，它以史无前例的方式与速度在消费着人类共同的资源，从而引发

① ［英］安东尼·吉登斯：《现代性与自我认同》，赵旭东等译，生活·读书·新知三联书店1998年版，第248页。

全球性生态问题。现代化究竟是建构还是解构？这一疑问本身就是向解放政治的合法性发难。与此同时，解放政治虽然在一定程度上实现了政治解放，但由于把政治宏观世界和社会微观领域隔离开来，对新的问题转向及困惑无能为力，因而并没有因此获得人的解放，反倒“成为一种新的奴役人的专制工具，把人重新带向痛苦的深渊”①。审视现代化发展的历程会发现，作为解放政治产生的根基，普遍理性推动的科技进步一方面使资本主义焕发强大的生命力，创造的财富比以前几个世纪的总和还要多，但另一方面也在制造大量社会问题。焦虑感、不安全感等一系列生存危机威胁着人们的幸福，人们在打破枷锁的同时又重新被禁锢，真正的解放依然遥不可及，于是发现：解放政治只是将“个体从剥削、不平等或压迫的状况所产生的行为枷锁中解放出来；但是它并不因此具有了任何绝对意义上的自由”②。解放政治的合法性地位再次被质疑。

当然，从生活政治内容本身进行分析更是有助于我们领会这种基于合法性增长的核心政治之变。生活政治本身是一种选择政治，也是一种认同政治，选择和认同体现了新的历史时期人们对政治发展更高的要求，这一要求构成当代及未来西方政治合法性的重要诉求。通过剖析全球化时代的影响以及解放政治的不足，吉登斯指出后现代社会政治主题不能仅仅局限于解构，更需要一种以关注生活为核心决策的政治，以此来吸引民众对政治的认同，即为生活政治。吉登斯认为生活政治从本质上看是一种选择的政治，“它意味着在不同的生活方式的主张之间作出决定”，“传统的控制愈丧失，依据于地方性与全球性的交互辩证影响的日常生活愈被重构，个体也就愈会被迫在多样性的选择中对生活方式的选择讨价还价”。③ 在他看来，解传统时代的到来必然意味着新旧冲突，矛盾与挑战。在新的秩序出

---

① ［英］安东尼·吉登斯：《现代性与自我认同》，赵旭东等译，生活·读书·新知三联书店1998年版，第250页。

② 同上。

③ 同上书，第5页。

现以前，人们所面对的将是一系列冲突，每个人必须做出自己的选择。当然，这种选择不仅仅是个人的和自主性的，更是“我们的”和相互关联的。生活政治正是因其对个人或集体选择权的关注而率先向“人的解放”迈进，也就因而获得了较之解放政治更大意义上的合法性基础。此外，在高度现代性的社会背景下，人们的自主性日益丧失，人们在解放自己的同时又不断形塑着解放的障碍。“我们是谁?”“我们想要如何生活?”这是反思的结果，更是当下的重要问题。生活政治亦是一种认同政治，它认识到自我认同问题已经成为这个时代的重要问题，认为个体的自我认同最终取决于他自己对生活方式所做出的选择，并将此纳入自己的研究范畴。较之解放政治关注的生存权与发展权而言，它是对更高层次的选择权的关注。也就是说，生活政治主要回答社会中的个人应怎样生活的问题，是强调生活方式的政治。正是缘于这一点，可以将生活政治看成是对解放政治的包容和超越，一方面，它并不反对解放政治所蕴含的基本观点；另一方面，它又是对现实的救赎，它是吉登斯试图在全球化条件下为救治资本主义开出的一种政治药方。当然，“药方”的核心要素是合法性的增长！从吉登斯的表述中可以看出，核心政治由解放向生活的演进恰好体现出不同时期合法性增长带来的政治变化和挑战。

与解放政治、生活政治相似，民生政治在我国成为核心的政治价值诉求也有其特定的现实土壤，它是基于我国政治发展进入新的历史时期合法性滞后的现实反思。新中国成立以来，我国的政治重心也随时代的发展而转移，核心政治价值经历了“政权政治”、“生产力政治”的变迁，正在向民生政治阶段迈进。如果说，解放政治是一种现实主义，生活政治是一种乌托邦现实主义，那么我国当下的民生政治则是基于合法性滞后的现实反思，虽然其中也不同程度地蕴含着对话、生态、平民、关怀等生活政治的追求，但其目标与价值追求仍是正义、平等与自由。从这一层面上讲，我国的民生政治相对于解放政治，在核心命题上有所发展；相对于生活政治，则更加的脚踏实地。而这种关注与转变，正是基于不同时代政治合法性增长的要求。政治合法性体现着民众对该政治系统的信仰与服从程度，意味着公众对现存政治秩序的认同（包括价值认同、制度认同和政绩认同），关系到该系统与权力是否合乎尊严和能否持久，是任何一个权力系统都无法回避的根本问题。虽然“一个政府或一个政党要获得合法性需要：存在于一定的时间，有良好的政绩，有赢得服从的能力”①，但“把合法性建立在政绩基础之上的努力产生了可以被称作政绩困局的东西”②，国家政权一经建立，执政的核心与主题都必须从单纯的政权政治转向生产力政治，这是满足公众需求、获取公众认同的必然要求。但任何国家又都无法保持经济永恒增长，单纯的经济绩效亦无法满足民众多元化、多层次的需求。因此要维系一个政治系统的合法性，其因素和要求非常多元，经济的高速发展只是其中最为基础的一个要素，单纯地依靠经济增长获取民众的信任，把政治系统的合法性仅仅系于物质满足是极其脆弱的。改革开放以来，我国经济快速增长，一方面合乎民心，顺承民意，但新的问题与矛盾此起彼伏，严重影响到政治系统的稳定与发展。追随时代发展的脚步，寻求和丰富新的政治合法性要素，改变过于单一的合法性基础，从而获得社会公众的支持和信赖是我国把民生作为主要的政治价值诉求的根本原因。

此外，问题凸显，是我国合法性滞后的现实表现；问题意识，则是我国核心政治变迁的动力之源。合法性危机的困扰在世界各国普遍存在，民生政治的提出正是基于对各种问题引发的合法性滞后的现实反思。历史为证，任何一个政党执政的合法性地位的取得，关键看其能否满足生产力发展的要求，完成时代赋予的历史任务。改革开放以来，我国经济持续稳定增长，人民的生活水平不断提高，日益增长的物质文化需要也在一定程度

① ［英］迈克尔·罗斯金等：《政治学》，林震等译，华夏出版社2002年版，第6页。

② ［美］塞缪尔·P. 亨廷顿：《第三波——20世纪末的民主化浪潮》，刘军宁译，上海三联书店1998年版，第247页。

上得到满足，这些成绩构成了我党执政合法性的核心要素，增强了人们对国家道路选择和社会发展的信心，使社会主义信念获得了广泛的价值认同。但与此同时，经济与社会非均衡发展，社会问题凸显并严重影响到人们的生活，民生问题日渐成为当前社会矛盾多发最基本的根源，这种主要以政绩为支撑的政治合法性面临考验。当前，中国社会变迁与政治发展中合法性的内容应是多元的，它不仅包括人们物质需求的满足，还涵盖了社会公平正义、人的全面发展、精神的丰裕与文明等一系列要素，这些民众的多元需求即为民生。源于此，心系民生、解决问题，业已成为获得民众支持和信任的重要基础，更是我党执政合法性的重要源泉。当下的社会政治发展对合法性的要求已然与改革开放初期基于经济增长的政绩合法性有着显著不同。党的十七大以来，更是特别强调建设社会主义和谐社会，在科学发展的基础上，以民生为价值诉求。“这一切都显示我们已开始由追求经济增长指数作为合法性最重要支撑的时期，进入一个以民生改善、国民福祉为取向，把民众生活质量指数和满意指数作为合法性支撑来源的民生政治时代。”①

西方社会核心政治价值从解放政治到生活政治的变迁，我国民生政治的建构历程都表明：随着时代的变迁，政治合法性的要素也在不断地丰富和发展，相应地，核心的政治价值诉求也在改变。当前，我国正步入一个崭新的时代，这是一个科学发展的时代，充满活力、安定有序、人与自然和谐相处；更是一个民生的时代，人人同受尊重和关照，共享发展的丰硕成果，获享平等的公民权利。所有这些，既是人们的共识，更是成为执政党保持其执政合法性的关键所在。也就是说，随着效能的初步实现，有效政治的目标初步达成，以民生为基本诉求的民生政治成为我国政治发展中的主要价值选择，更是我国最终实现民主与稳定的基本路径和首要选择，

① 曹文宏：《民生问题的社会学解读——一种民生政治观》，《唯实》2008 年第 2 期。

这也是非均衡自身运行的必然要求。

（二）以民生建设促民主发展：政治发展非均衡模式的选择与优化

非均衡之所以成为推动我国政治发展的动力，很大程度上源于这一机制辩证和动态的特征。新的历史时期，非均衡的内容随之变化，民主成为迫切的价值追求和人民的共识。作为政治发展的重要目标之一，民主又是不能一蹴而就的，对于当下的中国，一方面，改革开放以来的经济政治发展营造了一个相对稳定的政治环境和一定的物质基础，社会主义民主有了发展的可能和需求；另一方面，稳定之中存在问题，发展之中有困难，社会主义民主的建构需要一个过程和时间。如王占阳先生所言："从缺乏民主到低度民主，再从低度民主到高度民主，以至于高度民主本身再继续发展完善，这是民主发展的'自然历史过程'，也是民主发展的政治逻辑。"我国正处于民主转型背景之下，刚刚完成由不民主向低度民主的转换，距离相对成熟的民主形态还有较远距离，基于这一现实，我国的民主转型就意味着从不民主状态向民主状态的转变，在这一过程中，"民主的因素不断增长，专制因素不断被压制"，也就必然伴随着民主要素发育的困难性与脆弱性以及转型过程的不稳定性。为了尽可能缩小民主转型过程中的不稳定性，引导民主顺利转型，必然要求厘清民生与民主的关系，以政治民主来推动社会民生，进而以民生政治作为当前实现社会主义民主的诉求和实现路径。

在民主发展相对成熟的国家，民生与民主之间应是一种均衡发展的良性运转态势；但在民主转型国家，在逻辑顺序上，民生关注先于民主发展，而后又以政治民主实现社会民生，最终完成民主转型，二者呈现的是一种非均衡的发展状态。

对两种概念的界定和解析是探讨民主与民生关系的逻辑起点。"我们生活在一个以民主观混乱为特色的时代里"①，但在众多解释中，"人民当家作主"是关于民主含义最低限度的共识。人民当家作主，其在政治生活中，体现为主权在民，少数服从多数、由多数来决定规则，即所有成员能够平等地以直接或间接的方式决定共同体的事务；在经济、社会生活中则体现为保障人民的生存与发展。与民主一样，民生的概念也不尽一致，广义上的民生涵盖了与民众生活有关的政治、经济、社会、文化、环境等方方面面的问题，甚至构成了整个社会生活的内容，但就其本义来讲，即为人民的生计。从这一层面上看，民主与民生应当是相互拥有、相互促进的关系，但在中国的历史发展中，民主共和之前的政治传统，往往是有民生关注而无民主建设。这种民生关注，以民本思想的形式影响着中国的政治发展。作为中国政治传统的核心，民本思想是"中国人安顿人民与国家关系、规范国家治理行为和建构政治合法性的最基本原则与依据"②。这种内生于中国的文化传统与人文精神，虽然其现实土壤是"专制政治"，但其本真的精神和意义却与其剥离开来，强调"民为邦本，本固邦宁"（《尚书·五子之歌》）。也正是缘于此，在中国的传统政治理念中，不扰民、以苍生为念，保民、养民等最初始、最本真的"民本的思想实践自然地转化为民生实践，从而使民生建设成为民本思想和原则的现实基础"③，并作为指导思想和行动准则贯穿于治国理政的观念与行动之中。但是，毋庸讳言，中国传统政治理念中的民本和民生虽然把民作为真正的出发点，但这个民并不是现代民主强调的"个体"，因而也无法导出现代西方的民主原则。直至民主共和的出现，"中国的历史发展才发生质的改变"。在现代政治范畴中，虽然属于专制政治的中国古代政治与现代民主政治格格不入，但是，逐步迈入民主的中国现代政治的建构与发展，却是以其核心——民本思想、民生关注为基础和前提的。理论与实践表明，

① ［美］萨托利：《民主新论》，冯克利、阎克文译，上海人民出版社 2009 年版，第 18 页。

② 林尚立：《民主与民生：人民民主的中国逻辑》，《北京大学学报》（哲学社会科学版）2012 年第 1 期。

③ 同上。

中国的现代民主政治建设不能简单地、生硬地衔接在西方的逻辑上，而曾经的政治传统正是我国民主实践的源头活水。也就是说，中国的政治在从传统向现代转换的过程中，在逻辑顺序上，民生关注先于民主建设，二者呈一种非均衡的发展状态。

民主与民生的关系，如上所述，有着不可割裂的内在联系。虽然民生思想与实践并不必然导致现代民主的实现，但从民主及民生的本原含义中，我们也不难得出结论：二者之间既有区别，又相互支持。民主与民生的区别首先体现于二者的历史出发点不同。中国的民生实践是民本思想的表现形式，其出发点虽然也是“民”，但在家天下的政治背景之下，国不在民手中，这种民生关注和民生建设都从“养”出发，“君治”之下，否定了民的主体性和自主性。而现代民主政治与其相比，不仅强调民为国之本，更加注重民为国之主，因而是一种“民治”、“民有”、“民享”的政治思想体系。这种政治主体性的主张差异直接导致中国传统的民生关注和实践无法突破桎梏而迈入现代民主，也是二者最主要的区别。此外，二者意虽相通，但各有侧重。民主侧重的是权力的归属，民生关注的是权利的保障。民主最为本源的意义即为人民当家作主，其原则为少数服从多数，在民主的定义里，权力的来源和归属有了最清楚的界定：人民。而民生则主要是指人民的生计，它侧重于人民最基本的生存权利和发展权利的诉求和维护。民生理念较早地存在于我国的政治传统之中，并作为一种文化传统持久地彰显其独特魅力，但其对人民政治主体性的态度总是模糊的。在具体方式上，民主和民生涉及的内容，也因其各有侧重而分别分布于社会公共领域和私人领域。二者的侧重点一个在于社会生活的公共领域，一个在于个人生活的私人领域，有着不同的指向和诉求。

民生关注与民主建设又是一致与相互支撑的。在专制统治时期，有民生关注而无民主建设，也正是这种以民生关注为价值诉求的民本思想深刻地影响着中国的专制制度，并为当时的政治发展提供了强大的合法性基础。当中国的历史从古代跃进现代，民主化成为现代化进程中的必然诉求，稳健的民主化战略必然要求将民主建设与民生建设有机结合起来。虽然在民主转型国家，民主仍处于幼年成长期，民生的改善不能也不可能替代民主制度建设，二者呈现的是一种非均衡的发展状态，但民生与民主之间仍然存在着广泛的一致与共识。一方面，二者从根本目的上来看具有一致性，都指向于维护人的尊严和自由。民主的本义即为人民当家作主，这不仅仅表明了权力的来源在于人民，更是表明人民应当具有最基本的生存、发展的权利。而民生所蕴含的“人民的生计”，则是这些生存权发展权的基本体现。民生与民主的实现，都是要从最基本的层面，在最基本的生计问题中维护与实现人的尊严与自由。单从这一层面上讲，民主本身就是民生。另一方面，民生关注是社会主义民主政治合法性的体现与要求，以民生促进民主的发展无疑是一条可行的路径。合法性“是指政治系统使人们产生和检查现存政治制度是社会的最适宜之信仰的能力”①，作为一种社会认可和信任的体现，它源于民众对该系统正当性的价值考量，决定着政治秩序的稳定和政权的兴衰。我国正处于社会转型时期，这也是全面建成小康社会的关键时期，民生问题凸显是当下民主政治民生取向的现实基础，民生改善也就相应成为社会主义民主政治合法性的体现与必然要求。也正是在这一背景之下，党中央特别强调要“更加注重保障和改善民生”，强调“要始终把实现好、维护好、发展好最广大人民的根本利益作为党和国家一切工作的出发点和落脚点，尊重人民主体地位，发挥人民首创精神，保障人民各项权益，走共同富裕道路，促进人的全面发展，做到发展为了人民、发展依靠人民、发展成果由人民共享”②，这些政治理念集中体现中国共产党核心政治的价值诉求，并已然成为社会主义民主政治合法性

---

① ［美］西摩·马丁·李普塞特：《政治人——政治的社会基础》，张绍宗译，上海人民出版社 1997 年版，第 55 页。

② 胡锦涛：《高举中国特色社会主义伟大旗帜，为夺取全面建设小康社会新胜利而奋斗——在中国共产党第十七次全国代表大会上的报告》，《人民日报》2007 年 10 月 25 日第 1 版。

的核心内容。社会主义民主政治的走向是民生政治，这是一种把民生需求的最大满足作为价值追求的民主政治模式，在这一导向之下，促进民生问题的解决、民生状态的和谐是我国民主政治发展的直接动力。此外，民主发展是民生最终得以改善的基础与保障，民生建设必须以民主政治为直接指向。民主越发展，保障民生利益的表达机制就越完善，民生问题就会相应减少；反之必将导致民生问题的淤积，危及社会的稳定。社会主义民生政治就是把民生作为价值诉求的民主政治，这一内涵既深刻体现出民生问题的政治意义，也进一步说明，社会民生的实现，其前途和基础仍是民主政治的建设与完善。民生关注是我国的政治传统，在封建专制时期，民本与民生的思想与实践极大地提升了专制统治的合法性，但这种实践在“家天下”的背景之下既不可靠，也不持久，相反成为君（官）对民的恩赐。在这一层面上，民生政治不是其他任何高于民主、区别于民主的政治形式，而是社会主义民主政治发展的未来图景与走向。社会民生的改善、民生政治的实现，有赖于政治民主的运行与发展；而民主政治的发展与完善，又恰恰是与社会民生的触发、促成和推进紧密相关，并最终落实为民生政治的实现。如王浦劬先生所言，“政治权力的良政善治与公民权利的维护、实现和救济的相互联动、彼此转变和辩证结合，正是中国特色社会主义民主政治与民生政治互为因果、互动联系、互相转变的治理逻辑和实现特点”[①]。总之，民生与民主之间既有差别，又紧密相连、相互支撑。正如一些学者所言，两者间的区别恰好为相互弥补对方的理论缺陷预留了空间，二者的共识又为以民生改善推进民主进程、民主发展保障民生实现提供了可能。区别与共识的潜在效用是相互强化、相互支撑。[②] 由此可见，由民生的关注与改善来推动和促进民主建设，再以民主的实现最终改善民

① 胡锦涛：《高举中国特色社会主义伟大旗帜，为夺取全面建设小康社会新胜利而奋斗——在中国共产党第十七次全国代表大会上的报告》，《人民日报》2007 年 10 月 25 日第 1 版。

② 刘彦虎：《非均衡发展推动政治转型——一项基于宪政与民主关系的研究》，《科学社会主义》2010 年第 8 期。

生是二者关系的真实写照。

如此一来，只有当民主政治演进到相对成熟的政治形态时，民生、民主的均衡发展才会出现，然而，我国正处于民主转型背景之下，刚刚完成由不民主向低度民主的转换，距离相对成熟的民主形态还有较远距离，民主与民生的关系更多的是呈现一种民主培育、推进民生，再有民生政治实现民主政治的非均衡状态。其具体的发展路径做如下分析：

第一，经由非均衡发展最终走向均衡，是我国民主与民生关系发展的真实写照和最终实现民生政治的必经阶段。现代生活中的民生往往是指广义上的民生，涵盖了社会生活的方方面面，民生问题也不再是单纯的经济问题，多以社会问题的形式出现，它的解决必然是一个社会、政治、经济、法律等手段多方合力的过程。成熟民主形态下民生与民主的发展相对均衡，这使得相当一部分人认为民生、民主是“须臾不可分离的有机统一体”[①]，只有民生、民主同时推进才能推动民主转型。在这种认识的指导下，民主和民生概念混淆，既不清楚何为民主，也不理解何为民生，往往直接导致盲目把所有民生问题与民主问题一概简单等同。民生问题不是简单的经济问题、政治问题，而是复杂的社会问题，民生问题能不能有效解决是多方合力的结果。虽然在这一过程之中，民主的实现是解决的关键，但由于概念的混淆则往往将其全部原因都归结为民主条件不成熟，更有甚者因此怀疑社会主义民主的合法性。均衡发展不等于同时同步发展，两者概念的混淆不仅不利于二者的相互强化，反而可能成为导致民主转型失败的重要因素。实际上，即便是民主发展程度相对较高的国家和地区，民主的发展也是经历了一个由非均衡逐步向相对均衡发展的过程，这一过程之中，民生关注支撑民主成长，不断巩固和成熟民主政治又反过来支持和保障社会民生。因此，面对民主政治转型，厘清民主与民生的区别与关联，

① 王占阳：《中国急需发展低度民主》，《探索与争鸣》2012 年第 1 期。

加强对于民主自身价值的回归和认同就成为前提和基础。民生实践不能替代民主建设，人民对民生政治的向往与追求必须在民主法治的保障之下才有可能成为现实，没有成熟、完善的民主制度的制约与保障，改善民生只能流于形式，最终成为空谈。

第二，民主可以有效抵制专制主义对民生的侵蚀，为民生政治的实现提供支撑。如上文所述，回归本真，民主即为人民当家作主，其实现途径是通过各种程序的设立、法制的完善、防范措施的建构来制约少数人企图垄断权力、强奸民意的倾向，是为少数服从多数的原则。民主的这一含义清楚地限定了权力的来源及归属，这种限权功能一方面提醒“执政者时刻保持对权力扩张的警惕，及时审视自身权力的合法性”，另一方面又转化为保护功能，从而为民生建设创设空间，有效抵制了专制主义对民生的侵蚀，为民生政治的实现提供了支撑，最终推动民主顺利转型。在中国社会转型语境下，民生问题要从根本上得以解决，除了党和国家的高度关注以及采取相应的有效措施外，最重要的途径还是要积极稳妥地推进民主政治建设，以构筑解决民生问题的制度基础和长效机制。当前，随着政府对民生建设的关注，社会上重民生、顺民意的呼声愈来愈高，更有甚者将民主与民生混为一谈，把民生问题简单等同于民主问题。这一情形之下更应当防止民主建设与民生改善的顾此失彼，否则，缺乏制度保障的民生极有可能昙花一现，成为过眼云烟。

第三，民生关注是我国传统政治文明的重要组成部分，加强对民生价值的认同和推行民生政治有助于推进民主转型。相对于大刀阔斧的民主改革来说，推行民生政治更容易得到民众的政治认同，尤其是在社会转型时期能够有效避免认同危机及合法化危机。正如马克斯·韦伯所言：“任何统治都企图唤起并维持对它的‘合法性’的信仰”①，政治权力只有具有

① 刘彦虎：《非均衡发展推动政治转型——一项基于宪政与民主关系的研究》，《科学社会主义》2010 年第 8 期。

合法性基础才能稳定、持久，否则就会危及政权。在这个民生问题凸显、民生政治成为广泛共识的时代，“人人共享发展的成果、同受尊重和关照、共享平等的公民权利，日益成为社会主义民主政治合法性的核心内容，也是社会主义公平正义的本质要求和构建和谐社会的基本途径”①。缘于此，社会主义初级阶段的民主转型就是将民生作为社会主义民主政治的基本诉求，这也必将获得广大民众的高度认同，成为社会主义民主政治的走向和未来图景。

作为一种现实主义的政治观，民生政治从政治角度来思考如何切实保障人民的生存与发展问题，就是要以民生问题的解决来引导公共政策和制度安排的合理构建，其实质是政治民主与社会民生的结合。这是我国社会主义民主的内在要求，也是特色所在，凸显了我国民主政治民生取向的现实基础。民生，顾名思义就是人民的生活、生计问题，它构成社会生活的最基本内容，也是国家和社会组织活动的重要目的。民生问题则指的是民生领域中的突出矛盾。改革开放以来，我国人民的生活水平实现了阶段性的跨越，民生改善的成绩得到广泛认可，但仍然被各种各样的问题所困扰，譬如衣食住行的安全问题、贫富分化问题、就业及养老保险问题等等，都是最基本的民生问题。中国改革开放30余年，综合国力已经有了跨越式的发展，但民生问题不仅没有有效解决，且呈日益凸显的趋势。民生问题首先是经济问题、社会问题，但从政治学角度来看，民生问题又不是简单或纯粹的经济性社会问题，而是一个政治问题。民生问题凸显的原因是多方面的，它虽然不是现代化的必然结果，但也有一些问题不容回避，那就是在相当长的时期内，我们的政治核心和政治主题是政权政治、生产力政治。事实证明，片面的生产力政治并不能自然地解决所有民生问题，相反片面发展引发的民生问题诸如贫富分化问题、住房问题等越发严

① ［德］马克斯·韦伯：《经济与社会》（上卷），商务印书馆1997年版，第239页。

重，并由此激化社会矛盾，影响社会稳定。这一实际构成了我国民主政治民生取向的现实基础。我国的民主政治建设只有以民生为取向，以改善民生为政治目标，以民生问题作为政治决策、政治职能和政治资源配置的中心，以民生为准，把民生的改善、国民的福祉作为衡量发展的最高标准，用民众生活质量指数取代简单的经济发展指数作为考量政治发展标杆，才能真正解决发展中遇到的民生难题，真正实现科学发展。

民生关注更是社会主义民主政治合法性的体现与要求。政治合法性决定着政治秩序的稳定和政权的兴衰，政治权力只有具有合法性基础才能稳定、持久，否则就会危及政权。但是，政治合法性并非一成不变，它有着显著的时代特征。随着时代的变迁，政治理念的改变和社会需求的不同，政治合法性的要素也在不断地发生变化。当下，我国已经进入全面建设小康社会的关键时期，党中央特别强调要“更加注重保障和改善民生”，我们民主政治建设的核心和主题正在向民生政治转换。在这个民生问题凸显、民生政治成为广泛共识的时代，人人共享发展的成果、同受尊重和关照、获享平等的公民权利，日益成为社会主义民主政治合法性的核心内容，也是社会主义公平正义的本质要求和构建和谐社会、实现“中国梦”的基本途径。因此，以人为本、重视民生必将获得民众的高度认同，民生关注是社会转型时期我国民主政治合法性的体现与要求，民生政治是社会主义民主政治的发展与走向。我国仍处于社会主义初级阶段，民主制度建设与社会民生改善呈非均衡的发展，要真正实现人民当家作主，使我国的民主政治建设从低度民主走向高度民主，必须关注现存问题、关注民生诉求，在这一层面上，只有以民生为最终价值诉求的民生政治才是中国特色社会主义民主政治的发展与走向。

综上所述，在民主转型国家，民主仍处于幼年成长期，可以以民生的改善作为民主制度建设的入手点和着力点。在逻辑顺序上，先有民生关注后有民主建设，但民生的最终实现又必须依靠发展民主获得，表现为以民主制度建设作为加强社会管理和实现社会民生的基础，二者总体上呈现的是一种非均衡的发展状态。民主与民生之间既存在差别又相互支持，对于民主转型国家来说二者的均衡发展应是政治建设的最终目标，但在具体转型的过程中，厘清二者的关系，在民生关注中实现民主政治是后发国家实现政治发展的一条有效路径。对我国而言，日益增强的民主诉求是政治发展合法性的重要来源，但这一合法性的建构一方面基于政治的有效性，另一方面也不能忽视这一过程中的合法性建设。民主的实现是一个较为漫长的过程，对当下的中国而言，民生关注和民生政治的建构无疑是通往政治民主的最佳路径，也是我国政治价值非均衡发展的时代选择。

十八大以来，以习近平同志为核心的党中央，继承和发扬了我党关注和保障民生的一贯方针，并在此基础上，总结了建设中国特色社会主义共同信念，把“必须坚持人民主体地位”排在“八项基本要求”的第一位，形成了新时代的“人民主体”政治观。这种崭新的政治观以把人民群众看作推动发展的力量源泉，以满足人民对美好生活的追求和向往为最大的目标。就任党的总书记以来，习近平同志曾在不同场合多次强调关注和改善民生的重要性，他把消除贫困、改善民生上升到对社会主义本质认识的高度，认为这是社会主义本质的要求。不仅提出新一届领导班子负有对民族、对人民、对党的三重责任，而且更进一步指出这些责任的实现与否，归根结底取决于人民的力量和支持。在强调“我们的党是全心全意为人民服务的政党”的同时，提出“人民对美好生活的向往，就是我们的奋斗目标”[①] 这一新时期民生建设的指导性思想。这一思想认识以“人民主体观”为精神内核，把人民的需要作为努力的方向，把人民的切身利益作为要解决的首要问题，强调要把党的领导的力量源泉和责任目标寓于人民群众一体之中。这种以满足人民对美好生活的追求和向往为最大目标的民生

① 《习近平在十八届中共中央政治局常委同中外记者见面时的发言》，《人民日报》2012年11月16日第1版。

政治是坚持立党为公、执政为民的本质要求，也是社会主义制度优越性的具体体现。当前，这种思维和观念已经鲜明地成为十八大后中国共产党的执政理念和政治生活的主题。随着生存的第一需求基本满足，人民的需求、民生的取向也从原来的物质生存需要的满足转向追求更高层次的满足。人民对美好生活的追求和向往不仅包含着对物质丰裕的追求，更加涵盖了对公正、公平的政治权利、愈加丰富的精神文化生活及更具包容和选择的社会生活追求和向往，民生的内容日益多元和全面。这种关注与转变，正是基于不同层次民生需求以及合法性增长的要求，民生政治已然成为中国特色社会主义民主政治的发展与走向。

总之，随着时代的发展，政治发展的非均衡序列呈动态的特征，民主成为发展的重心和政治合法性的主要来源。在我国现阶段，民主的诉求集中体现为民生的发展诉求。民生问题凸显是这一政治发展主题转换的现实基础。民生的需求涵盖了政治、经济、社会、文化和生态等诸多方面，随着生产力的发展，低层次的民生需求得到改善，但一如亨廷顿所言："经济增长不仅会用一种速度改善人们的物质福利，同时还会以更高的速度，增加着人们的社会挫折感。"温饱问题解决以后，其他层面的民生需求也浮现出来。尤其是我国现在已经进入全面建设小康社会的阶段，民生问题不但要解决基本的物质需求、衣食之忧，更要满足人民政治公正、社会公平等方面的更高诉求。当下的"最大的政治"已然不再是单纯的经济增长，而是要建构一个政治、经济、文化、社会、生态五位一体的和谐社会，以实现全体中国人民的"中国梦"。这些需求均体现了当下发展的民生取向：以改善民生为政治目标，以解决民生为政治决策的中心，以民生的改善为衡量发展的最高标准，以民生的幸福为考量政治发展的标杆，并以此作为实现科学发展、社会和谐的方向和途径。就这一层面而言，对"中国梦"的追求实质亦为对民生政治的追求。民生政治成为新时代我国政治非均衡发展的集中体现和优化选择。

结　语

本书陈述的是政治发展的动力问题。究竟是什么推动了政治发展？这个问题简单又复杂，让人茫然。马克思、恩格斯关于社会发展动力丛林的研究启示我们：推动政治发展的动力是一个体系，是根本动力、直接动力和现实动力合力的结果。时代变迁，那些一般规律并无改变，但在现实的政治发展中，其具体的影响因素和现实体现已然发生了巨大的变化。在前人研究的基础上，本书认为：首先，基于狭义的政治发展所确定的研究对象而言，推动政治发展的动力具体包括三个方面：一是国际社会现代化杠杆的驱动效应；二是执政党和政府的发动与设计；三是民众自身对美好生活的追求。这三个方面共同构成推动发展中国家政治发展的现实动力体系。在这些推动政治发展的“动力丛林”中，各动力要素在推动政治发展的具体过程之中并不是均衡地在起作用的，总有某种因素相对而言起核心和关键的作用——是政治发展动力体系的非均衡。简言之，非均衡是对政治发展动力体系总体特征的概括和表述。其次，非均衡也是对政治发展内在逻辑关系的表述。政治发展就是一个分阶段、有步骤的序列化过程。政治承担着人们对美好社会生活的期待，这些目标期待的先后主次决定了政治发展的序列性和非均衡特征。人们设计某种发展序列来促进政治发展，这种设计是一种类似继承次序的主观程序安排，而这种安排带有一定的优选性。这种安排和优选设定所带来的持续性后果必然表现为政治发展在内容以及过程之中的非均衡性。作为推动政治发展的主要力量和关键要素，党和政府的顶层设计就是旨在通过采取一定的非均衡策略和战略从而使政治发展在从传统转向现代的过程中保持一定的压力和张力，不至于因均等而失去动力亦不因失衡而引发衰退的发展态势。这种人为设计的非均衡主要的或具体的规定性由政治发展的基本内容决定，主要体现在政治发展的价值、体制及行为三个方面。换言之，一国政治发展的顶层设计和序列安排实际体现在政治发展的价值、体制及行为选择中。对大多数发展中国家而言，非均衡的体系特征和非均衡的发展序列安排是推动其政治发展的动力和逻辑。

本书也大量陈述了非均衡发展的事实和这一发展规律，一方面当然是为了使人们理解这种深层动力推动发展的必然性和非均衡战略的现实性。从事物发展的一般规律来讲，发展总有一定的次序。中国的改革是“摸着石头过河”，不可能全面推进，这决定着我国改革的战略特征是非均衡的：在中国共产党的领导下，“以经济建设为中心，以经济体制改革为先导和突破口，寓政治体制改革于经济体制改革之中”，带动着整个社会的全面发展。政治领域的发展和进步在具体的政治关系中体现为在党的领导之下，具体以民主与效能、权力的集中与分立、政治控制与参与为核心的政治价值、制度和行为的非均衡发展。这种非均衡发展具有诸多优势：一是通过非均衡的选择和安排，寻找到局部的突破，进而在扩大战果中带动着整体的次序推进和发展；二是非均衡发展便于“集中力量办大事”，实现有限力量的有效集合和运用，以非均衡带动有效发展，有效发展创设有效政治；三是非均衡发展在推动政治转型的过程中，源于其渐进性和动态辩证的特征，有利于及时进行理性反思，在政治有效性中逐次增加改革发展的合法性，最终达到政治民主和政治稳定的目标。事实证明，非均衡发展的策略体现了发展的整体性、次序性和辩证性，撬动了中国社会这架沉重的马车，克服了其强大的惯性，从而使中国政治乃至社会整体发展进入了良性的轨道。在这一层面上，非均衡无疑是我国政治发展的动力和逻辑。

另一方面，我们也并不忽视这种内在的动力机制本身带有的两面性特征，尤其是当现实条件发生改变，非均衡发展战略中的失衡倾向及其引发的问题已经一一显露。这种状况之下，片面的否定和僵化的坚持都不是正确而理性的做法。在我们看来，政府应当强化关注并理性思考，通过积极调整国家宏观公共政策和发展中的相关序列安排，有效地控制发展中的失衡问题，遵从非均衡发展规律本身的动态性、辩证性的特征和要求来保持非均衡发展战略的有效性和有序性，从而最终使得这一动力机制继续保持活力。特别是当前，在世界民主化发展的浪潮中，将民生政治作为政治发展中非均衡动力机制的选择和优化，以推动我国政治发展进入崭新的历史阶段！

参考文献

（一）图书

［1］《马克思恩格斯选集》第1、2、3、4卷，人民出版社1995年版。

［2］《马克思恩格斯全集》第3卷，人民出版社1975年版。

［3］《马克思恩格斯全集》第23、26卷，人民出版社1973年版。

［4］《马克思恩格斯全集》第18卷，人民出版社1964年版。

［5］《马克思恩格斯全集》第8、22卷，人民出版社1961年版。

［6］马克思、恩格斯：《共产党宣言》（单行本），人民出版社1997年版。

［7］《列宁全集》第1、26卷，人民出版社1984年版。

［8］《列宁选集》第1、2、4卷，人民出版社1995年版。

［9］布哈林：《历史唯物主义理论》，人民出版社1983年版。

［10］《毛泽东选集》第1、2、3、4、5卷，人民出版社1991年版。

［11］《毛泽东文集》第2卷，人民出版社1993年版。

［12］《毛泽东著作选读》下册，人民出版社1986年版。

［13］《邓小平文选》第2卷，人民出版社1994年版。

［14］《邓小平文选》第3卷，人民出版社1993年版。

［15］中共中央文献研究室主编：《邓小平年谱（1957—1997）》，中央文献出版社2004年版。

[16] 徐勇：《非均衡的中国政治——城市与乡村比较》，中国广播电视出版社 1992 年版。

[17] 厉以宁：《非均衡的中国经济》，经济日报出版社 1991 年版。

[18] 胡位钧：《均衡发展的政治逻辑》，重庆出版社 2005 年版。

[19] 彭庆军：《政治发展进程中的政治平衡问题研究》，武汉大学出版社 2010 年版。

[20] 王沪宁：《比较政治分析》，上海人民出版社 1987 年版。

[21] 王沪宁：《政治的逻辑——马克思主义政治学原理》，上海人民出版社 2004 年版。

[22] 李景鹏：《中国政治发展理论研究纲要》，黑龙江人民出版社 2000 年版。

[23] 陈鸿瑜：《政治发展理论》，（台北）桂冠图书股份有限公司 1995 年版。

[24] 林尚立：《建构民主——中国的理论、战略与议程》，复旦大学出版社 2012 年版。

[25] 王惠岩：《当代政治学基本理论》，高等教育出版社 2001 年版。

[26] 燕继荣：《现代政治分析原理》，高等教育出版社 2004 年版。

[27] 中共中央文献研究室编：《改革开放三十年重要文献选编》（上、下），中央文献出版社 2008 年版。

[28] 俞可平：《全球化与政治发展》，社会科学文献出版社 2005 年版。

[29] 王浦劬：《政治学基础》（第 2 版），北京大学出版社 2006 年版。

[30] 刘德厚：《广义政治论：政治关系社会化分析原理》，武汉大学出版社 2004 年版。

[31] 王绍光：《分权的底限》，中国计划出版社 1997 年版。

[32] 刘军宁：《民主与民主化》，商务印书馆 1999 年版。

［33］张蕴岭：《亚洲现代化透视》，社会科学文献出版社 2001 年版。

［33］赵自勇：《民主与效率：对新加坡政治制度的重估》，载李文《东亚：宪政与民主》，中国社会科学出版社 2005 年版。

［35］《李光耀回忆录：经济腾飞路》，外文出版社 2001 年版。

［36］薛暮桥：《中国社会主义经济问题》，人民出版社 1980 年版。

［37］孙学玉等：《当代中国民生问题研究》，人民出版社 2010 年版。

［38］李真、汪锡奎等：《当代中国生活方式论》，东南大学出版社 1997 年版。

［39］杨继绳：《邓小平时代》（上、下卷），中央编译出版社 1998 年版。

［40］邓正来：《布莱克维尔政治思想百科全书》，中国政法大学出版社 2011 年版。

［41］林尚立：《当代中国政治形态研究》，天津人民出版社 2000 年版。

［42］贺照田：《西方现代性的曲折与展开》（上），吉林人民出版社 2010 年版。

［43］董四代：《民生主义与中国特色社会主义》，中央编译出版社 2011 年版。

［44］丰子义：《发展的反思与探索——马克思社会发展理论的当代阐释》，中国人民大学出版社 2006 年版。

［45］郭静：《政党轮替的政策价值：英国社会保障政策的政治分析》，中国社会科学出版社 2010 年版。

［46］罗荣渠：《现代化新论》，北京大学出版社 1993 年版。

［47］《十六大以来党和国家重要文献选编（上）》，人民出版社 2005 年版。

［48］吴忠民：《走向公正的中国社会》，山东人民出版社 2008 年版。

［49］薄贵利：《集权分权与国家兴衰》，经济科学出版社 2001 年版。

［50］林尚立：《国内政府间关系》，浙江人民出版社 1998 年版。

［51］施雪华：《政治现代化比较研究》，武汉大学出版社 2006 年版。

［52］俞可平、黄卫平主编：《全球化的悖论》，中央编译出版社 1998 年版。

［53］亚洲开发银行：《崛起的亚洲：变化与挑战》，中国金融出版社 1997 年版。

［54］丁建定：《西方国家社会保障制度史》，高等教育出版社 2010 年版。

［55］饶义军：《多元现代性与政治发展——S. N. 艾森斯塔特政治发展理论研究》，博士学位论文，浙江大学，2009 年。

［56］［英］安东尼·吉登斯：《失控的世界——全球化如何重塑我们的生活》，赵红云译，江西人民出版社 2001 年版。

［57］［德］康德：《道德形而上学原理》，苗力田译，上海人民出版社 2002 年版。

［58］［英］迈克尔·罗斯金等：《政治学》，林震等译，华夏出版社 2002 年版。

［59］［德］F. 拉普：《技术哲学导论》，刘武等译，辽宁科学技术出版社 1986 年版。

［60］［英］休谟：《人性论》（下册），商务印书馆 1980 年版。

［61］［德］马克斯·韦伯：《社会科学方法论》，杨富斌译，华夏出版社 1999 年版。

［62］［瑞典］冈纳·缪尔达尔：《亚洲的戏剧——对一些国家贫困问题的研究》，［美］塞斯·金缩写，方福前译，北京经济学院出版社 1992 年版。

［63］［美］霍华德·威亚尔达主编：《民主与民主化比较研究》，榕

远译，北京大学出版社 2004 年版。

［64］［美］霍华德 · 威亚尔达：《非西方发展理论——地区模式与全球趋势》，董正华等译，北京大学出版社 2006 年版。

［65］《杰斐逊选集》，商务印书馆 1963 年版。

［66］［美］罗伯特 · 杰克曼：《不需暴力的权力——民族国家的政治能力》，欧阳景根译，天津人民出版社 2005 年版。

［67］［美］西摩 · 马丁 · 李普塞特：《政治人——政治的社会基础》，张绍宗译，上海人民出版社 1997 年版。

［68］［古希腊］亚里士多德：《政治学》，商务印书馆 1983 年版。

［69］［美］塞缪尔 · P. 亨廷顿等：《现代化：理论与历史经验的再探讨》，上海译文出版社 1993 年版。

［70］［美］科恩：《论民主》，商务印书馆 1988 年版。

［71］［日］三石善吉：《传统中国的内发性发展》，余项科译，中央编译出版社 1999 年版。

［72］［美］吉尔伯特 · 罗兹曼：《中国的现代化》，国家社科基金“比较现代化课题组”译，江苏人民出版社 2010 年版。

［73］［美］霍华德 · 威亚尔达：《新兴国家的政治发展——第三世界还存在吗?》，刘青、刘可译，北京大学出版社 2005 年版。

［74］［美］塞缪尔 · P. 亨廷顿：《第三波——20 世纪后期民主化浪潮》，刘军宁译，上海三联书店 1998 年版。

［75］北京大学哲学系外国哲学史教研室编译：《西方哲学原著选读》，商务印书馆 1983 年版。

［76］［美］加布里埃尔 · 阿尔蒙德、小 G. 宾厄姆 · 鲍威尔：《比较政治学：体系、过程和政策》，曹沛霖等译，上海文艺出版社 1987 年版。

［77］［德］黑格尔：《逻辑学》，商务印书馆 1980 年版。

［78］［英］安东尼 · 吉登斯：《超越左与右——激进政治的未来》，

李惠斌、杨雪冬译，社会科学文献出版社 2000 年版。

[79]［德］艾伯特·赫希曼：《经济发展战略》，曹征海、潘照东译，经济科学出版社 1991 年版。

[80]［英］安东尼·吉登斯：《现代性与自我认同》，赵旭东等译，生活·读书·新知三联书店 1998 年版。

[81]［美］卢西恩· W. 派伊：《政治发展面面观》，任晓等译，天津人民出版社 2009 年版。

[82]［美］塞缪尔·P. 亨廷顿：《变化社会中的政治秩序》，王冠华等译，生活·读书·新知三联书店 1989 年版。

[83]［美］罗伯特·古丁、汉斯—迪特尔·柯林格曼：《政治科学新手册》（上册），钟开斌等译，生活·读书·新知三联书店 2006 年版。

[84]［美］约翰·罗尔斯：《作为公平的正义——正义新论》，姚大志译，上海三联书店 2002 年版。

[85]［美］C. E. 布莱克：《现代化的动力——一个比较史的研究》，景跃进、张静译，浙江人民出版社 1989 年版。

[86]［美］西摩·马丁·李普塞特：《共识与冲突》，张华青译，上海人民出版社 1985 年版。

[87]［英］阿萨·勃里格斯：《英国社会史》，陈叔平等译，中国人民大学出版社 1991 年版。

[88]［英］霍华德·格伦内斯特：《英国社会政策论文集》，苗正民译，商务印书馆 2003 年版。

[89]［英］马丁·鲍威尔：《新工党，新福利国家？英国社会政策中的“第三条道路”》，林德山等译，重庆出版社 2010 年版。

[90]［英］比尔·考克瑟、林顿·罗宾斯、罗伯特·里奇：《当代英国政治》（第四版），孔新峰、蒋鲲译，北京大学出版社 2009 年版。

[91]［美］卢西恩· W. 派伊：《东南亚地区的政治》，刘笑盈等译，

广西人民出版社 1993 年版。

[92] Lucian W. Pye, *Politics, Personality and Nation Building: Burm's Search for Identity*, Yale University Press, 1962.

（二）期刊

[1] 胡锦涛:《高举中国特色社会主义伟大旗帜，为夺取全面建设小康社会新胜利而奋斗——在中国共产党第十七次全国代表大会上的报告》,《求是》2007 年第 21 期。

[2] 徐勇:《现代国家建构中的非均衡性和自主性分析》,《华中师范大学学报》（人文社会科学版）2003 年第 9 期。

[3] 谢立中:《冲突与均衡：马克思恩格斯的观点》,《江西师范大学学报》（哲学社会科学版）2003 年第 5 期。

[4] 徐可:《均衡与非均衡的相互创生——马克思生成论思想下的均衡观》,《燕山大学学报》（哲学社会科学版）2008 年第 9 期。

[5] 李猛：《中国区域非均衡发展的政治学分析》,《政治学研究》2011 年第 1 期。

[6] 刘凯亚:《“非均衡发展观”存疑兼议——当代中国发展战略的抉择问题》,《马克思主义与现实》2006 年第 3 期。

[7] 郭军:《“先富共富论”与非均衡发展的理论与实践》,《毛泽东邓小平理论研究》2011 年第 4 期。

[8] 张深溪:《从均衡发展到非均衡协调发展的战略转变》,《学习论坛》2003 年第 6 期。

[9] 房德良：《非均衡发展与政府关注——关于中国发展战略的思考》,《安徽大学学报》（哲学社会科学版）2015 年第 5 期。

[10] 刘明涛：《非均衡改革：实现“社会和谐”的一种策略性选择》,《理论界》2007 年第 2 期。

[11] 董正平：《非均衡经济理论的演变及其对我们的启示》，《首都师范大学学报》（社会科学版）2001 年第 3 期。

[12] 袁志刚：《非均衡理论研究及其实践意义》，《复旦学报》（社会科学版）1994 年第 5 期。

[13] 马润凡：《非均衡性：当前中国公民社会影响政策过程的主要特征》，《理论探讨》2011 年第 2 期。

[14] 曾端祥：《构建和谐社会的动力机制体系研究》，《中州学刊》2005 年第 8 期。

[15] 郭军、马源：《坚持非均衡区域发展战略的选择取向》，《中州学刊》2009 年第 5 期。

[16] 陈红：《经济与社会非均衡发展的社会性分析》，《郑州大学学报》（哲学社会科版）2007 年第 5 期。

[17] 张群梅：《均衡与非均衡：中国现代化发展模式探析》，《河南师范大学学报》（哲学社会科学版）2009 年第 9 期。

[18] 袁志田、刘厚俊：《两种非均衡分析方法及其在中国的应用》，《当代经济研究》2007 年第 9 期。

[19] 叶战备：《论中国政治参与的非均衡性及其化解》，《学习与探索》2010 年第 6 期。

[20] 李哲：《马克思均衡与非均衡理论对当代中国经济实践的启示》，《社会主义研究》2011 年第 4 期。

[21] 陈顺祥：《社会转型期中国社会发展失衡问题探讨》，《中山大学研究生学刊》（社会科学版）2008 年第 1 期。

[22] 潘琴、张旺：《现代政治的均衡逻辑》，《贵州师范大学学报》（社会科学版）2004 年第 6 期。

[23] 张群梅：《政治均衡：社会和谐发展的有效路径选择》，《河南大学学报》（社会科学版）2011 年第 1 期。

[24] 胡位钧：《现代化发展的失衡与危机——阿根廷“新自由主义”改革的再思考》，《复旦学报》（社会科学版）2006 年第 2 期。

[25] 张艳涛：《活力与和谐是构建和谐社会的两块重要基石——基于动力机制与平衡机制相协调的视角》，《安徽大学学报》（哲学社会科学版）2009 年第 1 期。

[26] 杨煌：《布哈林的平衡论及其对构建社会主义和谐社会的启示》，《当代世界与社会主义》2011 年第 6 期。

[27] 李景鹏：《政治体制改革为什么会滞后》，《国家行政学院学报》2002 年第 3 期。

[28] 李茂平：《民间组织：现代民主政治发展的“助推器”》，《理论界》2007 年第 7 期。

[29] 王静：《非均衡发展战略的矛盾形成机理和效应分析》，《东岳论丛》2005 年第 5 期。

[30] 郑言：《中国近二十年的政治发展》，《政治学研究》1998 年第 4 期。

[31] 黄相怀：《阶层分化对中国政治发展的挑战与应对》，《理论与现代化》2006 年第 2 期。

[32] 王浦劬：《关于完善政治学原理体系的思考》，《北京大学学报》（哲学社会科学版）1992 年第 5 期。

[33] 王浦劬：《从阶级斗争到人民共和——我国政治学研究的逻辑转换析论》，《北京大学学报》（哲学社会科学版）2009 年第 1 期。

[34] 林尚立：《民主与民生：人民民主的中国逻辑》，《北京大学学报》（哲学社会科学版）2012 年第 1 期。

[35] 颜红英：《浅论当代中国社会阶层分化对政治发展的推动作用》，《陕西师范大学学报》（哲学社会科学版）2006 年第 3 期。

[36] 王俊拴：《从强国到民生：新世纪我国政治发展主题的确立及其

意义》，《陕西师范大学学报》（哲学社会科学版）2012 年第 6 期。

［37］王中汝：《利益表达与当代中国的政治发展》，《科学社会主义》2004 年第 5 期。

［38］王彩波：《利益分化与中国渐进性政治发展》，《江苏社会科学》2004 年第 4 期。

［39］张喜红：《社会团体与当代中国政治发展》，《长白学刊》2007 年第 3 期。

［40］杨慧：《政治发展的新动力：论我国行业协会兴起的意义》，《行政论坛》2007 年第 2 期。

［41］鲁建彪：《政治文明建设是政治发展的新动力》，《云南民族大学学报》（哲学社会科学版）2004 年第 1 期。

［42］赵丽江、马广博、刘三：《民生政治：当代中国最重要的意识形态》，《武汉大学学报》（哲学社会科学版）2012 年第 3 期。

［43］胡永佳：《试析当代中国政治发展的逻辑线索》，《政治学研究》1999 年第 1 期。

［44］徐勇、项继权：《民生问题的实质是政治问题》，《华中师范大学学报》（人文社会科学版）2008 年第 3 期。

［45］褚建国：《政治体制改革：是否滞后的标准难题》，《人民论坛》2011 年第 4 期。

［46］刘剑君：《当代中国的政治发展：从文化的角度看》，《理论学习月刊》1998 年第 4 期。

［47］李红珍、曹文宏：《民生问题的政治学解读：一种民生政治观》，《求实》2008 年第 1 期。

［48］李忠杰：《论社会发展的动力与平衡机制》，《中国社会科学》2007 年第 1 期。

［49］刘晓苏：《社会主义政治文明：当代中国政治发展的动力机制》，

《淮阴师范学院学报》2003 年第 4 期。

[50] 田新文：《民生政治：理解政治生活变化的新视角》，《社会主义研究》2008 年第 4 期。

[51] 姜山：《论传统文化现代化与当代中国的政治发展》，《北方文学》2012 年第 10 期。

[52] 郑红娥：《冲突与革命：中国“生活政治”的嬗变》，《社会科学研究》2006 年第 3 期。

[53] 郭华茹、张健：《改善民生的政治视角》，《学术论坛》2010 年第 9 期。

[54] 谢金林、张艺：《民生问题的政治伦理诠释》，《理论探讨》2008 年第 3 期。

[55] 李景鹏：《试论政治发展的动力与目标》，《天津社会科学》1998 年第 3 期。

[56] 王占阳：《中国急需发展低度民主》，《探索与争鸣》2012 年第 1 期。

[57] 袁祖社：《“富裕社会”的正义信仰何以可能——社会“公共价值”的实现逻辑》，《甘肃理论学刊》2012 年第 4 期。

[58] 赵凌云：《民生发展时代的改革逻辑与改革框架》，《甘肃理论学刊》2011 年第 1 期。

[59] 杨光斌：《社会权利优先的中国政治发展选择》，《行政论坛》2012 年第 3 期。

[60] 李培文：《农民身份转化：当代中国政治发展的强大推动力量》，《宁夏党校学报》2002 年第 9 期。

[61] 赵凌云、赵红星：《民生发展时代：中国现代化进程的新阶段》，《天津大学学报》（社会科学版）2010 年第 6 期。

[62] 蔡益群：《当代中国政治发展的原动力分析》，《探索与争鸣》

2002 年第 12 期。

［63］杨松：《政党权威与当代中国政治发展》，《学术界》2001 年第 4 期。

［64］虞崇胜：《和谐社会政治发展的动力机制和平衡机制》，《北京联合大学学报》（人文社会科学版）2007 年第 12 期。

［65］林尚立：《有序民主化：论党在中国政治发展中的重要作用》，《毛泽东邓小平理论研究》2005 年第 3 期。

［66］阎树群：《论科学发展观的政治意义》，《湖湘论坛》2011 年第 6 期。

［67］林尚立：《中国政治发展的动力资源》，《探索与争鸣》2000 年第 2 期。

［68］林尚立：《九十年代中国政治发展的动力与走向》，《探索与争鸣》2007 年第 10 期。

［69］赵韵玲：《把脉民生政策中的公民参与》，《前沿》2010 年第 22 期。

［70］何增科：《民主化：政治发展的中国模式与道路》，《宁波党校学报》2004 年第 2 期。

［71］吕建明、乔贵平：《浅析当代中国政治发展的动力资源》，《延安大学学报》（社会科学版）2004 年第 10 期。

［72］李元书：《发展中国家社会与政治发展的战略选择》，《学习与探索》1998 年第 5 期。

［73］熊光清：《当前中国社会阶层分化对政治发展的推动作用》，《中共云南省委党校学报》2003 年第 6 期。

［74］程波辉：《公民社会：中国政治发展的新动力》，《中共四川省委党校学报》2007 年第 4 期。

［75］叶长茂：《市民社会：民主政治发展的基础和动力》，《甘肃社

会科学》2003 年第 2 期。

［76］王宗礼：《论建构中国特色的政治发展理论》，《探索》2004 年第 6 期。

［77］Peter Gourevitch，"The Second Image Reversed：The International Sources of Domestic Politics"，*International Organization*，Vol. 32，1978.

［78］Charles F. Westoff，" Marriage and Fertility in the Developed Countries "，*Scientific American*，Vol. 239，1978.

后　记

“春播一粒粟，秋收万颗子。”一次次心中默念，却又一次次在终岁的仓皇与忙乱中错过春天，于是只能在不合时宜的时节，匆匆播下、默默耕耘和等待。此书是在我的博士论文基础上删减修改而成的。书中基本观点和想法源自我最初的一片“叶子”，它稚嫩又茫然，却时不时地浮现在脑海。

选择将政治发展的动力问题作为关注和思考的主题，并最终成书，首先源于自身的学术旨趣。研究政治发展问题，是我的志业所在。而将非均衡作为政治发展的动力和逻辑进行研究和考察，整个过程“痛并快乐着”。10 年前，作为一个马克思主义政治理论研究的初入门者，我当时苦苦思考的问题是：在政治领域中，均衡的政治关系、民主节制的政治生活是一种美好的理想，但失衡和非均衡是不以人的意志为转移的客观实在。“失衡如何防治，民主政治何以得到完善发展并最终达到社会生活的相对稳定状态?”能否在均衡视域中解读我国的民主政治及其蕴含的主要关系？又是否可以认为现代意义上民主政治就是在现有民主制度的框架内人为地构建出各种均衡和谐的政治关系？（相关观点见陕西师范大学 2005 年硕士论文，张敏）虽然正是人们“对于政治发展的良好期待，使得政治发展迈向至善成为可能”①，无奈时光匆匆，曾经思想的火花和澎湃的激情在现实面

---

① 林尚立:《建构民主——中国的理论、战略与议程》，复旦大学出版社 2012 年版，第 121 页。

前回归理性。理想与现实，是决定人类生活的两极，人类生活无时无刻不摇摆其中，政治生活尤其如此。人们究竟期待什么样的政治生活？理想的政治生活究竟如何实现？在人们对政治天然的希望和期待中，基本指向无疑是对民主的追求，对制约、平衡乃至和谐的向往。民主之于政治学者，就像爱情之于人类生命，是最富有诗意的，也是最令人产生无限遐想的政治生活。但匆匆数年，回顾历史，正视现实，展望未来，民主的建构尚处于过程之中，路途艰辛遥远；均衡的设想依然遥遥相望，不可触及。如果说，试图从均衡的角度建构民主是美丽又遥远的梦想，那么，政治生活是否亦如C. E. 布莱克所说“从均衡是必需的角度来研究社会，能取得的成绩是有限的，因为社会从来就不是均衡的，它处于不断变化的过程中”①？从这一角度出发，又能否认为：作为一种不以人的意志为转移的客观实在，非均衡也在以其独特的方式作用于政治发展？对于经济的发展来说，非均衡是一种宝贵的动力机制；对社会的发展来讲，非均衡是蕴含其中的发展规律；那么对于政治发展而言，非均衡是否也是一种客观和必然，也同样具有价值理性呢？出于学术研究的兴趣，我决定尝试探讨非均衡这一经济学、社会学理论范畴的概念和现实现象对于政治发展的作用和意义。并且深以为，非均衡是理解政治发展、政治转型和剖析政治生活的一个很好的视角，要深刻地理解民主政治的现代转型以及洞悉政治发展的深层动力，有必要研究非均衡发展这一理论范畴，并尝试在这样一个分析框架之下重新解读当代中国政治发展的动力与逻辑。

当然，这一选题能几经波折，最终坚持下来，离不开恩师王俊拴先生的启发、勉励和指导。恩师的谆谆教诲贯穿着我从大学本科、硕士研究生直至博士研究生的整个求学生涯，是他把我引入了马克思主义基础理论研究，尤其是马克思主义政治理论研究的殿堂，使我深深地感受到基础理论

① ［美］C. E. 布莱克：《现代化的动力——一个比较史的研究》，景跃进、张静等译，浙江人民出版社1989年版，第40页。

研究者的人格魅力和这一学科的学科魅力。正是恩师的启发勉励，我才能在写作过程中坚定心志，不轻言放弃；才能在思想、方法和论证上逐步完善，顺利完成本书的写作，使得最初这片稚嫩的“叶子”最终得以长成。深深地感谢恩师对我在学术上的悉心指导和生活上的深切关怀！在漫长、艰辛又充满快乐的求知路上，与恩师和师母的相遇是我最大的幸运与收获。我在陕西师范大学政治经济学院学习了10多年，有幸聆听了许多老师的精辟讲解，特别感念王振亚教授、袁祖社教授、阎树群教授、陈答才教授、马启民教授、王晓荣教授、金延教授等等，能在美好的青春岁月聆听诸位教授的教诲与启发，实在幸运。感念学院的每一位教职员工，感念与我朝夕相伴、苦苦求索的每一位学友。沉溺于这些怅惘的瞬间，不觉又忆起美丽的师大，忆起那古老阴暗的教一楼，还有我那一去不复返的青春年华，我可以被称作幸福的生命曾经在那里开始，还好她就在身边。

在我成长的过程中，陪伴我的父母家人是促我前进的不竭动力。爸爸妈妈对知识的尊重和渴求、给予我的宽容和自由、在生活中无私的关怀和支持，使我从小对知识心怀敬畏、在筑梦的路上心无旁骛。正因为有了他们，我才能走得更远、飞得更高！本书付梓之时，正是孩子成长之季，爱人的陪伴、孩子的乖巧，每每想起，感恩、感念、感动！

感谢西安工业大学思想政治教学科研部的领导和全体同事们对我的关心、帮助、包容和理解。更要特别感谢中国社会科学出版社王琪编辑对书稿细致的修改和建议，感谢凌金良编辑的无私帮助与支持。

对我来说，求学生涯就此结束，学术之路刚刚起步，将意味着新的开始。由于学养所限，书中谬误、不足在所难免，还望各位读者学友批评指正。

张敏

2016年3月12日